STEP UP
MOS 2010
EXCEL EXPERT

STEP UP MOS 2010
EXCEL EXPERT

발 행 인　오재환
발 행 처　(주) 와이비엠넷
저　　자　(주) 와이비엠넷 MOS 교재개발팀
디 자 인　(주) 와이비엠넷 디자인팀

초판인쇄　2012년 7월 23일
24쇄발행　2019년 9월 30일

등록일자　2002년 6월 4일
등록번호　제16-2736호
주　　소　경기도 성남시 분당구 대왕판교로 670
전　　화　(02)2008-5200
팩　　스　(02)2008-5209
홈페이지　www.ybmbooks.com

Copyright ⓒ 2019 by YBM NET, Inc.
ISBN 979-89-6041-750-2

정가 13,000원

STEP UP MOS 2010
EXCEL EXPERT

YBM YBM NET

MOS 2007 시험의 후속 버전인 MOS 2010은 Microsoft사의 Microsoft Office 2010 버전의 활용 능력을 측정하는 시험입니다.

본 교재는 MOS 2010 시험 대비서이지만 시험 대비서로써의 역할뿐 아니라 Office 2010 프로그램을 활용할 수 있는 능력을 갖출 수 있도록 구성하였습니다.

기본학습을 통해 Office 2010의 기본 기능과 활용 방법을 확인학습 문제를 통해 복습할 수 있습니다.
실전모의고사 3회분을 수록, 실제 시험에 앞서 실제 시험과 유사한 문제를 풀어봄으로써 MOS 2010 시험에 충분히 대비할 수 있도록 하였습니다.

본 교재에는 문제의 해설이 수록되어 있지 않습니다. 대신 문제 아래 힌트를 주어 학습자 스스로 문제를 해결할 수 있도록 구성하였습니다. 문제의 해설은 부록 PDF 파일에 수록되어 있으므로 해설없이 문제를 다 푼 다음 부록 PDF 파일의 해설을 보고 다시 한번 문제의 풀이를 확인하시기 바랍니다.

본 교재를 학습하는 모든 시험 준비생 여러분의 합격을 기원합니다.

STEP UP MOS 2010 EXCEL EXPERT

CONTENTS

Part 1.
통합 문서 공유 및 유지 관리

Part 2.
공식 및 함수 적용

Part 3.
시각적으로 데이터 표현

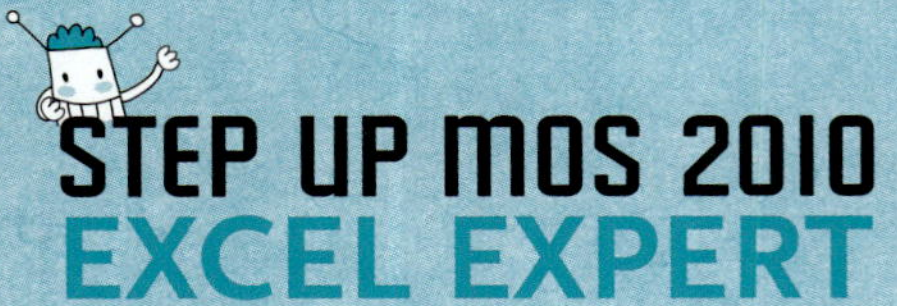

CONTENTS

Part 4.
매크로 및 양식 사용

실전모의고사

CD-PDF 파일용

확인학습 해답

실전모의고사 해답

01 MOS (Microsoft office specialist)란?

MOS(Microsoft office specialist)는 마이크로소프트 오피스 프로그램과 윈도우 운영체제에 대한 자격증입니다. Microsoft Office 소프트웨어 제품군으로는 Word, Excel, PowerPoint, Access, Outlook이 있으며 이에 대한 활용 능력을 평가하는 시험입니다. Microsoft Office Specialist 시험에 합격하면 Microsoft사로부터 인증서를 받습니다. Office 제품을 이용하는 일반 사용자는 누구나 Microsoft Office Specialist 시험의 대상이 됩니다. Microsoft Office Specialist는 자신의 업무 능력을 증명할 수 있는 매개체가 되므로 매년 수험자가 폭발적으로 증가하고 있습니다. Microsoft Office는 Office 환경을 위한 가장 대표적인 소프트웨어로 전 세계적으로 1억 COPY가 판매되어, 현재 Fortune지 선정 500대 기업의 90%, 국내 100대 기업의 80%가 이용하고 있습니다.

❶ Microsoft사가 인증하는 국제공인 자격증

MOS는 Microsoft가 직접 인증함으로써 그 공신력과 정확성을 인정받을 수 있으며, 현재 170여 개국, 9,500여 개 시험센터에서 시행되는 국제 자격증으로서(한국어 시험 가능) 합격 기준은 각국간에 통일되어 있어 세계 어디서나 인정받을 수 있습니다.

❷ 100% 컴퓨터로 시행

국내 자격증과는 다르게 시작부터 종료까지 100% 컴퓨터상에서 진행되는 CBT(Computer Based Test)입니다. 첨단평가기술로 평가 방식이 정확함은 물론 시험 종료 즉시 시험 결과를 알 수 있습니다.

❸ 100% 실기시험

컴퓨터의 실제 활용 능력을 측정하는 것이 주목적인 Microsoft Office Specialist는 이론 문제나 객관식 유형이 아닌 모든 문제가 실제 프로그램 상에서 직접 조작하여 그 과정을 채점하는 100% 실기 시험입니다.

❹ 수시 접수 및 응시

Microsoft Office Specialist는 TOEIC 주관사인 YBM/Si-sa의 자회사인 YBM NET, Inc.에서 주관 · 시행하고 있으며, 원하는 날짜에 원하는 과목을 접수하여 응시할 수 있습니다. 또한 시험 종료 즉시 성적표를 받고 2~3주 후면 인증서가 우편물로 배달됩니다. 따라서 빠른 시일에 인증서를 획득할 수 있다는 특징이 있습니다.

❺ MOS 자격증 활용 예

21세기 국제 경쟁력 강화를 위해 기업 및 대학에서 어학 능력과 정보화 능력에 대한 요구가 높아지고 있습니다. TOEIC, TOFEL이 대표되는 어학 능력 시험이라면 MOS는 컴퓨터 활용 능력을 공정하고 신뢰성 있게 평가함으로써 기업의 효율적인 인사관리와 대학의 역량 있는 인재 양성에 만전을 기할 수 있습니다.

직장인	객관적인 인사자료(승진,인사고과), 정보능력 개발
대학생	취업대비, 졸업자격 및 학점인정
중,고등학생	대입에 필요한 정보소양능력 자격증 취득
일반인	국제 자격증 취득

02 레벨 및 자격증 종류

❶ 자격증 종류(과목) 및 레벨

현재 MOS 2010 버전에서는 Word Core/Expert(일반/상급), Excel Core/Expert(일반/상급), PowerPoint, Access, Outlook이 각각 시행되고 있으며, Master 자격증은 별도의 시험없이 Word Expert, Excel Expert,

PowerPoint, Access 또는 Outlook 중 한 과목을 취득하여 총4개의 자격증을 획득하면 Master 인증서가 발급됩니다.

❷ 합격 기준

MOS 2010의 합격 기준은 1000점 만점으로 시험 종료 후 바로 성적표가 발급되며 과목 및 Level 별로 다릅니다.

❸ 성적표

MOS 2010의 성적표에는 취득 점수와 합격 여부는 물론, 기능별로 0~100%의 성취도가 명시됩니다. 따라서 자신의 취약 부분을 분석해 심화학습을 할 수 있습니다.

❹ 과목별 인증서 및 Master 인증서

공식 자격증은 합격 후 2-3주 정도 뒤에 우편으로 발송됩니다.

❺ 시험시간 및 문항 수

시험은 50분 동안 시행되며 과목별로 문항수가 다르고 평균 15~30 문항이 출제됩니다.

03 MOS 2010 응시 방법

❶ 자신에게 필요한 과목 결정

❷ MOS 인증 학습 교재 또는 온라인 강의를 이용하여 학습

❸ http://www.ybmit.com을 통해 온라인 접수

❹ 과목 및 일정, 지역, 시험 센터 결정

MOS 2010은 CBT(Computer Based Test) 방식으로 수시 접수 및 응시가 가능합니다. 서울(종로, 강남), 부산, 대구, 광주, 대전, 인천, 경기, 마산, 창원, 전주, 청주, 원주, 순천, 진주, 목포 등 20여 개 지역의 MOS 공인 시험센터에서 응시가 가능합니다.

시험형태	내용	접수기간
수시시험	수시접수 · 시행	수시
특별시험	단체가 원하는 일정과 장소에서 시행	1주일 전

❺ 시험 응시

신분증과 수험표를 지참하고 해당 장소에서 응시합니다. 주민등록증, 운전면허증, 여권, 공무원증을 신분증으로 사용할 수 있습니다.

❻ 성적표 발급

시험 종류 후 인쇄물로 발급된 성적표나 시험 성적 확인 웹 사이트(http://www.certiport.com)에서 시험 응시 때 사용했던 ID와 비밀번호로 로그인하여 Skill Set(평가항목)별로 성적을 확인할 수 있습니다. 성적표를 이용하여 영역별 성취도를 분석해 취약 부분을 심화 학습합니다.

❼ 인증서 발급

합격자는 2~3주 후에 공식 자격증을 우편물로 배송 받습니다.

04 MOS Excel 2010 Expert Skill Set(평가 항목)

Microsoft Excel 2010 Expert(상급) 평가 항목 [문항수 : 29 / 시간 : 50분]

Skill Set	시 험 구 성
통합 문서 공유 및 유지 관리	통합 문서 설정, 속성, 데이터 옵션 적용 통합 문서와 워크시트에 보호 적용 및 속성 공유 공유 통합 문서 유지 관리
공식 및 함수 적용	수식 감사 수식 옵션 조작 데이터 요약 작업 수행 수식에 함수 적용
시각적으로 데이터 표현	고급 차트 기능 적용 데이터 분석 적용 피벗 테이블 생성 및 조작 피벗 차트 생성 및 조작
매크로 및 양식 사용	매크로 생성 및 조작 양식 컨트롤 삽입 및 조작

05 본 교재의 학습 방법 및 구성

❶ 학습 방법

- 본문, 확인학습 문제 및 실전모의고사를 수행하려면 CD-ROM에서 해당 연습 파일을 설정한 후 진행합니다. 모든 과제를 마친 후에는 해당 문제의 풀이과정을 확인하고, 해당 해답 파일을 열어 작업 결과를 대조합니다. 틀린 부분은 바로 해당 학습 목표를 복습하도록 합니다.

- 본 교재는 총 4Part로 구성되어 있습니다. 각 Part에는 평가 항목별로 기능을 학습한 후에 확인학습 문제로 기능에 대한 복습을 철저히 할 수 있습니다. 각 기능별로 중요 용어와 출제 포인트에 대한 설명을 찾아 볼 수 있습니다.

- 본문 중간의 Tip을 통해 부가적인 기능을 살펴볼 수 있으며, Check를 통해 놓치기 쉽거나 자주 자주 범하는 실수를 줄이기 위한 중요한 요령들을 기술해 놓았습니다.

- 각 Part별 확인학습의 문제풀이 과정은 교재에 실려 있지 않습니다. 확인학습 문제 아래에 자세한 힌트를 제공, 그 힌트를 바탕으로 스스로 문제를 풀 수 있도록 하였습니다. 확인학습 문제의 자세한 풀이 과정은 부록 CD의 확인학습 해설 PDF 파일로 학습자가 정확히 문제를 해결했는지 확인합니다. MOS는 결과가 아닌 문제를 해결하는 과정이 채점되므로 반드시 확인하도록 합니다.

- 모든 Part를 학습 한 후에는 실제 인증 시험과 같은 형식으로 구성된 실전모의고사를 풀어볼 수 있습니다. 실제로 시험을 보는 느낌으로 풀어보도록 합니다. 실전모의고사의 해설도 책에는 제공되지 않습니다. 문제 아래 주요 힌트가 제공됩니다. 실전모의고사 문제의 자세한 풀이 과정은 부록 CD의 해설 PDF 파일로 확인합니다.

❷ 본문 구성

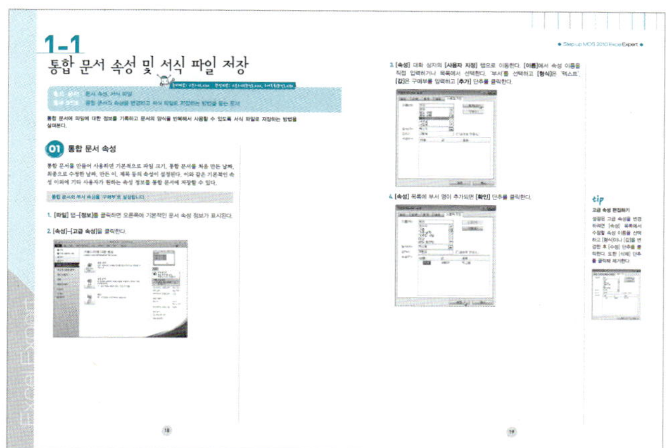

• **기능 제목**	기능의 제목을 나타내며, 하위 기능이 나열됩니다.
• **중요 용어**	학습할 내용의 중요 용어가 정리되어 있습니다.
• **출제 포인트**	기능별로 어떤 유형의 문제가 출제되는지를 나타냅니다.
• **기본학습**	수행해야할 처리 과정이 미션 형식으로 제공되며 따라하기 식으로 각 기능을 학습합니다.
• **확인학습문제**	기능 설명을 학습한 후 문제를 통해 스스로 기능을 복습합니다.
• **Tip**	부가적인 기능으로 덤으로 살펴볼 수 있습니다.
• **Check**	실제 시험 시에 알아둬야 할 액기스 같은 요령이 소개됩니다.
• **Hint**	확인학습을 풀 수 있는 실마리가 제공됩니다.
• **실전모의고사**	실제 인증 시험과 같은 형식으로 구성된 총3세트의 실전모의고사입니다. 문제 아래쪽에 주요 메뉴 및 명령이 힌트로 제공됩니다.

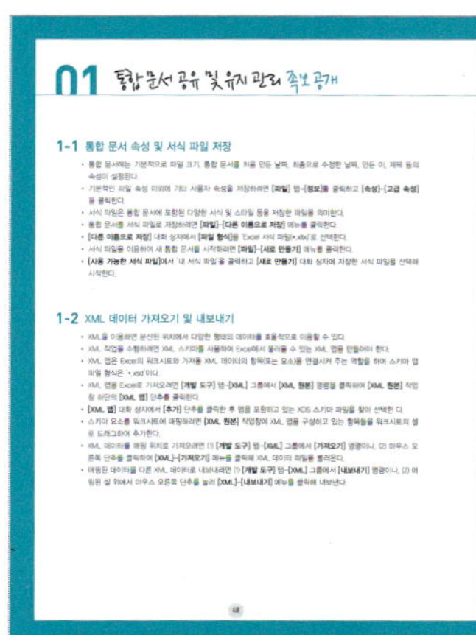
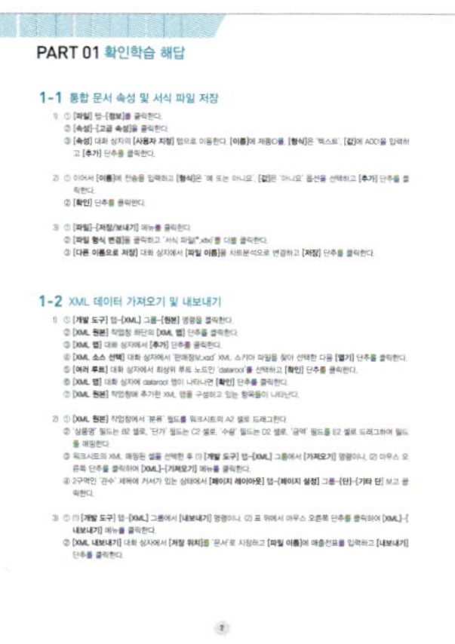
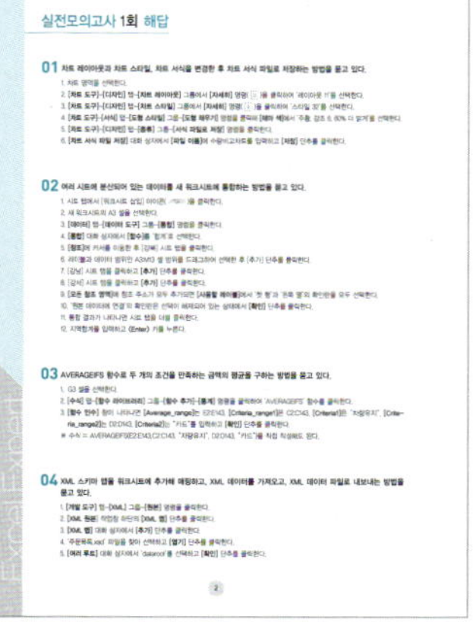

• **족보 공개**	각 장의 기능들이 간략히 정리되어 있습니다.
• **확인학습문제 해답편**	각 Part의 확인학습문제의 풀이 과정입니다.
• **실전모의고사문제 해답편**	실전모의고사 문제집 3셋트 풀이 과정입니다.

06 CD-ROM 사용하기

부록 CD에는 이 책에서 학습 시 사용될 예제 준비 파일과 완성 파일 및 확인학습/실전모의고사 해답편이 PDF 파일로 수록되어 있습니다.
부록 CD를 사용하기 위해서는 CD-ROM에 삽입한 후 CD-ROM 드라이브를 선택하고 CD 안에 있는 폴더 MOS Excel 2010(Expert) 폴더를 하드 디스크로 복사하여 사용합니다.
폴더 안에는 다음 그림과 같이 구성되어 있습니다.

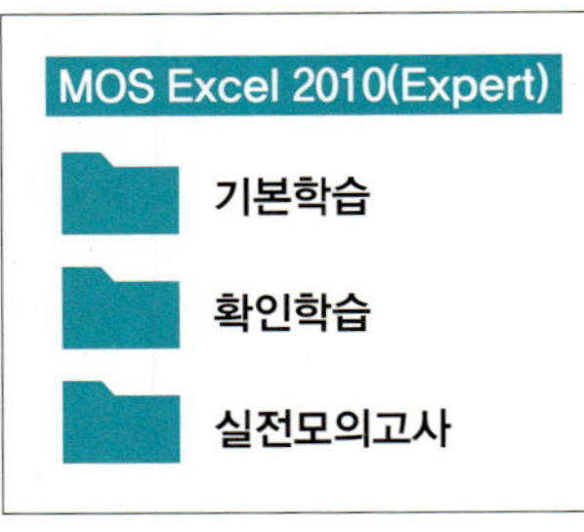

[기본학습] 폴더 안에는 Part1 ~ Part4까지의 폴더가 있으며 각 Part 폴더에는 기본학습에서 사용되는 예제 파일과 완성 파일이 있습니다.

[확인학습] 폴더 안에는 Part1 ~ Part4까지의 폴더가 있으며 각 Part 폴더에는 확인학습에서 사용되는 예제 파일과 완성 파일 및 해설 파일(PDF 파일)이 있습니다.

[실전모의고사] 폴더 안에는 모의고사3회의 폴더와 해설 파일(PDF 파일)이 있습니다.

07 Excel 2010의 화면 구성

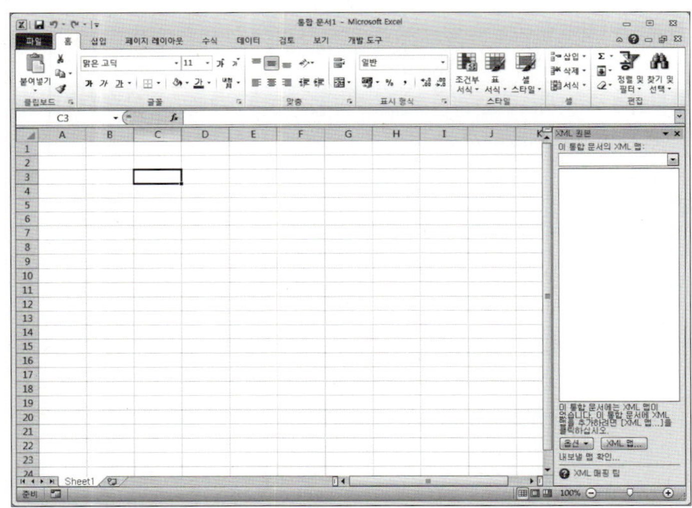

- **빠른 실행 도구 모음**   [저장], [실행 취소], [다시 실행] 아이콘이 제공되며, 그 외에 사용자가 자주 사용하는 아이콘을 빠른 실행 도구 모음에 추가 및 구성할 수 있습니다.

- **제목 표시줄**   현재 사용하고 있는 프로그램 이름과 사용하고 있는 파일 이름이 나타납니다. 저장하지 않은 통합 문서는 기본적으로 Book1, Book2 순으로 나타나며 통합 문서를 저장하면 저장된 파일 이름이 표시됩니다. 이곳에서 현재 작업 중인 문서의 이름을 확인합니다. 오른쪽에는 프로그램 창을 조절하는 최소화, 최대화 단추와 화면 복원, 닫기 단추가 있습니다.

- **파일 탭**

  Excel 2010 버전의 Office 단추를 클릭하면 나타나는 메뉴가 Backstage 보기로 열립니다. 왼쪽의 Backstage 탭에는 저장, 열기, 닫기, 문서에 대한 정보, 새로 만들기, 인쇄, 저장/보내기, 도움말, 옵션, 프로그램 끝내기와 같이 파일 단위의 작업과 프로그램 구성 기능들을 손쉽게 사용할 수 있습니다.

- **리본 메뉴**

  Excel 2010에서 사용할 수 있는 모든 명령이 제공되며 관련된 기능끼리 탭–그룹–명령순으로 분류되어 표시됩니다.

- **이름 상자**

  보통 선택한 셀 주소나 범위의 이름이 표시되고 셀에 함수식을 입력할 때는 함수 상자로 바뀝니다.

- **수식 입력줄**

  셀에 입력된 데이터나 수식을 모두 표시해주고 수식을 직접 입력하거나 수정할 수 있는 곳입니다.

- **셀 포인터**

  현재 선택한 셀을 말하며 셀에 데이터를 입력하거나 편집 할 수 있는 상태를 의미합니다. 셀 포인터의 경우에는 굵은 테두리가 표시된다. 각 셀에는 열과 행의 이름이 할당되어 고유한 주소를 갖게 됩니다. 예를 들어, 1열 1행의 셀 주소는 A1, 3열 5행의 셀 주소는 C5가 됩니다. 이와 같은 셀 주소는 이름 상자에서 확인이 가능합니다.

- **열 머리글**

  세로 줄을 표시하는 열 제목으로 A열~XFD열까지의 16,384개가 있습니다.

- **행 머리글**

  가로 줄을 표시하는 행 제목으로 1행~1,048,576행까지가 있습니다.

- **워크시트**

  편집 작업을 할 수 있는 공간으로 수백만 개의 셀로 구성됩니다. 그리고 여러 개의 워크시트가 모여 하나의 통합 문서로 저장됩니다.

- **시트 탭**

  여러 장의 워크시트가 모여 하나의 통합 문서를 구성하게 되는데 이 시트 탭을 이용하여 다른 시트로 이동이 가능합니다.

- **시트 이동 단추**

  많은 워크시트가 포함된 경우 화면에 보이지 않는 시트로 빠르게 이동할 수 있게 해줍니다.

- **작업창**

  일반적인 작업 명령이 필요할 때마다 오른쪽 화면에 나타나는 별도의 작은 창을 의미합니다. 작업창은 관련된 기능을 모아 놓은 창으로 특정 작업을 빠르게 수행할 수 있도록 도와줍니다.

- **수직/수평 이동 막대**

  문서에서 보이지 않는 곳으로 위치를 이동합니다.

- **상태 표시줄**

  데이터 입력, 수정 및 수식의 결과와 같은 현재의 편집 상태를 나타내줍니다.

08 명령 실행 방법

❶ 리본 메뉴

Excel 2010에서는 파일, 홈, 삽입, 페이지 레이아웃, 수식, 데이터, 검토, 보기 탭이 기능적으로 분류되어 있으며, 각 탭을 선택하면 관련된 기능들이 그룹별로 묶여 제공됩니다. 특정 명령으로 마우스 포인터를 가져가면 명령의 이름이 스크린 팁으로 표시되며, 각 그룹 오른쪽 하단의 확장 명령 단추( )를 클릭하면 대화 상자가 실행되어 세부 옵션을 동시에 줄 수 있습니다.

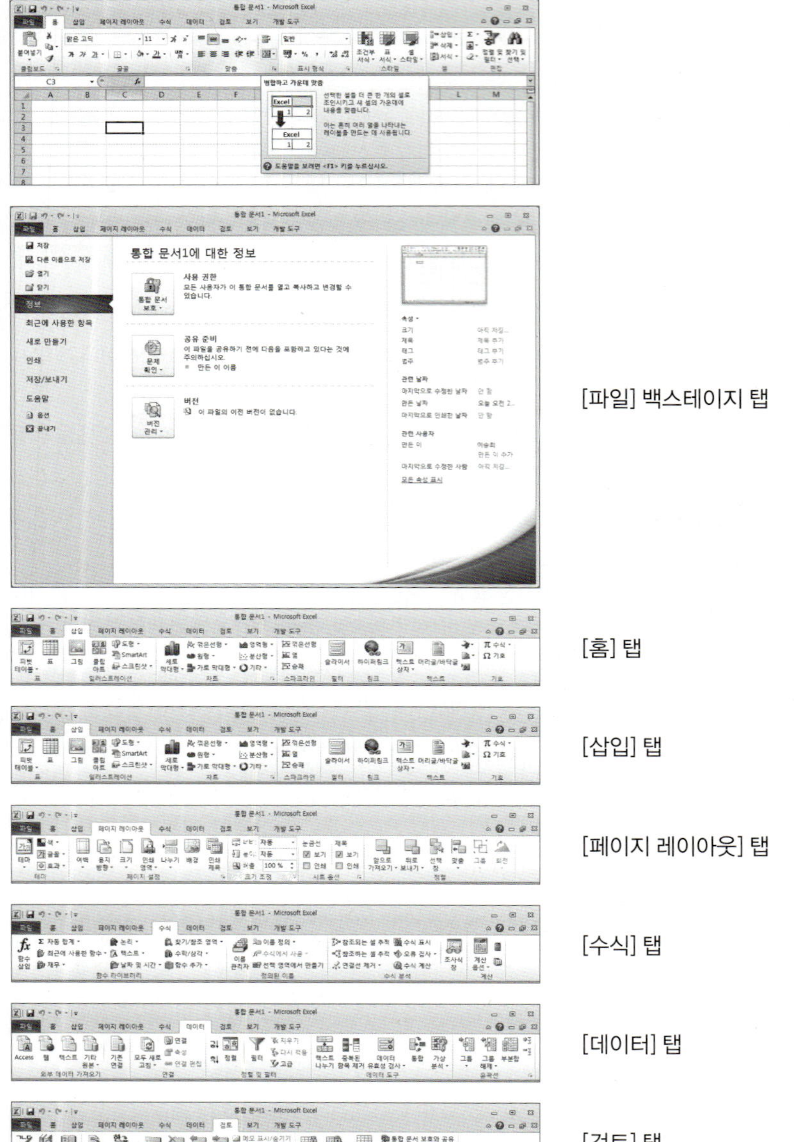

[파일] 백스테이지 탭

[홈] 탭

[삽입] 탭

[페이지 레이아웃] 탭

[수식] 탭

[데이터] 탭

[검토] 탭

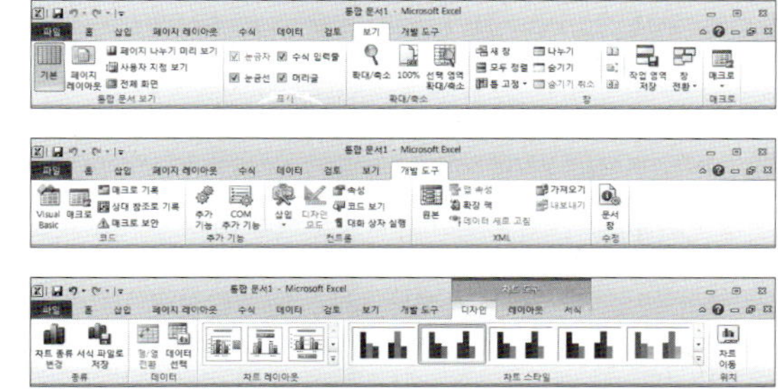

[보기] 탭

[개발 도구] 탭 – 옵션

[상황별 도구] 탭 – 워크시트에 삽입된 개체 선택
시 표시

❷ 미니 도구 모음

빠른 실행 도구 모음 이외에 리본 메뉴에서 자주 사용하는 명령을 모아 놓은 도구 모음입니다. 마우스 오른쪽 단추를 클릭하면 표시되며 리본 메뉴의 현 위치와 상관없이 자주 사용하는 명령을 빠르게 수행할 수 있습니다.

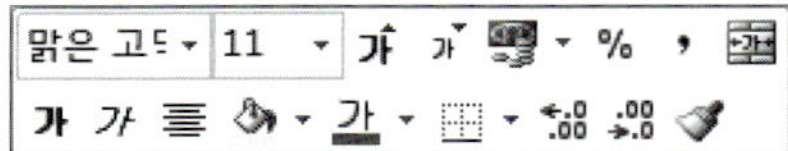

❸ 바로 가기 메뉴

마우스 오른쪽 단추를 클릭하면 나타나는 메뉴로 특정 명령을 빠르게 수행할 수 있습니다. 개체 종류나 실행 위치에 따라 다른 메뉴가 표시됩니다.

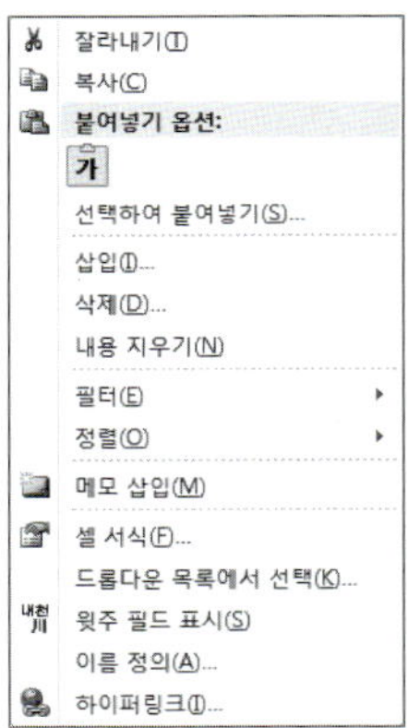

❹ 단축키

자주 사용하는 명령을 키보드의 단축키로 빠르게 실행할 수 있는 방법입니다. 자주 사용하는 명령이 있다면 단축키를 기억해두는 것이 작업 속도를 높일 수 있는 방법입니다. 시험 시에는 〈PageUP〉와 〈PageDown〉 키는 사용할 수 없으며 복사 〈Ctrl+C〉, 잘라내기 〈Ctrl+X〉, 붙여넣기 〈Ctrl+V〉, 굵게 〈Ctrl+B〉, 기울임꼴 〈Ctrl+I〉, 밑줄 〈Ctrl+U〉, 인쇄 〈Ctrl+P〉, 〈Del〉, 〈Insert〉, 〈Enter〉. 〈한/영〉 키는 사용할 수 있습니다.

STEP UP MOS 2010
EXCEL EXPERT

PART 01

통합 문서 공유 및 유지 관리

하나의 통합 문서는 여러 사용자에 의해 공유되고 편집되기도 한다.
다른 사용자와 공유하기 위해 시트별로 편집을 허용하거나 변경하지 못하고
읽기만 허용되도록 보호할 필요가 있을 수 있다. 이번 과정에서는 통합 문서를
공유하고 관리 방법에 대해 학습할 것이다.

Excel Expert

1-1
통합 문서 속성 및 서식 파일 저장

준비파일: 기본1-01.xlsx   완성파일: 기본1-01(완성).xlsx, 구매목록(완성).xltx

중요 용어 | 문서 속성, 서식 파일
출제 포인트 | 통합 문서의 속성을 변경하고 서식 파일로 저장하는 방법을 묻는 문제

통합 문서에 파일에 대한 정보를 기록하고 문서의 양식을 반복해서 사용할 수 있도록 서식 파일로 저장하는 방법을 살펴본다.

01 통합 문서 속성

통합 문서를 만들어 사용하면 기본적으로 파일 크기, 통합 문서를 처음 만든 날짜, 최종으로 수정한 날짜, 만든 이, 제목 등의 속성이 설정된다. 이와 같은 기본적인 속성 이외에 기타 사용자가 원하는 속성 정보를 통합 문서에 저장할 수 있다.

> 통합 문서의 부서 속성을 '구매부'로 설정합니다.

1. **[파일]** 탭-**[정보]** 명령을 클릭하면 오른쪽에 기본적인 문서 속성 정보가 표시된다.

2. **[속성]**-**[고급 속성]**을 클릭한다.

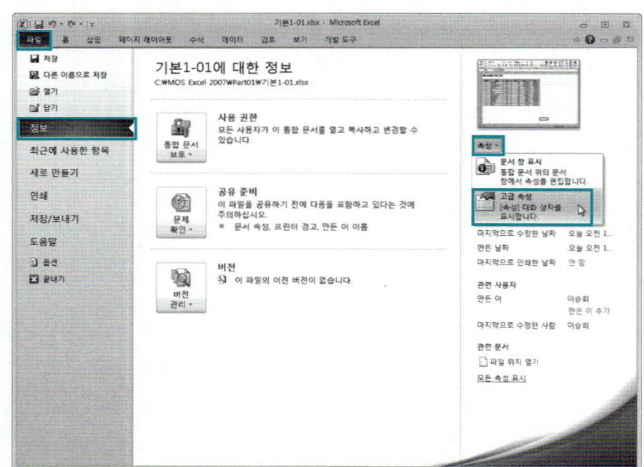

3. **[속성]** 대화 상자의 **[사용자 지정]** 탭으로 이동한다. **[이름]**에서 속성 이름을
직접 입력하거나 목록에서 선택한다. '부서'를 선택하고 **[형식]**은 '텍스트',
[값]은 구매부를 입력하고 **[추가]** 단추를 클릭한다.

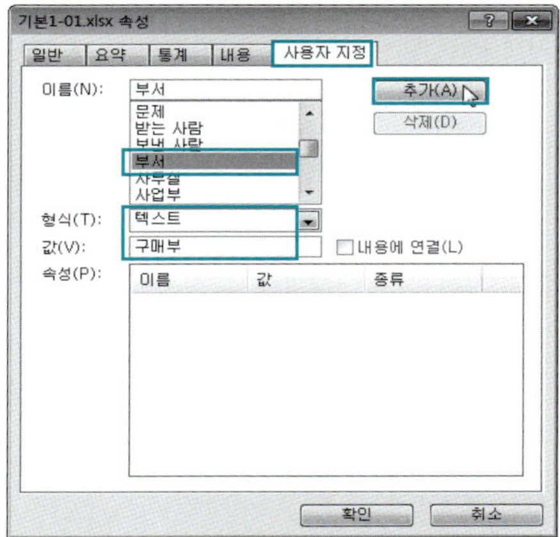

4. **[속성]** 목록에 부서명이 추가되면 **[확인]** 단추를 클릭한다.

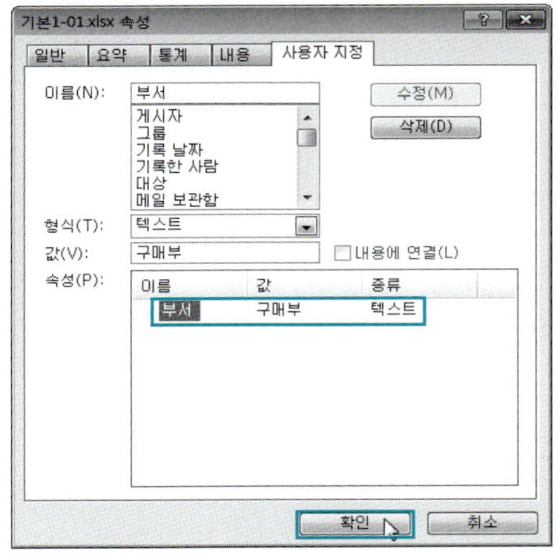

tip

고급 속성 편집하기

설정된 고급 속성을 변경
하려면 **[속성]** 목록에서
수정할 속성 이름을 선택
하고 **[형식]**이나 **[값]**을 변
경한 후 **[수정]** 단추를 클
릭한다. 또한 **[삭제]** 단추
를 클릭해 제거한다.

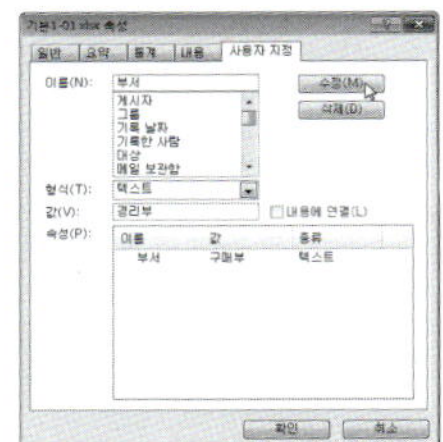

02 서식 파일로 저장

서식 파일은 통합 문서에 포함된 다양한 서식 및 스타일 등을 저장한 파일을 의미하며 자주 사용하는 서식과 수식이 있다면 서식 파일로 저장해 두어 필요할 때마다 서식 파일로 새 문서를 시작할 수 있다. 같은 유형의 문서를 계속해서 만들 때 서식 파일을 사용하면 편리하다.

현재 통합 문서를 구매목록 파일 이름의 서식 파일로 저장하고 닫습니다. 그리고 서식 파일을 사용하여 새 통합 문서를 시작합니다.

1. [파일] 탭–[저장/보내기] 명령을 클릭한다. [파일 형식 변경]을 클릭하고 '서식 파일(*.xltx)'를 더블 클릭한다.

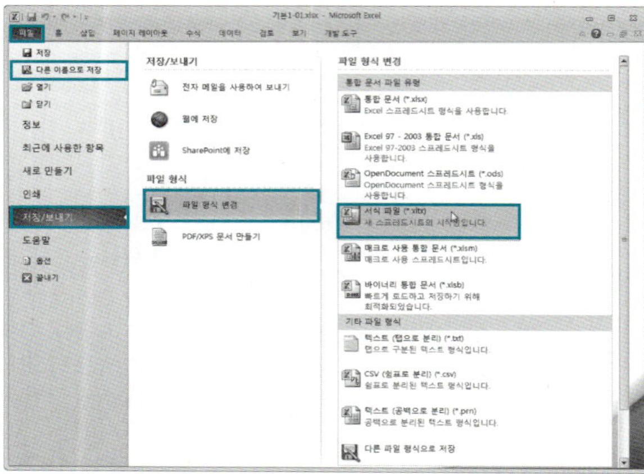

2. [다른 이름으로 저장] 대화 상자가 나타나면 [파일 형식]이 'Excel 서식 파일 (*.xltx)'로 선택되어 있다.

3. 서식 파일이 저장되는 위치인 [Templates] 폴더로 이동되면 [파일 이름]을 구매목록으로 변경하고 [저장] 단추를 클릭한다.

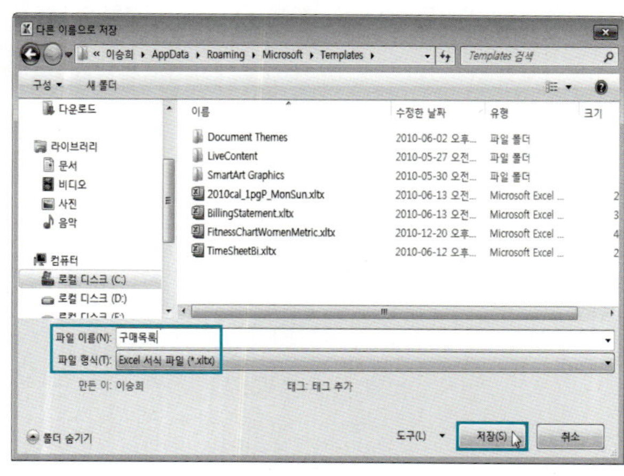

Check

서식 파일로 저장할 때는 [파일 형식]부터 변경하고 [Templates] 폴더로 이동 되면 주어진 경로에 저장 하도록 한다.

4. **[파일]** 탭–**[닫기]** 명령을 클릭해서 현재 서식 파일을 닫는다.

5. 서식 파일을 이용하여 새 통합 문서를 시작하려면 **[파일]** 탭–**[새로 만들기]** 명령을 클릭한다.

6. **[사용 가능한 서식 파일]**에서 '내 서식 파일'을 클릭한다.

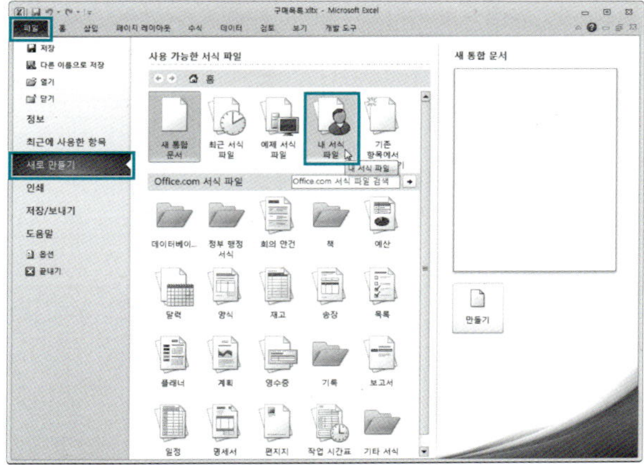

7. **[새로 만들기]** 대화 상자에 저장한 서식 파일이 나타나면 '구매목록'을 선택하고 **[확인]** 단추를 클릭한다.

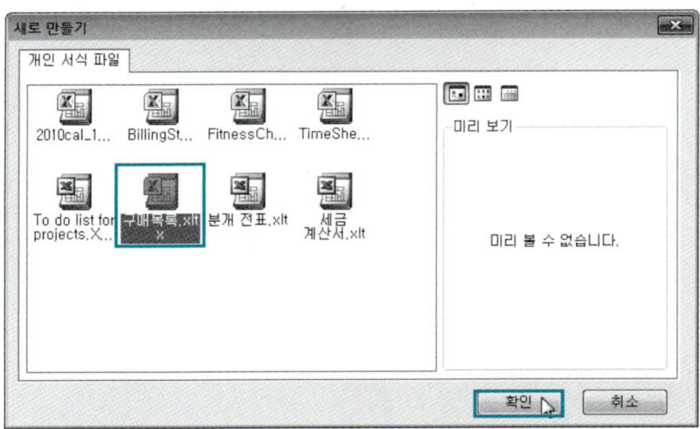

8. 서식 파일을 기초로 새 통합 문서로 열린다.

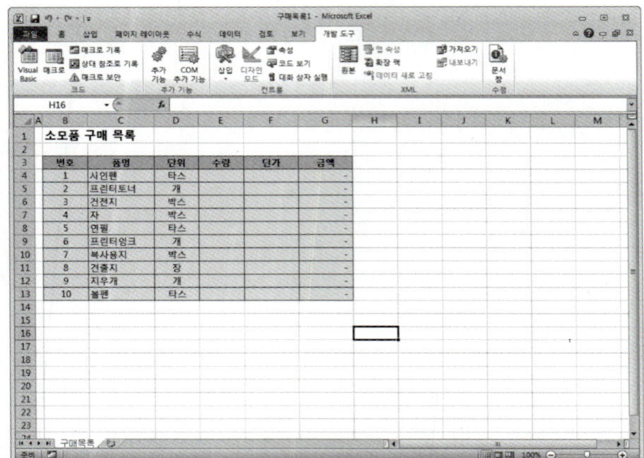

서식 파일 포함 요소

서식 파일에 저장할 수 있는 항목으로는 워크시트, 데이터 및 수식, 서식, 차트, 인쇄 설정, 사용자 지정 도구 모음 및 매크로, 암호 등이 있다.

| 확인학습 |

확인1 – 01.xlsx를 열어 다음 작업을 완료하시오.

(1) 값이 'A001'이라는 '텍스트' 형식을 사용하여 '제품ID' 이름의 사용자 지정 속성을 만드시오.

(2) 값이 '아니요'라는 '예 또는 아니요' 형식을 사용하여 '전송' 이름의 사용자 지정 속성을 만드시오.

(3) 현재 통합 문서를 '차트분석' 이름의 서식 파일로 저장하시오.

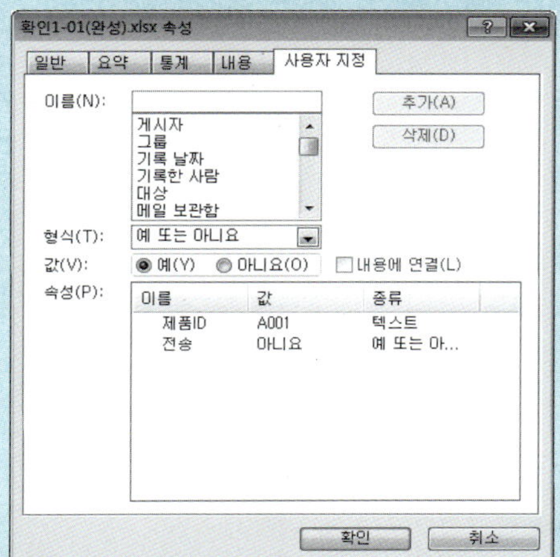

1. 문서 속성을 설정하려면 [파일] 탭 – [정보] 명령에서 [속성] – [고급 속성]을 이용하세요.

2. 서식 파일로 저장하려면 [파일] 탭 – [저장/보내기] 명령을 이용하세요.

1-2

XML 데이터 가져오기 및 내보내기

준비파일 : 기본1-02.xlsx, 입출고목록.xsd, 입출고목록.xml   완성파일 : 기본1-02(완성).xlsx, 재고현황(완성).xml

중요 용어 | XSD, 스키마, XML, 맵, 매핑

출제 포인트 | 통합 문서에 XML 맵을 추가하고, XML 데이터를 가져오고, XML 데이터를 내보내는 방법을 묻는 문제

분산된 장소의 다양한 형태의 응용 프로그램으로 XML이란 통일된 형식의 데이터를 통해 효율적으로 활용할 수 있다. XML 데이터를 XML 맵과 매핑하여 Excel 시트로 가져오거나, 워크시트에서 재구성한 데이터를 다른 XML 파일로 내보내는 과정을 살펴본다.

01 XML의 정의

XML(Extensible Markup Language)은 데이터의 구조와 의미를 나타낸다. XML을 사용하면 데이터베이스, 웹 페이지, 스프레드시트 파일, 전자 메일 등 다양한 곳에서 만들어진 여러 가지 형식의 데이터를 효율적으로 사용할 수 있다.

XML은 원래 World Wide Web을 통해 데이터를 교환하기 위해 설계되었으나, 현재는 컴퓨터 시스템 간의 데이터 교환에 널리 사용되는 공용 표준이다.

예를 들어, 고객들이 웹에서 구매 주문서의 내용을 XML 데이터로 작성하여 전송하면 그 구매 주문서의 데이터를 배송 담당 부서에서 사용하는 워크시트에 회계 데이터베이스로 자동 변환하여 가져올 수 있다.

- **XSD 스키마** : 데이터 파일에 포함할 수 있는 항목과 포함할 수 없는 항목에 대한 규칙을 정의한다. 예를 들어, 수량 필드에 문자를 입력할 수 없도록 스키마를 정의할 수 있다. 이렇듯 스키마에는 유효한 데이터를 확인할 수 있는 규칙이 포함되며 스키마 파일의 확장명은 '*.xsd'이다.

```
<xsd:element name="사원정보">
 <xsd:complexType>
  <xsd:sequence>
   <xsd:element name="사원번호" type="xsd:string"/>
   <xsd:element name="이름" type="xsd:string"/>
   <xsd:element name="부서" type="xsd:string"/>
   <xsd:element name="직책" type="xsd:string"/>
   <xsd:element name="나이" type="xsd:positiveInteger"/>
   <xsd:element name="기본급" type="xsd:positiveInteger"/>
   <xsd:element name="성별" type="xsd:string"/>
  </xsd:sequence>
 </xsd:complexType>
</xsd:element>
```

- **XML 데이터:** 데이터와 해당 데이터의 구조 및 의미를 설명하는 XML 태그를 말한다. XML 시스템의 핵심 구성 요소는 데이터이다. 데이터 파일의 확장명은 '*.xml'로 다음과 같이 XML 태그를 이용하여 데이터 필드와 값을 정확히 구분한다.

```xml
<?xml version="1.0" encoding="UTF-8" ?>
- <dataroot xmlns:od="urn:schemas-microsoft-com:officedata"
    xmlns:xsi="http://www.w3.org/2001/XMLSchema-instance"
    xsi:noNamespaceSchemaLocation="급여정보.xsd" generated="2007-01-12T18:23:29">
- <급여정보>
    <이름>홍길동</이름>
    <부서>생산1팀</부서>
    <성별>1</성별>
    <입사일>2001-01-01T00:00:00</입사일>
    <기본급>1500000</기본급>
  </급여정보>
- <급여정보>
    <이름>이기자</이름>
    <부서>생산2팀</부서>
    <성별>0</성별>
    <입사일>1999-01-03T00:00:00</입사일>
    <기본급>2000000</기본급>
  </급여정보>
- <급여정보>
    <이름>강감찬</이름>
    <부서>영업1팀</부서>
    <성별>1</성별>
    <입사일>1999-12-15T00:00:00</입사일>
    <기본급>1680000</기본급>
  </급여정보>
- <급여정보>
    <이름>전수진</이름>
    <부서>영업1팀</부서>
    <성별>0</성별>
    <입사일>2001-12-01T00:00:00</입사일>
    <기본급>1500000</기본급>
  </급여정보>
</dataroot>
```

Excel에서는 맵이라는 개념을 사용하여 XML을 지원한다. 우선 통합 문서에 XSD 스키마 파일을 추가한 후 셀에 XSD 스키마의 요소를 연결하여 맵을 만들고, XML 데이터를 가져오고 내보내게 된다.

02 개발 도구 추가

XML 데이터 작업을 수행하려면 리본·메뉴에 개발 도구를 추가해야 한다.

1. [파일] 탭 – [옵션] 명령을 클릭한다.

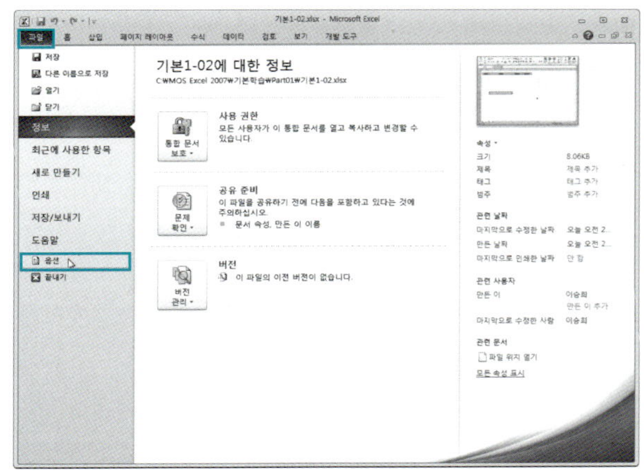

2. [Excel 옵션] 대화 상자에서 [리본 사용자 지정] 범주를 클릭한다.

3. **[리본 메뉴 사용자 지정]** 목록에서 '개발 도구' 확인란을 선택하고 **[확인]** 단추를 클릭한다.

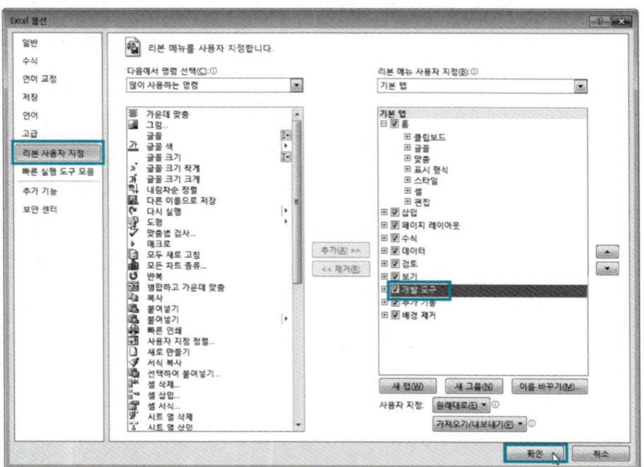

03 XML 맵 추가

Excel에서 XML 작업을 수행하려면 XSD 스키마를 사용하여 Excel에서 불러올 수 있는 XML 맵을 만들어야 한다. XML 맵은 Excel의 워크시트와 가져올 XML 데이터의 항목(또는 요소)을 연결시켜 주는 역할을 하며 스키마 파일 형식은 '*.xsd'이다.

> 입출고목록.xsd 스키마 파일을 사용하여 XML 맵을 가져옵니다.
> 그러고 나서 워크시트의 각 셀에 매핑합니다.

1. XML 맵을 Excel로 가져오기 위해 **[개발 도구]** 탭–**[XML]** 그룹–**[원본]** 명령을 클릭한다.

2. **[XML 원본]** 작업창 하단의 **[XML 맵]** 단추를 클릭한다.

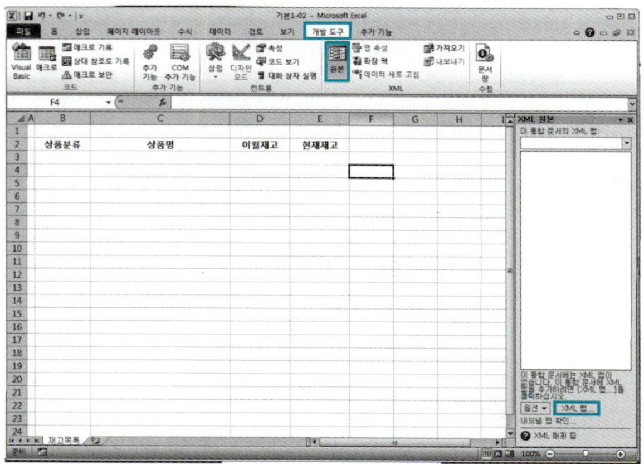

3. [XML 맵] 대화 상자에서 새로운 맵을 추가하기 위해 **[추가]** 단추를 클릭한다.

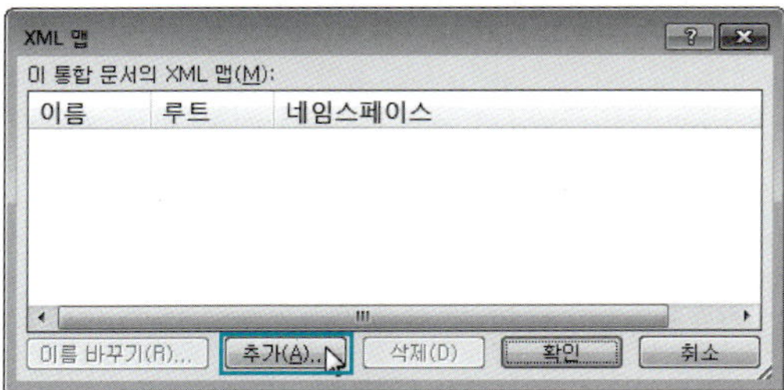

4. [XML 소스 선택] 대화 상자에서 맵을 포함하고 있는 '입출고목록.xsd' 스키마 파일을 찾아 선택한 다음 **[열기]** 단추를 클릭한다.

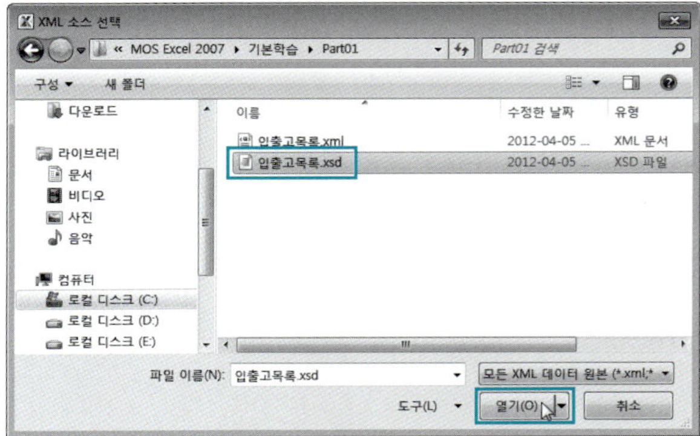

5. **[여러 루트]** 대화 상자에서 최상위 루트 노드인 'dataroot'를 선택하고 **[확인]** 단추를 클릭한다.

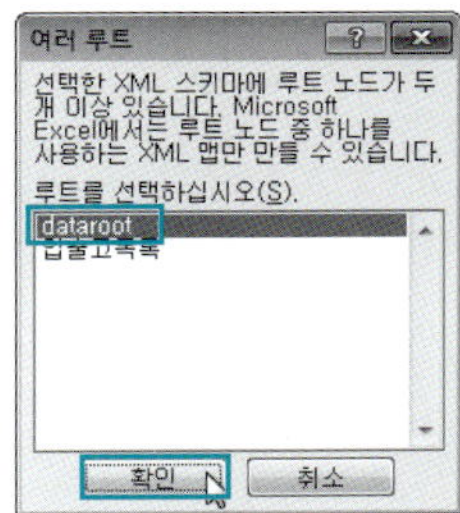

6. [XML 맵] 대화 상자에 dataroot 맵이 나타나면 **[확인]** 단추를 클릭한다.

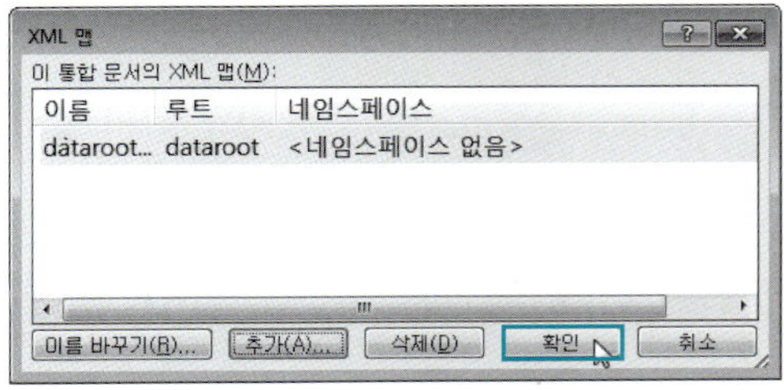

Check

만약 맵 파일 '*.xsd'가 보이지 않는다면 **[파일 형식]**을 '모든 XML 데이터 원본(*.xml;*.xsd)'나 'XML 스키마 파일(*.xsd)'로 변경하여 찾아본다.

7. [XML 원본] 작업창에 추가한 XML 맵을 구성하고 있는 항목들이 나타난다. [XML 원본] 작업창에서 '상품분류' 필드를 워크시트의 B2 셀로 드래그한다.

8. '상품명' 필드는 C2 셀로, '이월재고' 필드는 D2 셀로, '현재재고' 필드는 E2 셀로 드래그하여 필드를 매핑한다.

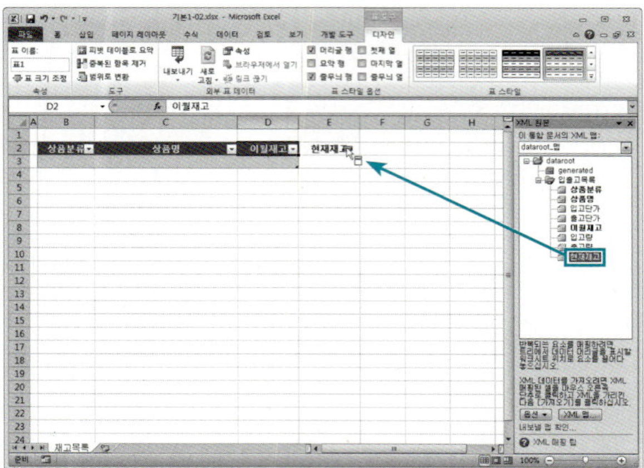

 ## XML 데이터 가져오기

필드를 매핑하면 워크시트의 셀이 XML 파일의 요소로 연결되며 매핑된 셀에 데이터를 직접 입력하거나, XML 데이터를 가져올 수 있다.

> **입출고목록.xml 데이터 파일을 매핑한 위치로 가져옵니다.**

1. 워크시트의 XML 매핑된 셀을 선택한 후 다음 중 하나의 명령을 실행한다.
   - [개발 도구] 탭–[XML] 그룹에서 [가져오기] 명령을 클릭한다.
   - 마우스 오른쪽 단추를 클릭하여 [XML]–[가져오기] 명령을 클릭한다.

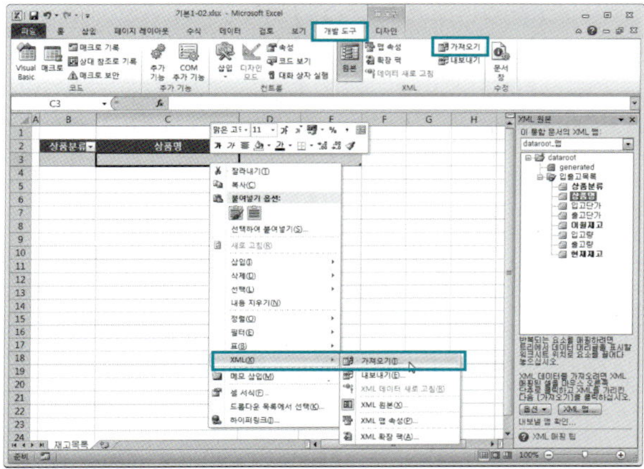

2. [XML 가져오기] 대화 상자에서 '입출고목록.xml' XML 데이터 파일을 찾아 선택한 다음 [가져오기] 단추를 클릭한다.

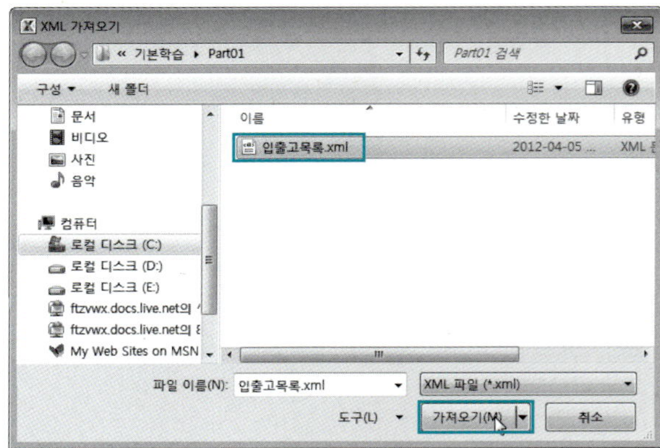

3. XML 데이터 중 매핑된 필드의 데이터가 표시되고 **[XML 원본]** 작업창에 매핑된
필드 명은 굵게 표시된다.

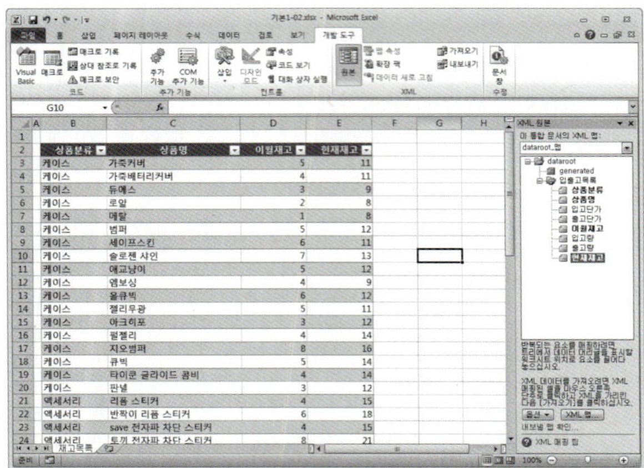

05 XML 데이터로 내보내기

워크시트로 가져온 일부 XML 데이터를 다시 기존 XML 파일에 저장하거나, 새
XML 파일로 내보낼 수 있다.

> 현재 매핑해 가져온 데이터를 재고현황.xml 이름의 데이터 파일로 내보냅니다.

1. XML 파일로 내보내기 위해 다음 중 하나의 명령을 실행한다.

- **[개발 도구]** 탭–**[XML]** 그룹에서 **[내보내기]** 명령을 클릭한다.
- 마우스 오른쪽 단추를 클릭하여 **[XML]**–**[내보내기]** 명령을 클릭한다.

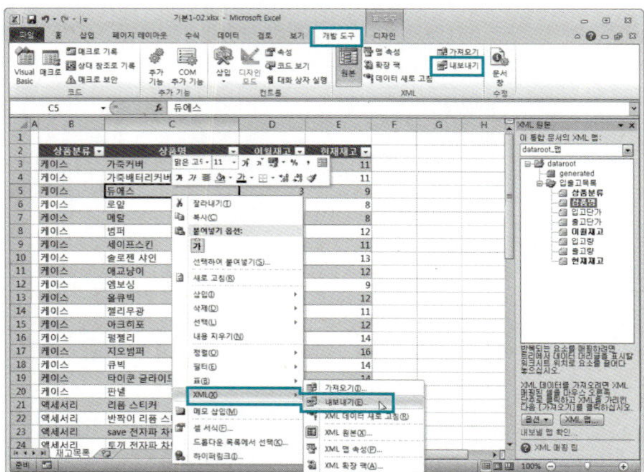

2. [XML 내보내기] 대화 상자에서 [파일 이름]에 재고현황을 입력하고 [내보내기] 단추를 클릭한다.

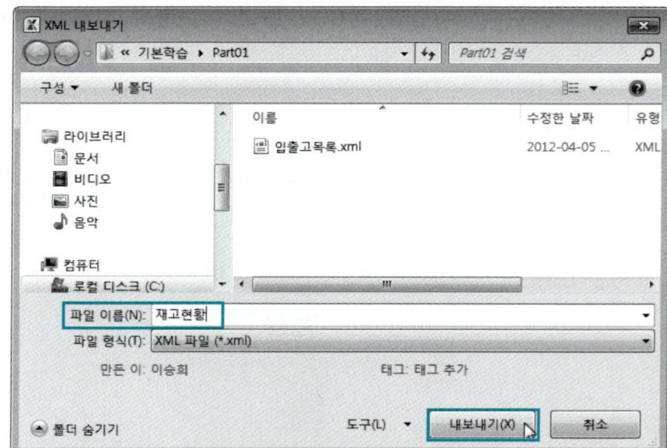

| 확인학습 |

준비파일 : 확인1-02.xlsx, 판매정보.xsd, 판매정보.xml   완성파일 : 확인1-02(완성).xlsx, 매출전표(완성).xml

확인1 – 02.xlsx를 열어 다음 작업을 완성하시오.

(1) '판매정보.xsd' 스키마의 dataroot 맵을 현재 워크시트에 추가하시오.

(2) 기존 XML 맵을 사용하여 XML 요소를 '매출' 워크시트에 매핑하시오. 그리고 '판매정보.xml' XML 데이터 파일을 가져오시오.

(3) 현재 워크시트를 '매출전표'라는 이름의 XML 데이터 파일로 문서 폴더에 내보내시오.

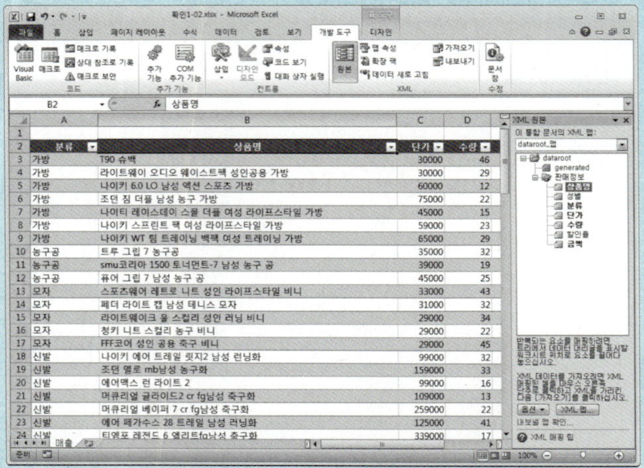

1. 스키마 맵을 워크시트에 추가하려면 [개발 도구] 탭 – [XML] 그룹 – [XML 원본] 명령을 이용하세요.

2. XML 요소를 워크시트에 매핑하려면 [XML 원본] 작업창에서 필드를 셀로 드래그하세요.

3. XML 데이터를 가져오거나 내보내려면 [개발 도구] 탭 – [XML] 그룹 – [가져오기] / [내보내기] 명령이나, 매핑된 셀 위에서 마우스 오른쪽 단추를 클릭하여 [XML] – [가져오기] / [내보내기] 명령을 이용하세요.

1-3
통합 문서와 워크시트에 보호 적용 및 속성 공유

중요 용어 | 셀 잠금, 시트 보호, 암호 설정, 최종본으로 표시
출제 포인트 | 워크시트를 보호하고, 통합 문서에 암호를 설정하고, 최종본으로 표시하는 방법

다른 사용자와 공동 작업을 수행할 때 서식의 변경, 데이터의 추가 및 삭제, 워크시트 삽입 등과 같은 작업을 허용해야 한다. 이러한 경우에 최소한의 작업만 허용하고 중요한 워크시트 요소를 보호하거나, 특정인에게만 통합 문서를 열람하고 편집할 수 있도록 제한할 수 있다.

 **셀 보호**

다른 사용자가 셀 내용을 임의로 변경하지 못하도록 워크시트에 암호를 설정하여 보호할 수 있다. 워크시트는 기본적으로 셀 잠금이 설정되어 있어 시트를 보호하면 셀 편집을 수행할 수 없게 된다. 특정 셀 범위만 선택하거나, 데이터를 입력할 수 있도록 하려면 우선 셀 잠금을 해제한 후 시트 보호를 해야 한다.

> 수량 E4:E13 셀 범위에만 셀 선택과 데이터 입력이 가능하도록 1234 암호로 워크시트를 보호합니다. 그러고 나서 시트 보호를 해제합니다.

1. E4:E13 셀 범위를 선택한다.

2. **[홈]** 탭–**[셀]** 그룹에서 **[서식]**–**[셀 잠금]** 명령을 클릭한다. 선택 영역의 셀 잠금이 해제된다.

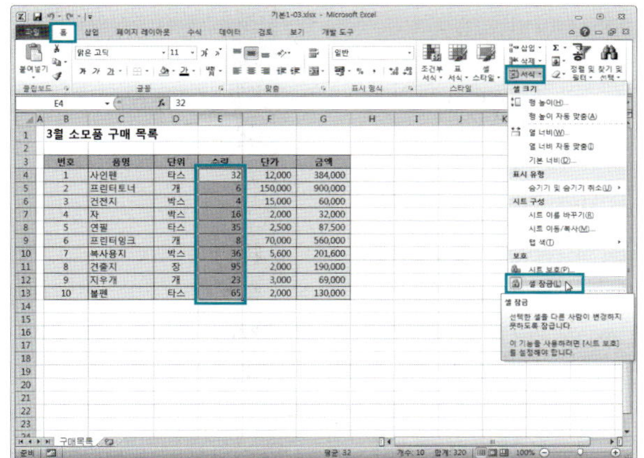

3. 워크시트를 보호하려면 다음 중 하나의 명령을 실행한다.

- [홈] 탭–[셀] 그룹에서 [서식]–[시트 보호] 명령을 클릭한다.
- [검토] 탭–[변경 내용] 그룹에서 [시트 보호] 명령을 클릭한다.

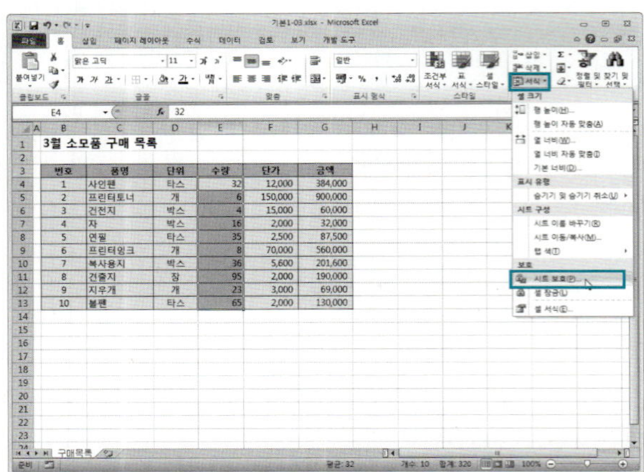

4. [시트 보호] 대화 상자의 잠기지 않은 셀만 선택과 데이터 입력을 허용하고 나머지 잠긴 셀은 선택하지 못하게 하려면 [워크시트에서 허용할 내용]에서 '잠긴 셀 선택'의 확인란을 선택 해제한다. [시트 보호 해제 암호]에 <u>1234</u>를 입력하고 [확인] 단추를 클릭한다.

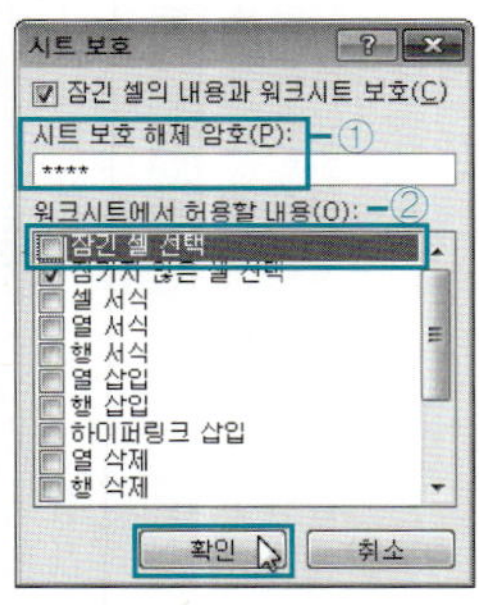

① **시트 보호 해제 암호** : 시트 보호를 해제할 때 필요한 암호를 설정한다. 암호를 설정하지 않으면 시트 보호 해제를 아무나 할 수 있게 된다.

② **워크시트에서 허용할 내용** : 워크시트에서 편집을 허용할 항목의 확인란을 선택한다. 선택하지 않은 항목은 편집이 불가능하다.

Check

'잠기지 않은 셀 선택'은 단독으로 선택이 가능하지만 '잠긴 셀 선택'은 '잠기지 않은 셀 선택' 옵션과 동시에 선택된다.

5. [암호 확인] 대화 상자가 나타나면 다시 한 번 1234를 입력하고 [확인] 단추를 클릭한다.

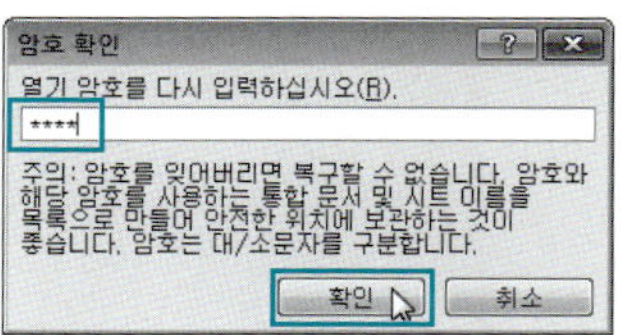

6. 잠기지 않은 셀은 수량 열에만 선택과 데이터 입력이 가능하고 나머지 잠긴 셀들은 선택조차 안 되고 리본 메뉴의 대부분 기능이 비활성화된다.

7. 워크시트의 보호를 해제하려면 다음 중 하나의 명령을 실행한다.

- [홈] 탭–[셀] 그룹에서 [서식]–[시트 보호 해제] 명령을 클릭한다.
- [검토] 탭–[변경 내용] 그룹에서 [시트 보호 해제] 명령을 클릭한다.

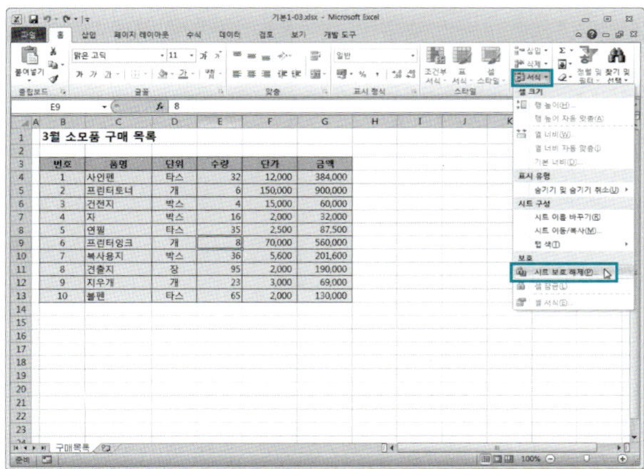

8. [시트 보호 해제] 대화 상자에서 [암호]를 1234로 입력하고 [확인] 단추를 클릭한다. 이제 잠긴 셀과 잠기지 않은 셀 모두 데이터 입력 및 편집이 가능하다.

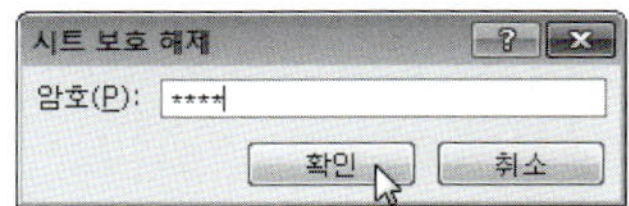

Check

암호를 잊으면 복원이 불가능하므로 반드시 기억해야 하고, 영문과 숫자로 조합된 암호의 경우는 영문의 대소문자를 정확히 구분하여 입력한다.

 **암호 설정으로 통합 문서 보호**

다른 사용자가 통합 문서를 열어 수정할 수 없도록 파일에 암호를 설정할 수 있다.

1234 암호를 사용하여 통합 문서를 보호합니다.

1. [파일] 탭–[정보] 명령을 클릭한다.

2. [통합 문서 보호]–[암호 설정]을 클릭한다.

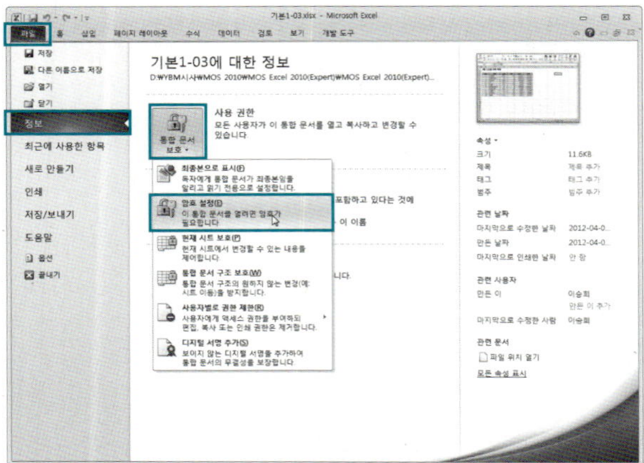

3. [문서 암호화] 대화 상자의 [암호]에 1234를 입력하고 [확인] 단추를 클릭한다.

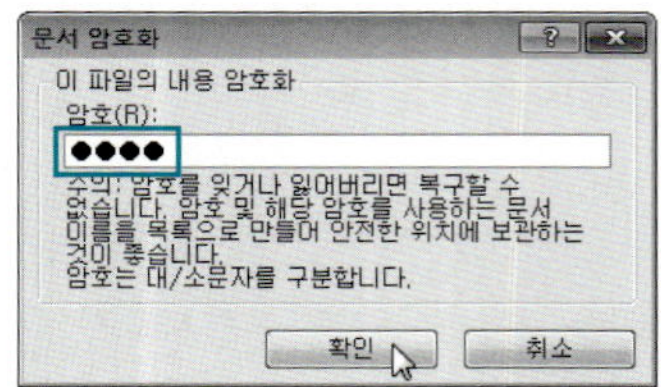

4. 1234 암호를 재입력하고 [확인] 단추를 클릭한다.

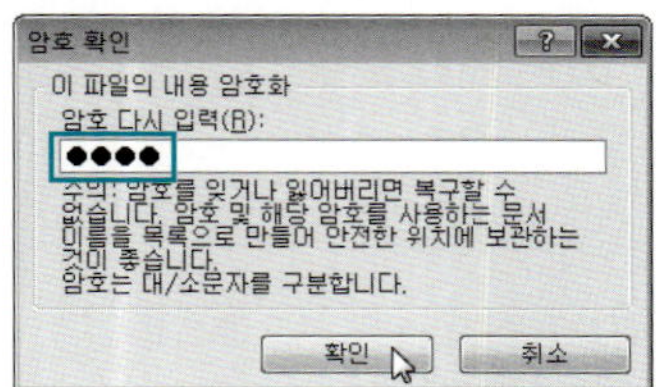

5. 현재 통합 문서를 열려면 암호를 알아야 한다는 표시가 나타난다.

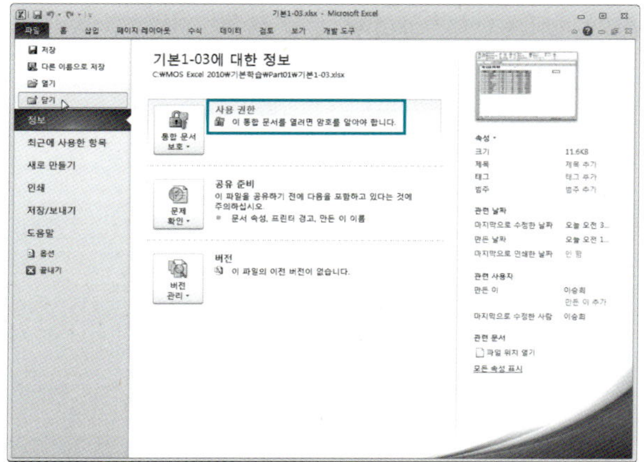

03 최종본으로 표시

문서를 다른 사용자와 공유하기 전에 통합 문서를 최종본으로 표시하여 읽기 전용으로 설정하면 문서가 변경되는 것을 막을 수 있다. 문서를 최종본으로 표시하면 입력 및 편집이 제한되어 읽기 전용으로 설정되고 문서의 상태 속성은 최종으로 표시된다.

> **현재 통합 문서를 최종본으로 표시합니다.**

1. [파일] 탭–[정보] 명령을 클릭한다.

2. [통합 문서 보호]–[최종본으로 표시] 명령을 클릭한다.

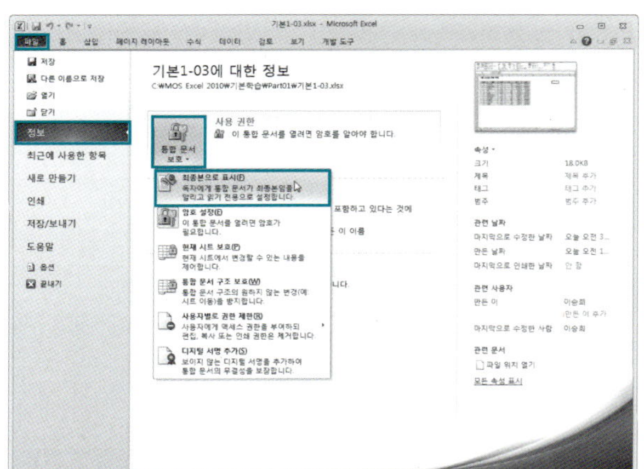

3. 현재 통합 문서를 최종본으로 표시하고 저장한다는 메시지 창이 나타나면 **[확인]** 단추를 클릭한다.

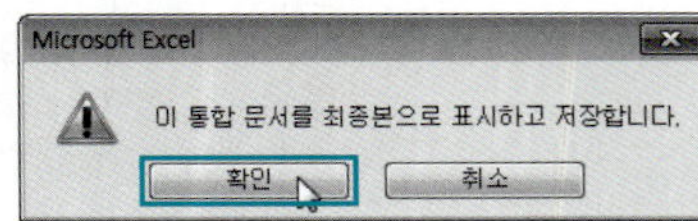

4. 편집이 완료되었고 최종본으로 표시됨을 알리는 메시지 창이 나타나면 **[확인]** 단추를 클릭한다.

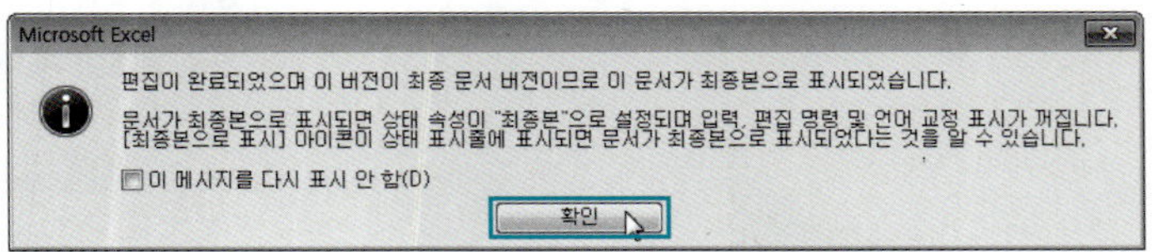

5. 통합 문서가 읽기 전용으로 변경되고, **[홈]** 탭을 클릭하면 알림 표시줄과 상태 표시줄에 최종본 정보(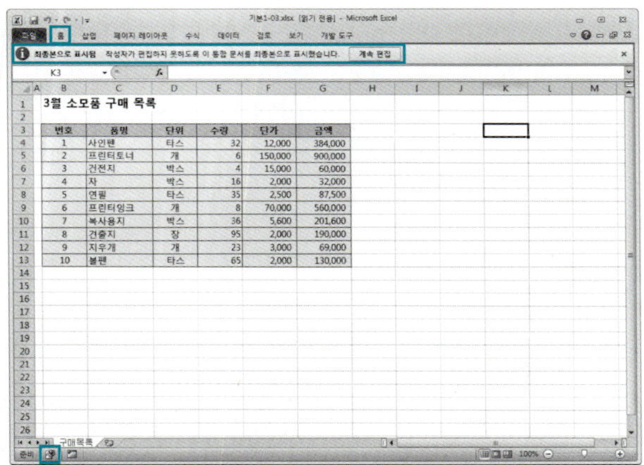)가 표시된다.

---

tip

최종본 문서 편집하기

알림 표시줄에서 **[계속 편집]** 단추를 클릭하면 최종본 표시가 해제되고 편집을 수행할 수 있게 된다.

| 확인학습 |

확인1 – 03.xlsx를 열어 다음 작업을 완성하시오.

(1) [구매품의서] 워크시트에서 B9:E18 셀 범위만 선택 및 데이터를 입력할 수 있고 다른 모든 셀은 선택할 수 없도록 워크시트를 보호하시오.

(2) <u>1122</u>이라는 암호로 통합 문서를 보호하고 최종본으로 표시하시오.

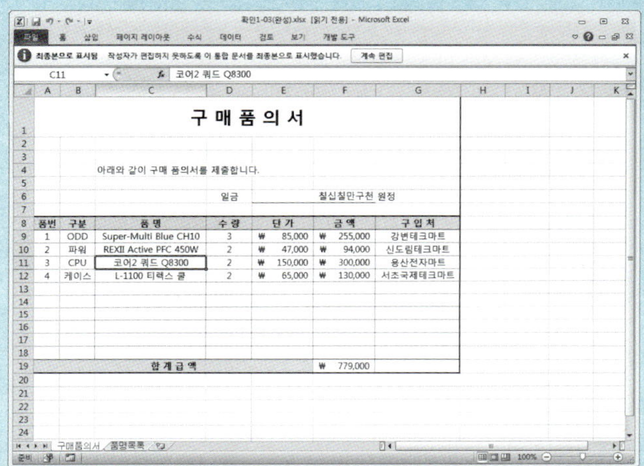

Hint

1. 잠긴 셀을 해제하려면 [홈] 탭 – [셀] 그룹에서 [서식] – [셀 잠금] 명령을 이용하세요.

2. 시트 보호를 하려면 [홈] 탭–[셀] 그룹에서 [서식]–[시트 보호] 명령을 이용하세요.

3. 시통합 문서에 암호를 설정하고 통합 문서를 최종본으로 표시하려면 [파일] 탭–[정보] 명령을 이용하세요.

1-4

공유 통합 문서 유지 관리

중요 용어 | 통합 문서 공유 설정, 변경 내용 추적, 변경 내용 표시, 변경 내용 적용 및 취소
출제 포인트 | 통합 문서를 공유 설정하고, 변경 내용 저장 기간을 변경하고, 변경 내용을 표시하는 방법을 묻는 문제

네트워크상이나 온라인을 통해 하나의 통합 문서를 공유하여 여러 사람이 동시에 편집할 수 있다. 여러 명의 사용자가 하나의 파일에서 검토해야 하는 경우 통합 문서에 공유 설정을 하여 변경 내용을 기록할 수 있고 기록된 변경 내용을 추적하고 적용하거나 취소할 수 있다.

 ## 통합 문서 공유 설정

통합 문서에 공유 설정을 한 후 네트워크로 공유를 해 두면 여러 사용자가 데이터를 입력하고 최신 내용으로 갱신할 수 있으며, 변경 내용 및 편집자의 이름과 변경한 날짜 등을 확인할 수 있다. 이러한 통합 문서 공유 설정 방법은 다음과 같다.

> 통합 문서를 공유 설정하고 변경 내용 저장 간격을 30일로 설정합니다.

1. [**검토**] 탭–[**변경 내용**] 그룹–[**통합 문서 공유**] 명령을 클릭한다.

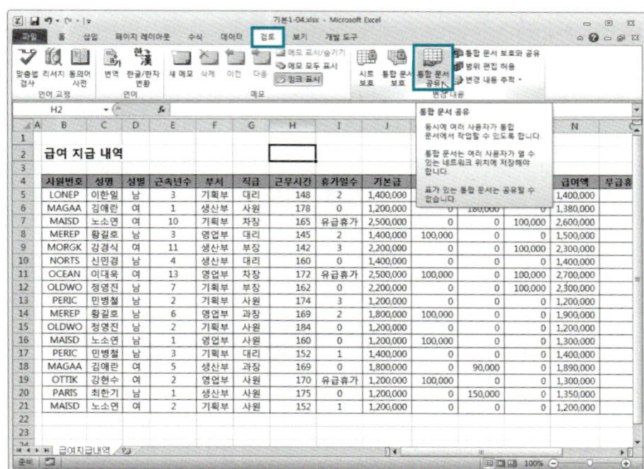

2. **[통합 문서 공유]** 대화 상자의 **[편집]** 탭에서 '여러 사용자가 동시에 변경할 수 있으며 통합 문서 병합도 가능' 확인란을 선택한다.

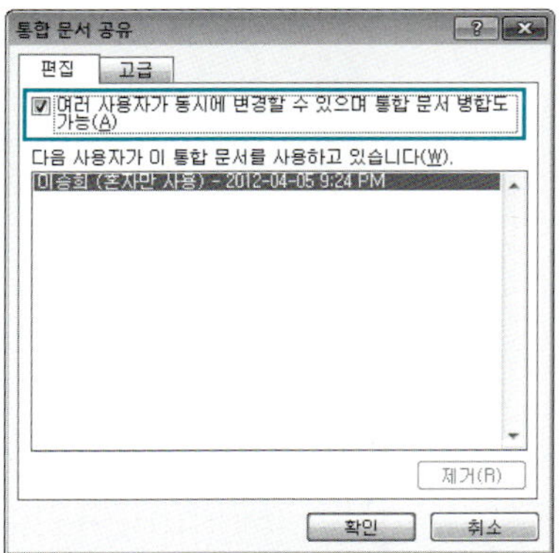

3. **[고급]** 탭에서 변경 내용 저장 기간이나 저장 여부, 변경 내용 업데이트 옵션, 충돌 해결 옵션, 사용자 보기에 포함할 내용 등을 설정할 수 있다. 변경 내용 저장 기간을 '30'일로 설정하고 **[확인]** 단추를 클릭한다.

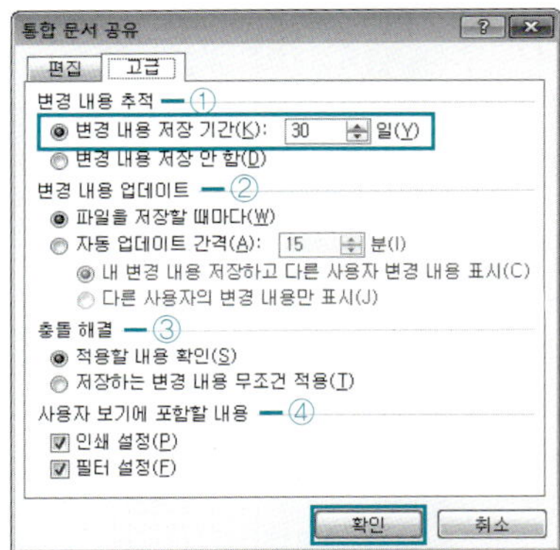

① **변경 내용 추적** : 변경 내용을 저장할 기간을 일 단위로 설정한다.

② **변경 내용 업데이트** : '파일을 저장할 때마다'는 공유 통합 문서를 저장할 때마다 다른 사용자가 저장한 변경 내용으로 업데이트된다. '자동 업데이트 간격'에서는 자동 업데이트 저장 간격을 지정해 공유 통합 문서를 열어 놓은 상태에서 진행 상태를 모니터링할 수 있다.

③ **충돌 해결** : 공유 통합 문서를 여러 사용자가 동시에 편집할 경우 '적용할 내용 확인' 옵션을 설정해 두면 변경 내용이 충돌하여 변경 내용을 유지할 사용자를 결정하라는 충돌 해결 대화 상자가 나타난다. 반면, '저장하는 변경 내용 무조건 적용'을 설정해 두면 확인 메시지 대화 상자 없이 바로 변경 내용이 저장된다.

④ **사용자 보기에 포함할 내용** : Excel은 사용자가 표시한 워크시트 및 확대/축소같은 설정까지 저장하나 인쇄 설정과 필터 설정에 각 사용자마다 고유의 설정을 지정할 수 있다.

4. 이 작업으로 통합 문서가 저장될 수 있다는 메시지 창이 나타나면 **[확인]** 단추를 클릭한다.

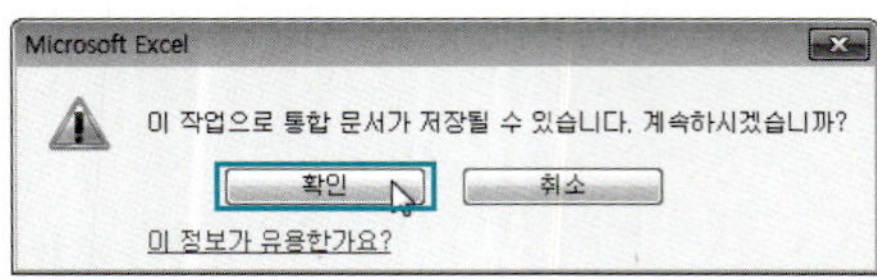

5. 제목 표시줄에 '[공유]' 표시가 나타나고 리본 메뉴의 일부 기능이 제한된다.

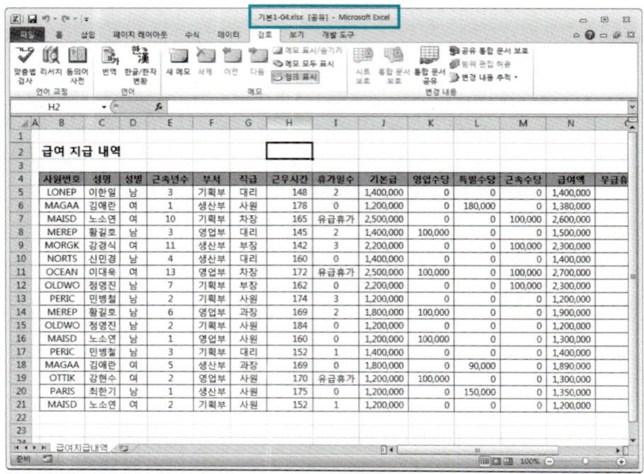

급여 지급 내역

사원번호	성명	성별	근속년수	부서	직급	근무시간	휴가일수	기본급	영업수당	특별수당	근속수당	급여액	무급휴
LONEP	이한일	남	3	기획부	대리	148	2	1,400,000	0	0	0	1,400,000	
MAGAA	김애란	여	1	생산부	사원	178	0	1,200,000	0	180,000	0	1,380,000	
MAISD	노소연	여	10	기획부	차장	165	유급휴가	2,500,000	0	0	100,000	2,600,000	
MEREP	황길호	남	3	영업부	대리	145	2	1,400,000	100,000	0	0	1,500,000	
MORGK	강경식	여	11	생산부	부장	142	3	2,200,000	0	0	100,000	2,300,000	
NORTS	신민경	남	4	생산부	대리	160	0	1,400,000	0	0	0	1,400,000	
OCEAN	이대욱	여	13	영업부	차장	172	유급휴가	2,500,000	100,000	0	100,000	2,700,000	
OLDWO	정영진	남	7	기획부	부장	162	0	2,200,000	0	0	100,000	2,300,000	
PERIC	민병철	남	2	기획부	사원	174	3	1,200,000	0	0	0	1,200,000	
MEREP	황길호	남	6	영업부	과장	169	2	1,800,000	100,000	0	0	1,900,000	
OLDWO	정영진	남	2	기획부	사원	184	0	1,200,000	0	0	0	1,200,000	
MAISD	노소연	남	1	영업부	사원	160	0	1,200,000	100,000	0	0	1,300,000	
PERIC	민병철	남	3	기획부	대리	152	1	1,400,000	0	0	0	1,400,000	
MAGAA	김애란	여	5	생산부	과장	169	0	1,800,000	0	90,000	0	1,890,000	
OTTIK	강현수	여	2	영업부	사원	170	유급휴가	1,200,000	100,000	0	0	1,300,000	
PARIS	최한기	남	1	생산부	사원	175	0	1,200,000	0	150,000	0	1,350,000	
MAISD	노소연	여	2	기획부	사원	152	1	1,200,000	0	0	0	1,200,000	

02 변경 내용 추적

공유 통합 문서에서는 셀 내용을 편집하면 변경 내용이 기록된다. 변경 내용을 표시하여 확인할 수 있도록 설정할 수 있다.

> E13 셀은 '3', I10 셀은 '1'로 수정합니다. 그러고 나서 변경 내용을 화면과 새 시트에 표시합니다.

1. E13 셀에 '3', I10 셀에 '1'로 수정한다.

2. 새 시트에 변경 내용을 표시하기 앞서서 통합 문서를 저장해야 하므로 빠른 실행 도구 모음에서 **[저장]** 아이콘( )을 클릭한다.

3. [검토] 탭–[변경 내용] 그룹–[변경 내용 추적]–[변경 내용 표시] 명령을 클릭한다.

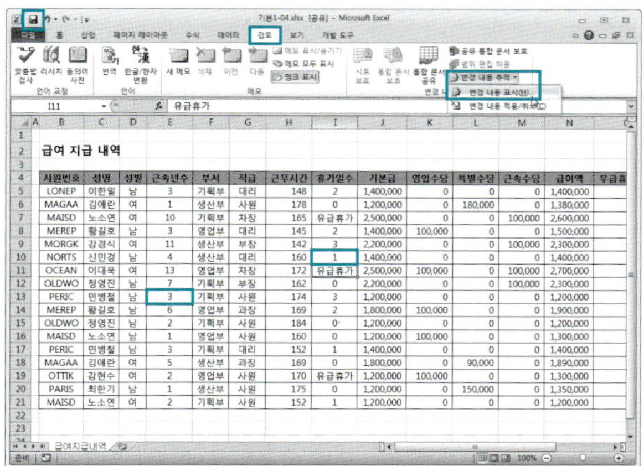

4. [변경 내용 표시] 대화 상자의 이전 단계에서 설정한 공유 옵션인 '편집하는 동안 변경 내용 추적(통합 문서 공유)'가 선택되어 있다. 여기서는 '언제' 확인란의 선택은 해제하고, '화면에 변경 내용 표시'와 '새 시트에 변경 내용 작성' 확인란을 선택한 후 [확인] 단추를 클릭한다.

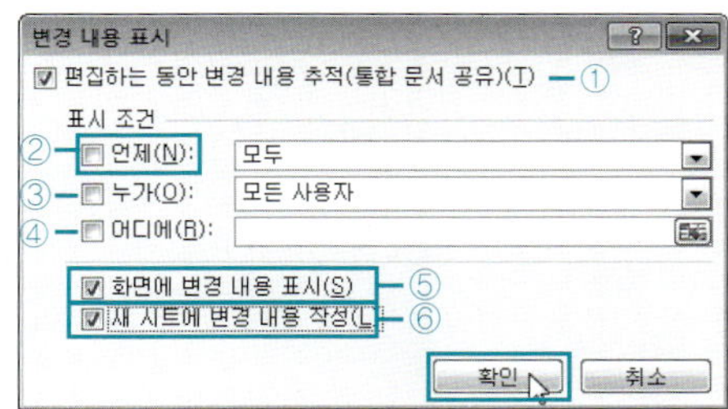

① **편집하는 동안 변경 내용 추적(통합 문서 공유)** : 통합 문서를 공유 설정하여 셀 편집하는 동안 변경 내용을 추적할 수 있도록 설정한다.

② **언제** : 확인란을 선택하고 마지막 저장 날짜 이후, 아직 검토하지 않은 변경 내용, 지정한 날짜 이후 또는 모든 변경 기간을 설정한다.

③ **누가** : 확인란을 선택하고 표시할 사용자를 선택한다.

④ **어디에** : 확인란을 선택하고 범위 참조를 입력하거나 워크시트의 범위를 선택하여 특정 셀 범위의 변경 내용만 표시한다.

⑤ **화면에 변경 내용 표시** : 변경 정보가 셀 좌측 상단에 표식으로 표시되고 스크린 팁으로 상세 내용을 확인할 수 있다.

⑥ **새 시트에 변경 내용 작성** : 별도의 워크시트에 변경 내용이 나열된다. 이 새 워크시트에는 변경을 수행한 사람 이름, 변경 시점과 변경이 이루어진 날짜, 삭제되거나 바뀐 데이터, 충돌 해결 방법 등이 포함된다.

5. [변경 내용] 이름의 새 시트에 변경 내용 정보가 표시된다.

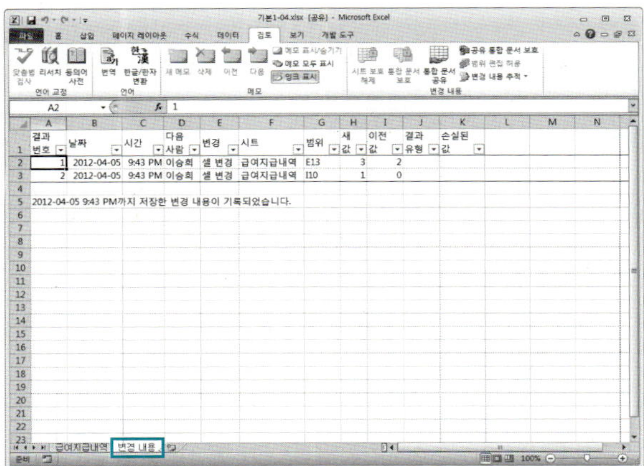

6. [급여지급내역] 시트에는 변경된 셀 좌측 상단에 변경 표식과 테두리 색이 나타나며 마우스 포인터를 셀 위로 가져가면 변경된 정보가 스크린 팁으로 표시된다.

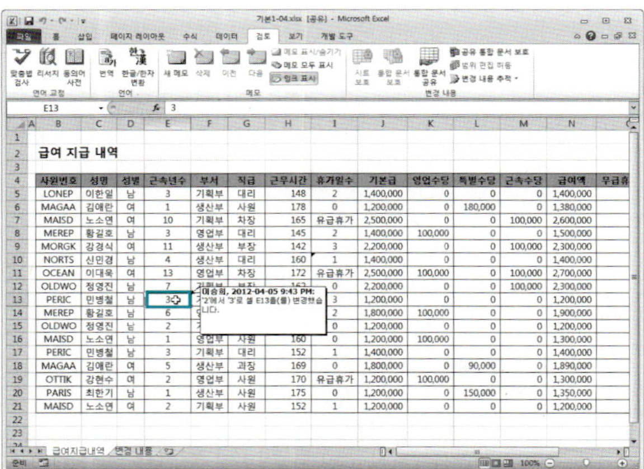

 ## 03 변경 내용 적용/취소

변경 내용이 많다면 변경 내용을 하나씩 추적하면서 적용 및 취소하거나, 통합 문서 전체의 변경 내용을 한 번에 적용하거나 취소할 수 있다.

> 변경 내용을 추적하여 첫 번째 변경 내용은 적용하고, 나머지 변경 내용은 모두 취소합니다.

1. [검토] 탭–[변경 내용] 그룹–[변경 내용 추적]–[변경 내용 적용/취소] 명령을 클릭한다.

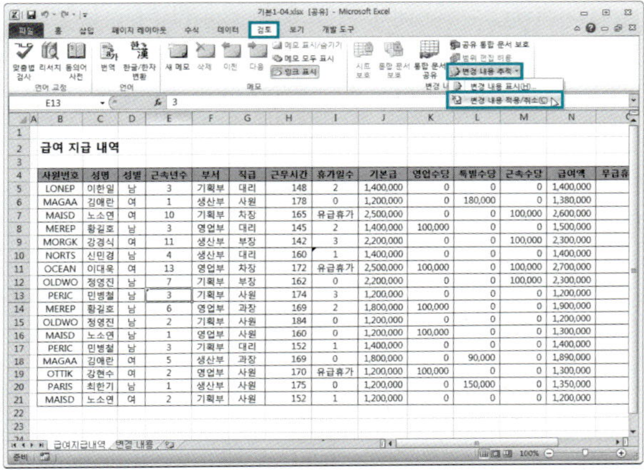

2. [적용하거나 취소할 변경 내용 선택] 대화 상자에서 언제, 누가, 어디에서 변경한 내용을 표시할지를 선택할 수 있다. '언제'는 기본적으로 선택되어 있으며 아직 검토하지 않은 변경 내용을 표시해준다. 여기서는 기본 값으로 두고 [확인] 단추를 클릭한다.

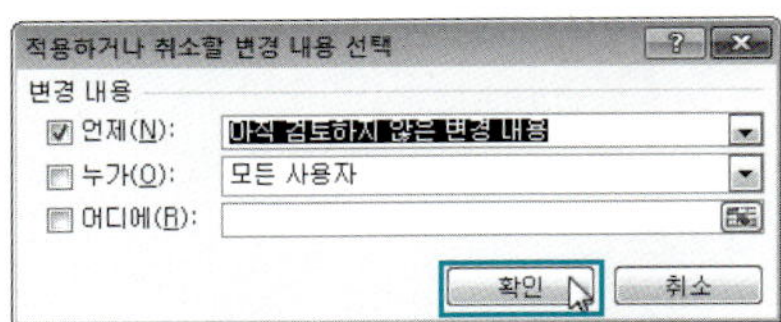

3. **[변경 내용 적용/취소]** 대화 상자에 변경된 셀의 수와 변경 내용이 상세하게 표시된다. **[적용]** 단추를 클릭한다.

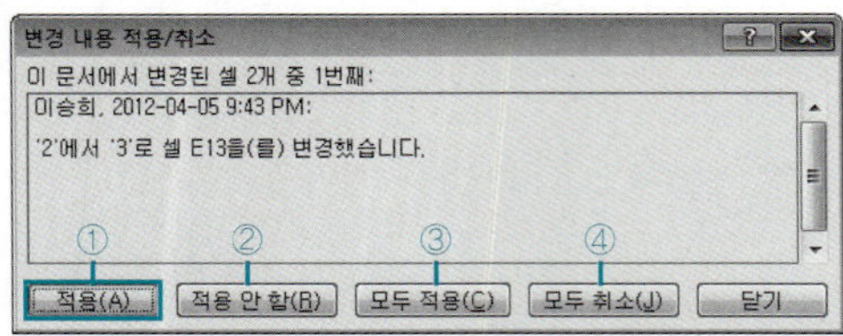

① **적용** : 셀 포인터의 변경 내용을 적용한다.
② **적용 안 함** : 셀 포인터의 변경 내용을 적용하지 않는다.
③ **모두 적용** : 나머지 변경 내용 전부를 적용한다.
④ **모두 취소** : 나머지 변경 내용 전부를 무효로 처리하여 원래의 값으로 되돌린다.

4. **[적용 안 함]** 단추를 두 번 눌러 나머지 변경 내용을 모두 적용 취소한다.

tip

통합 문서 공유 해제하기

통합 문서의 공유를 해제하면 최종 데이터를 저장하고 변경 내용 정보도 모두 삭제된다. 공유 설정을 해제하려면 **[검토]** 탭–**[변경 내용]** 그룹–**[통합 문서 공유]** 명령을 클릭한다. **[통합 문서 공유]** 대화 상자의 **[편집]** 탭에서 '여러 사용자가 동시에 변경할 수 있으며 통합 문서 병합도 가능' 확인란을 선택 해제한다.

| 확인학습 |

확인1 – 04.xlsx를 열어 다음 작업을 완성하시오.

(1) 변경 내용이 50일 동안 저장되도록 현재 통합 문서를 공유하시오. 그런 다음 E4 셀에 '95000', E10 셀에 '100000'으로 수정하고 저장하시오.

(2) 현재 공유 문서에서 모든 사용자가 작업한 변경 내용을 새 시트에 모두 표시하시오. (참고: 다른 기본 설정은 모두 그대로 적용하시오.)

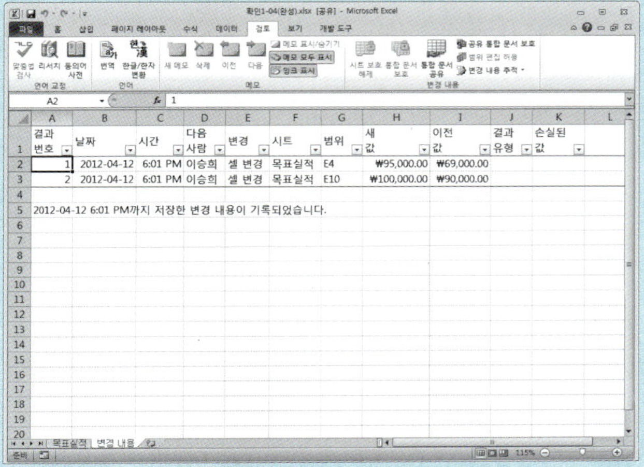

---

1. 통합 문서를 공유하려면 [검토] 탭–[변경 내용] 그룹–[통합 문서 공유] 명령을 이용하세요.

2. 변경 내용을 표시하려면 [검토] 탭–[변경 내용] 그룹–[변경 내용 추적]–[변경 내용 표시] 명령을 이용하세요.

1-1 통합 문서 속성 및 서식 파일 저장

- 통합 문서에는 기본적으로 파일 크기, 통합 문서를 처음 만든 날짜, 최종으로 수정한 날짜, 만든 이, 제목 등의 속성이 설정된다.
- 기본적인 파일 속성 이외에 기타 사용자 속성을 저장하려면 **[파일]** 탭–**[정보]** 명령을 클릭하고 **[속성]**–**[고급 속성]**을 클릭한다.
- 서식 파일은 통합 문서에 포함된 다양한 서식 및 스타일 등을 저장한 파일을 의미한다.
- 통합 문서를 서식 파일로 저장하려면 **[파일]**–**[다른 이름으로 저장]** 명령을 클릭한다.
- **[다른 이름으로 저장]** 대화 상자에서 **[파일 형식]**을 'Excel 서식 파일(*.xltx)'로 선택한다.
- 서식 파일을 이용하여 새 통합 문서를 시작하려면 **[파일]**–**[새로 만들기]** 명령을 클릭한다.
- **[사용 가능한 서식 파일]**에서 '내 서식 파일'을 클릭하고 **[새로 만들기]** 대화 상자에 저장한 서식 파일을 선택해 시작한다.

1-2 XML 데이터 가져오기 및 내보내기

- XML을 이용하면 분산된 위치에서 다양한 형태의 데이터를 효율적으로 이용할 수 있다.
- XML 작업을 수행하려면 XML 스키마를 사용하여 Excel에서 불러올 수 있는 XML 맵을 만들어야 한다.
- XML 맵은 Excel의 워크시트와 가져올 XML 데이터의 항목(또는 요소)을 연결시켜 주는 역할을 하며 스키마 맵 파일 형식은 '*.xsd'이다.
- XML 맵을 Excel로 가져오려면 **[개발 도구]** 탭–**[XML]** 그룹에서 **[XML 원본]** 명령을 클릭하여 **[XML 원본]** 작업 창 하단의 **[XML 맵]** 단추를 클릭한다.
- **[XML 맵]** 대화 상자에서 **[추가]** 단추를 클릭한 후 맵을 포함하고 있는 XDS 스키마 파일을 찾아 선택한다.
- 스키마 요소를 워크시트에 매핑하려면 **[XML 원본]** 작업창에 XML 맵을 구성하고 있는 항목들을 워크시트의 셀로 드래그하여 추가한다.
- XML 데이터를 매핑 위치로 가져오려면 (1) **[개발 도구]** 탭–**[XML]** 그룹에서 **[가져오기]** 명령이나, (2) 마우스 오른쪽 단추를 클릭하여 **[XML]**–**[가져오기]** 명령을 클릭해 XML 데이터 파일을 불러온다.
- 매핑된 데이터를 다른 XML 데이터로 내보내려면 (1) **[개발 도구]** 탭–**[XML]** 그룹에서 **[내보내기]** 명령이나, (2) 매핑된 셀 위에서 마우스 오른쪽 단추를 눌러 **[XML]**–**[내보내기]** 명령을 클릭해 내보낸다.

1-3 통합 문서와 워크시트에 보호 적용 및 속성 공유

- 특정 셀 범위만 셀 잠금을 해제해 선택하거나, 데이터를 입력할 수 있도록 허용하고 시트를 보호할 수 있다.
- 셀 잠금을 해제하려면 셀 범위를 선택하고 **[홈]** 탭–**[셀]** 그룹–**[서식]**–**[셀 잠금]** 명령을 클릭한다.
- 다른 사용자가 셀 내용을 임의로 변경하지 못하도록 워크시트 보호하려면 (1) **[홈]** 탭–**[셀]** 그룹–**[서식]**–**[시트 보호]** 명령이나, (2) **[검토]** 탭–**[변경 내용]** 그룹에서 **[시트 보호]** 명령을 클릭한다.
- **[시트 보호]** 대화 상자에서 편집을 허용할 항목과 시트 보호 해제 암호를 설정한다.
- 다른 사용자가 통합 문서를 열어 수정할 수 없도록 파일에 암호를 설정하려면 **[파일]**–**[정보]**에서 **[통합 문서 보호]**–**[암호 설정]**을 클릭한다. **[문서 암호화]** 대화 상자에 암호를 두 번 입력한다.
- 문서를 다른 사용자와 공유하기 전에 통합 문서를 최종본으로 표시하여 읽기 전용으로 설정하면 문서가 변경되는 것을 막을 수 있다.
- 통합 문서를 최종본으로 표시하려면 **[파일]**–**[정보]**에서 **[통합 문서 보호]**–**[최종본으로 표시]** 명령을 클릭한다.

1-4 공유 통합 문서 유지 관리

- 네트워크상이나 온라인을 통해 통합 문서를 공유하여 여러 사람이 동시에 편집할 수 있도록 설정할 수 있다.
- **[검토]** 탭–**[변경 내용]** 그룹–**[통합 문서 공유]** 명령을 클릭한다.
- **[통합 문서 공유]** 대화 상자의 **[편집]** 탭에서 '여러 사용자가 동시에 변경할 수 있으며 통합 문서 병합도 가능'을 선택한다.
- **[고급]** 탭에서는 변경 내용 저장 기간 등 옵션을 설정할 수 있다.
- 통합 문서의 변경 내용을 기록하여 표시하고 확인하려면 **[검토]** 탭–**[변경 내용]** 그룹–**[변경 내용 추적]**–**[변경 내용 표시]** 명령을 클릭한다.
- **[변경 내용 표시]** 대화 상자에서 '화면에 변경 내용 표시'나 '새 시트에 변경 내용 작성' 확인란을 선택하고 **[확인]** 단추를 클릭한다.
- 변경 내용을 적용 및 취소하려면 **[검토]** 탭–**[변경 내용]** 그룹–**[변경 내용 추적]**–**[변경 내용 적용/취소]** 명령을 클릭하여 **[변경 내용 적용/취소]** 대화 상자에서 적용하거나 취소한다.

STEP UP MOS 2010
EXCEL EXPERT

PART 02

공식 및 함수 적용

Excel에서는 간단한 사칙 연산부터 시작해서 데이터 자동화를 위한 복잡한 함수식을
자주 작성하게 된다. 이번 단원에서는 수식 작성 후 참조 셀을 추적하고
오류를 찾아 교정하는 방법과 수식 관련 옵션 변경 방법 및
다양한 함수 작성법에 대해 살펴본다.

Excel Expert

2-1
수식 검사

중요 용어 | 참조되는 셀 추적, 참조하는 셀 추적, 오류 검사, 오류 추적, 수식 계산
출제 포인트 | 수식을 추적하고, 오류 추적, 오류 검사 및 수식 계산을 사용하여 오류를 정정하는 방법을 묻는 문제

이번 과정에서는 워크시트에 작성되어 있는 수식을 추적하고 검사하는 방법을 학습할 것이다. 즉, 셀을 참조해 작성된 수식과 셀과의 관계를 분석하고, 수식에서 오류를 추적한 후 오류를 올바른 수식으로 교정하는 방법을 살펴본다.

 01 수식 분석 도구로 수식 추적

특정 수식에서 참조되는 셀들을 단계별로 추적하거나 특정 셀을 참조하는 수식을 단계별로 찾아갈 수 있다. 참조되는 셀과 참조하는 셀을 추적하면 파란색의 화살표 연결선이 표시되어 종속성을 파악하게 된다.

> H10 셀의 모든 참조되는 셀과 참조하는 셀을 추적한 후 연결선을 제거합니다.

1. 수식이 포함된 H10 셀을 선택한다.

2. [수식] 탭–[수식 분석] 그룹–[참조되는 셀 추적] 명령을 두 번 클릭한다.

3. 연결선으로 수식에 종속되는 셀을 단계별로 표시한다. 참조되는 셀 추적 명령을 여러 번 실행하면 실행한 수만큼 1단계씩 참조되는 셀의 연결선이 표시된다.

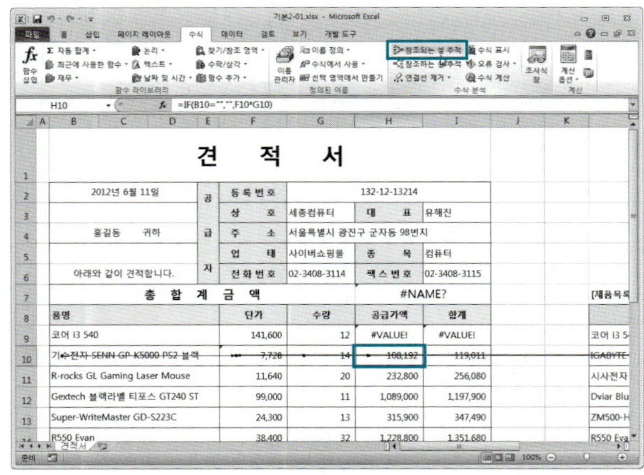

4. 현재 셀 값이 참조하는 수식을 찾기 위해 계속해서 **[수식]** 탭–**[수식 분석]** 그룹에서 **[참조하는 셀 추적]** 명령을 두 번 클릭한다.

5. 연결선으로 셀을 참조하는 수식을 표시한다. 참조하는 셀 추적 명령을 여러 번 실행하면 실행한 수만큼 1단계씩 참조하는 셀의 연결선이 표시된다.

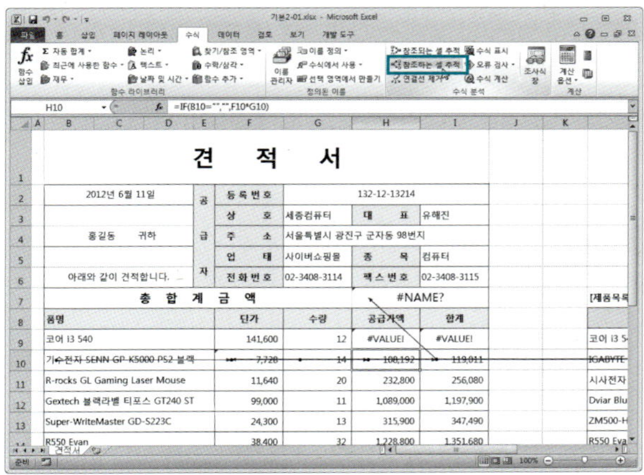

6. 연결선을 제거하려면 다음 중 하나의 명령을 수행한다.

- **[수식]** 탭–**[수식 분석]** 그룹–**[연결선 제거]** 명령을 클릭하면 모든 연결선이 한꺼번에 제거된다.
- **[수식]** 탭–**[수식 분석]** 그룹–**[연결선 제거]**–**[참조되는 셀 연결선 제거]**/**[참조하는 셀 연결선 제거]** 명령을 클릭하면 단계별로 연결선이 제거된다.

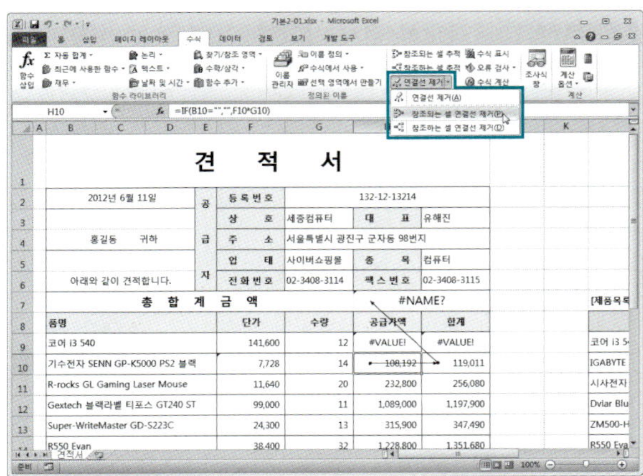

02 오류 추적

오류가 있는 수식에서 참조되는 셀을 추적해 오류가 발생하는 원인을 확인할 수 있다.
물론 오류가 없는 셀에서 오류 추적 명령을 실행하면 오류 추적을 할 수 없다.

- **#####** : 열 너비가 좁아 내용이 다 표시되지 못하거나 날짜와 시간이 음수일 때 발생한다. 열 너비를 넓혀 해결한다.
- **#DIV/0!** : 값을 0으로 나누는 수식일 때 발생한다.
- **#N/A** : 참조 위치에 데이터가 없거나 함수 인수에 부적절한 값이 지정된 경우에 발생한다.
- **#NAME?** : 없는 이름을 사용하거나, 이름 및 함수의 철자가 틀리거나, 텍스트 인수에 겹따옴표("")를 묶지 않거나, 범위 참조 시 콜론(:)이 생략된 경우에 발생한다.
- **#NULL!** : 두 개 이상의 셀 범위의 값을 참조한 수식에서 잘못된 범위 연산자가 사용된 경우에 발생한다.
- **#NUM!** : 숫자 인수가 잘못 사용된 경우나, Excel의 최대 숫자 범위를 초과하거나 미만인 경우에 발생한다.
- **#REF!** : 다른 수식에 참조하는 셀을 삭제한 경우에 발생한다.
- **#VALUE!** : 잘못된 인수나 피연산자를 사용한 경우에 발생한다.

H9 셀의 오류를 추적합니다.

1. 오류가 있는 H9 셀을 선택하고 **[수식]** 탭–**[수식 분석]** 그룹–**[오류 검사]**–**[오류 추적]** 명령을 클릭한다.

2. 참조하는 셀이 추적되고 연결선이 표시된다.

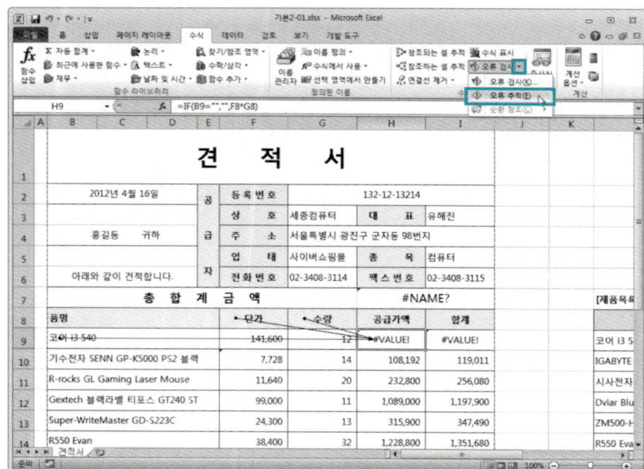

 오류 검사

오류 검사 스마트 태그로 오류 정보를 확인하거나 수동으로 오류 검사를 한꺼번에
수행하여 워크시트 전체의 오류 원인을 파악 및 수정할 수 있다.

> **F10 셀의 오류 정보를 확인하고 위쪽에서 수식을 복사하고, H7 셀의 오류 정보를 확인하고
> 수식을 올바르게 수정합니다.**

1. 오류 표시가 있는 F10 셀을 선택한다.

2. **[오류 검사]** 스마트 태그(⬦)를 클릭하여 오류 정보를 확인한다. 같은 단가 열
에 있는 다른 수식과 일치하지 않는다는 정보를 알 수 있다.

3. 위쪽 셀의 수식을 복사하기 위해 나타나는 메뉴에서 **[위쪽에서 수식 복사]** 명
령을 클릭한다.

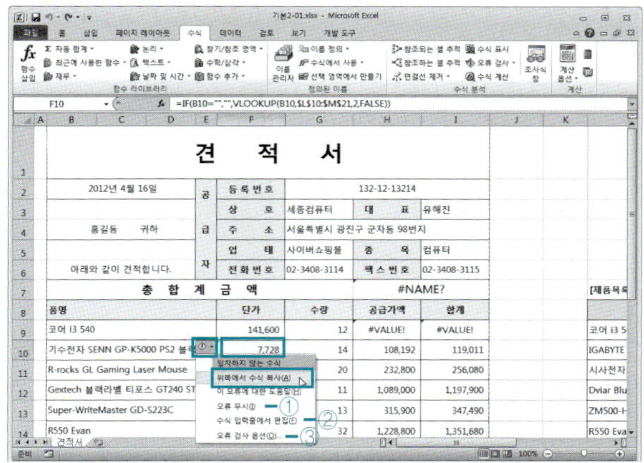

① **오류 무시** : 현재 오류를 무시하여 오류 표시가 되지 않도록 한다. 오류가 아닐 때 사용한다.

② **수식 입력줄에서 편집** : 수식 입력줄로 커서가 이동되어 수식을 수정할 수 있다.

③ **오류 검사 옵션** : [Excel 옵션] 대화 상자가 실행되어 오류 검사 옵션을 확인 및 변경할 수
있다.

4. H7 셀을 선택하고 **[오류 검사]** 스마트 태그(⬦)를 클릭하여 오류 정보를 확
인한다.

5. 잘못된 함수 이름이 사용 중이므로 메뉴에서 **[수식 입력줄에서 편집]** 명령을 클릭한다.

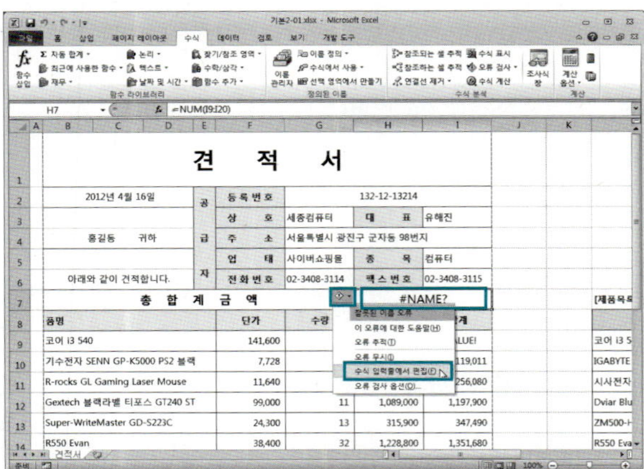

6. 수식 입력줄로 커서가 이동되면 'NUM'을 'SUM'으로 수정하고 〈Enter〉 키를 누른다. 수식에서 참조되는 셀에 오류가 해결되지 않아 아직 #VALUE 오류가 표시되고 있다.

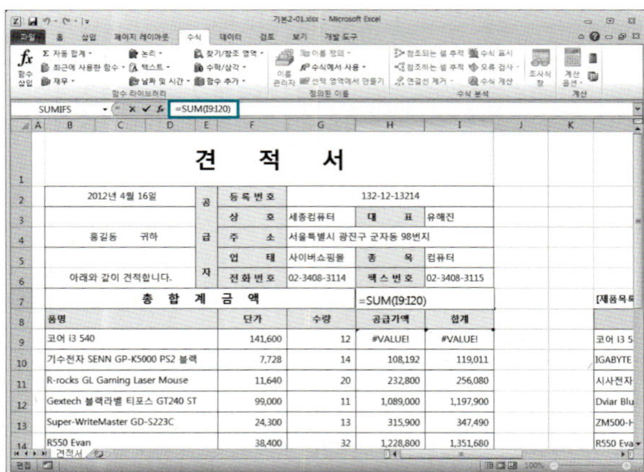

7. 문서 전체의 오류를 검사하려면 [**수식**] 탭–[**수식 분석**] 그룹–[**오류 검사**] 명령을 클릭한다.

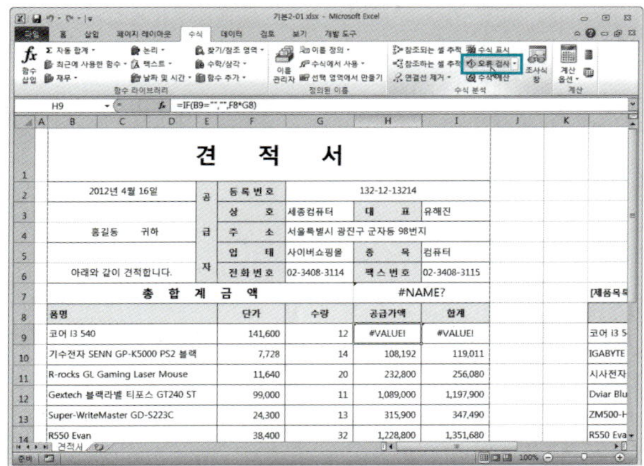

8. [**오류 검사**] 대화 상자가 나타나고 오류 셀을 찾아준다. 오류 정보를 확인하고 오류를 수정하려면 [**수식 입력줄에서 편집**] 단추를 클릭한다.

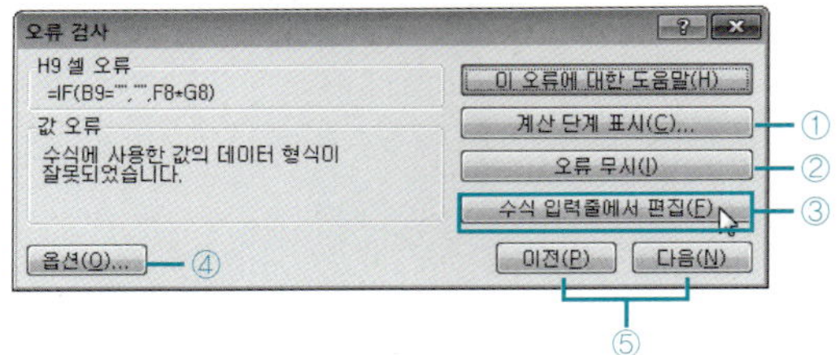

① **계산 단계 표시** : [**수식 계산**] 대화 상자가 실행되어 수식의 각 단계를 확인할 수 있다.

② **오류 무시** : 현재 오류를 무시하여 오류 표시가 되지 않도록 한다. 오류가 아닐 때 사용한다.

③ **수식 입력줄에서 편집** : 수식 입력줄로 커서가 이동되어 수식을 수정할 수 있다.

④ **옵션** : [Excel 옵션] 대화 상자가 실행되어 오류 검사 옵션을 확인 및 변경할 수 있다.

⑤ **이전/다음** : 이전 오류 및 다음 오류로 이동한다.

9. 수식 입력줄로 커서가 이동되면 F8 셀은 F9 셀로, G8 셀은 G9 셀로 수정한다. **[오류 검사]** 대화 상자에서 **[다시 시작]** 단추를 클릭한다.

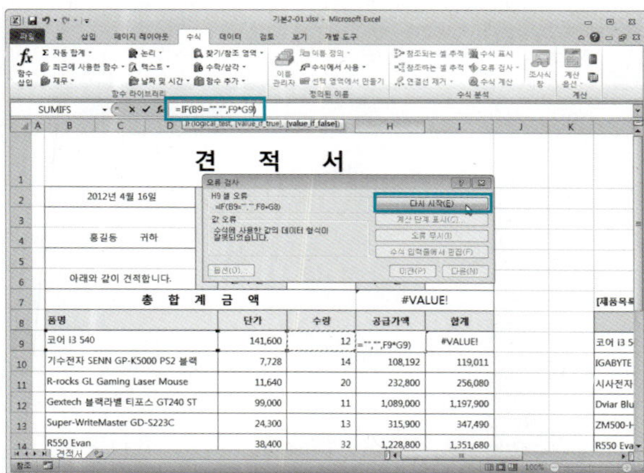

tip

참조 셀 수정하기

수식 오류를 정정할 때 참조 셀 주소를 키보드로 입력하는 것보다는 해당 셀을 직접 클릭해서 입력하는 것이 정확하다.

10. 이후 오류도 동일한 방법으로 수정하면 되나 여기에서는 **[다음]** 단추를 눌러 시트 오류 검사 완료 메시지 창이 나타나면 **[확인]** 단추를 클릭한다.

04 오류 검사 옵션

수식에 오류가 있는 셀 왼쪽 상단에는 녹색의 삼각형 오류 정보 표시가 표시된다. 다른 작업을 수행하면서 오류 표시를 나타나지 않게 설정하거나 오류 표시 색상을 변경할 수 있다.

워크시트의 오류 표시 색을 보라색으로 변경합니다.

1. **[파일]** 탭–**[옵션]** 명령을 클릭한다.

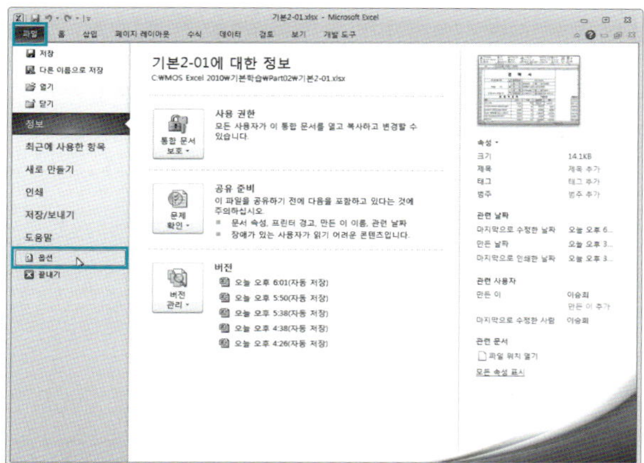

2. **[Excel 옵션]** 대화 상자의 **[수식]** 범주에서 **[오류 검사]** 항목의 **[오류 표시 색]** 아이콘( )을 클릭해서 '보라'를 선택하고 **[확인]** 단추를 클릭한다.

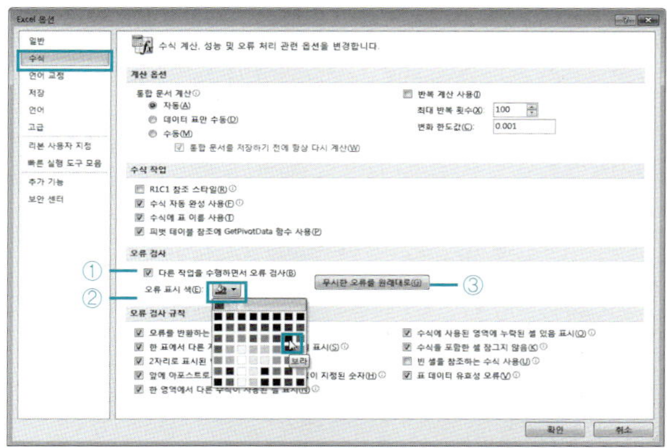

① **다른 작업을 수행하면서 오류 검사** : 확인란의 선택을 해제하면 오류 검사 표시가 나타나지 않는다.

② **오류 표시 색** : 오류 표시 색상을 변경한다. 기본 색은 자동인 녹색이다.

③ **무시한 오류를 원래대로** : 오류 무시 처리된 항목을 다시 오류로 표시한다.

3. 오류 표시 색이 보라색으로 변경된다.

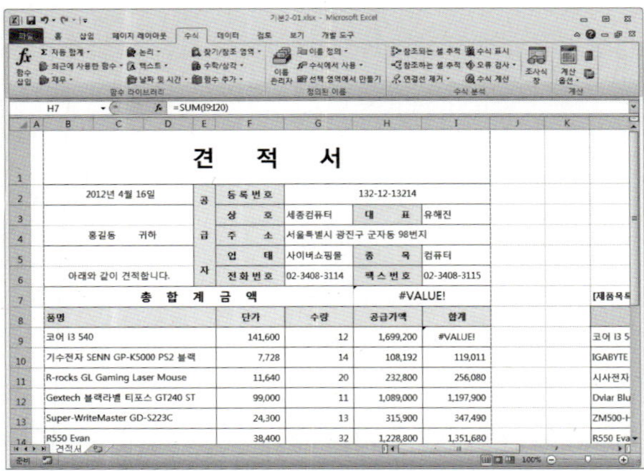

05 수식 계산

특히 중첩된 수식은 여러 중간 계산 단계와 논리 검사를 거치기 때문에 최종 결과가 어떻게 계산되는지 파악하기 어려울 수 있다. 수식 계산 대화 상자를 사용하면 복잡한 수식의 여러 부분을 수식 계산 순서에 따라 살펴볼 수 있다. 한 번에 하나의 셀만 계산할 수 있다.

> 수식 계산 도구를 사용하여 I9 셀의 오류를 수정합니다.

1. 계산할 셀인 I9 셀을 선택하고 [**수식**] 탭–[**수식 분석**] 그룹–[**수식 계산**] 명령을 클릭한다.

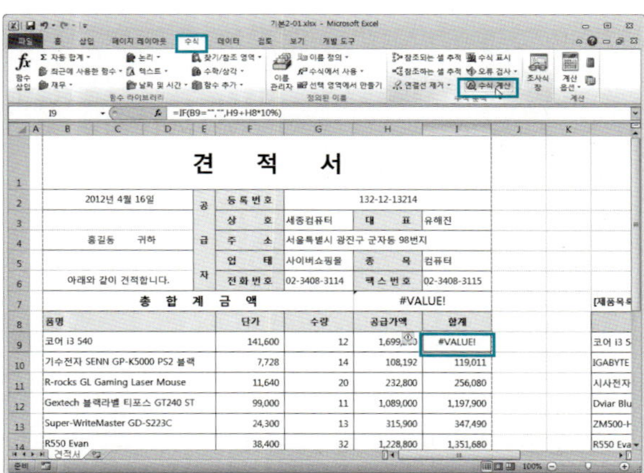

2. [**수식 계산**] 대화 상자에서 [**계산**] 단추를 클릭한다.

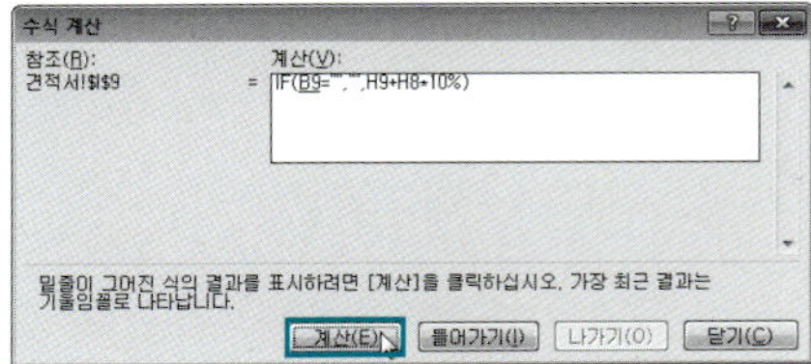

3. 현재 밑줄이 그어진 참조 값을 검사한다. 참조 값의 검사 결과는 기울임꼴로 표시된다. 계속해서 [**계산**] 단추를 클릭한다.

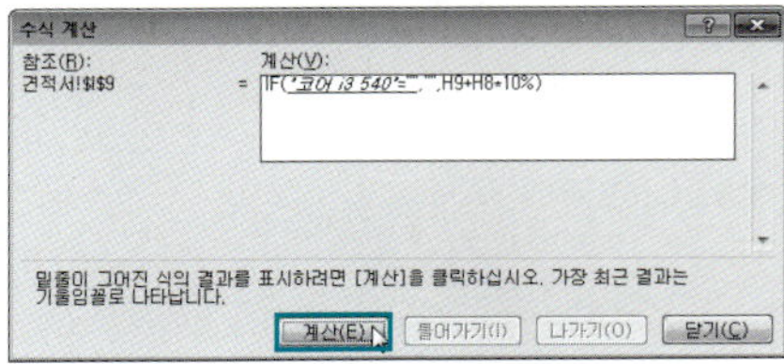

4. 밑줄이 그어진 부분이 다른 셀이나 수식에 대한 참조인 경우에는 [**들어가기**] 단추가 활성화된다. [**들어가기**] 단추를 클릭한다.

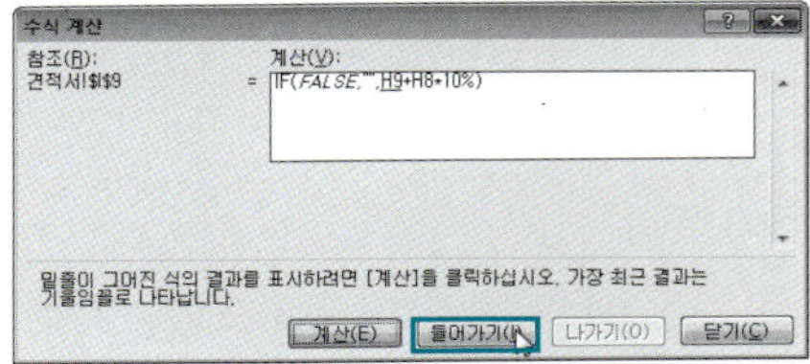

5. 하위 계산 상자에 H9 셀의 수량을 구하는 수식이 표시된다. 이전 셀과 수식으로 돌아가기 위해 [**나가기**] 단추를 클릭한다.

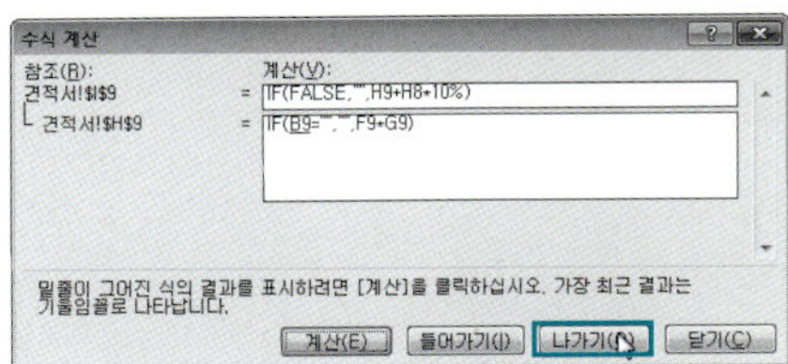

6. 수식의 다음 참조 셀인 'H8'을 검사하면 [**들어가기**] 단추를 클릭한다.

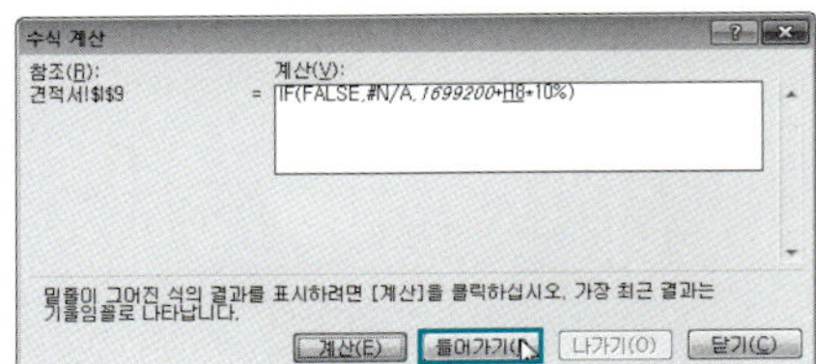

7. H8 셀에는 수량을 참조하는 수식이 아닌 '공급가액'이라는 문자열이 표시된다. **[나가기]** 단추를 클릭한다.

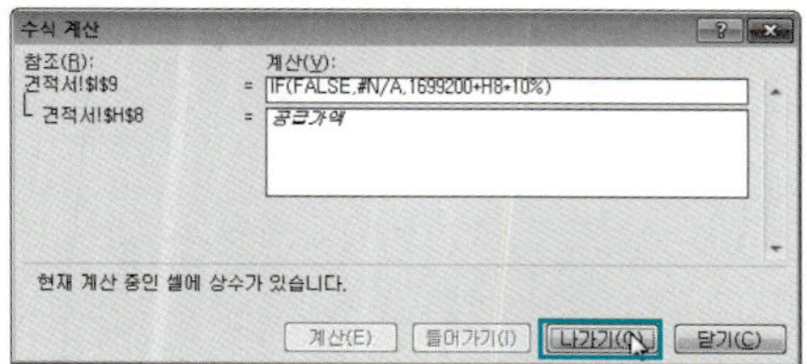

8. **[계산]** 단추를 클릭하면 "공급가액"이라는 문자와 0.1을 곱하는 수식이 나타난다.

9. **[계산]** 단추를 클릭하면 문자와 숫자를 곱해 발생하는 #VALUE라는 오류가 표시된다.

10. **[계산]** 단추를 클릭하면 H9의 숫자와 #VALUE를 더하는 수식이 나타난다.

11. **[계산]** 단추를 클릭하면 숫자와 오류를 더해 발생하는 #VALUE 오류가 표시된다.

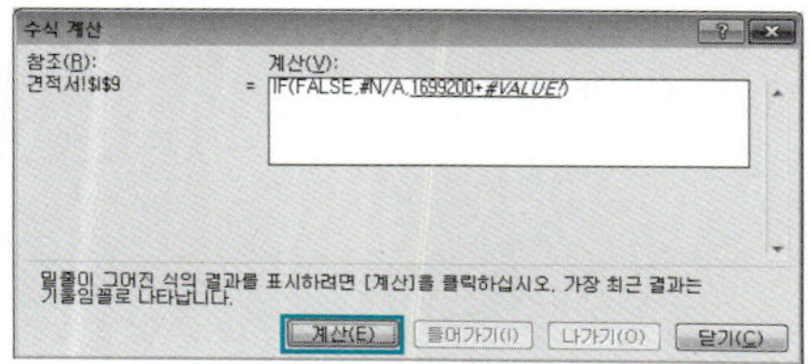

12. **[계산]** 단추를 클릭하면 최종적으로 논리식의 거짓 값이 오류가 된다.

13. 수식에 오류 부분이 확인되고 수식 계산을 완료하려면 **[닫기]** 단추를 클릭한다.

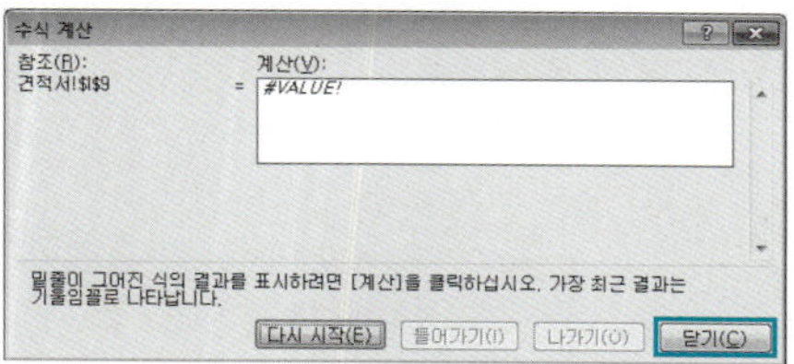

14. 수식 입력줄에서 H8 셀을 H9 셀로 수정하고 〈Enter〉 키를 누르면 오류가 사라진다.

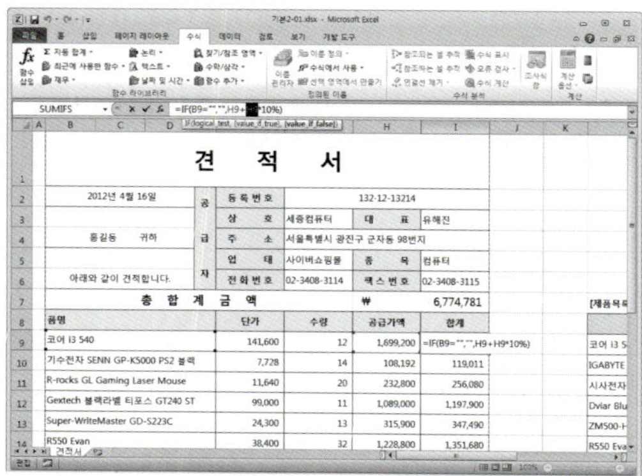

| 확인학습 |

준비파일: 확인2-01.xlsx   완성파일: 확인2-01(완성).xlsx

확인2-01.xlsx를 열어 다음 작업을 완료하시오.

(1) 수식 오류가 감지되면 오류 표시 색을 분홍색으로 표시하도록 설정하시오.

(2) [판매목록] 워크시트에서 G2 셀이 참조하는 모든 셀을 추적하시오.

(3) [판매목록] 워크시트에서 일치하지 않는 수식이 참조되는 모든 셀을 추적하고 오류를 정정하시오.

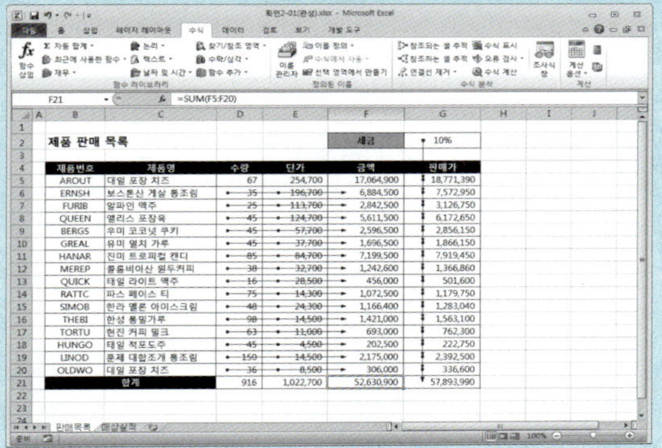

(4) [매상실적] 워크시트에서 워크시트의 오류를 검사하시오.

(5) [매상실적] 워크시트에서 수식 계산 도구를 사용하여 K5 셀의 오류를 정정하시오.

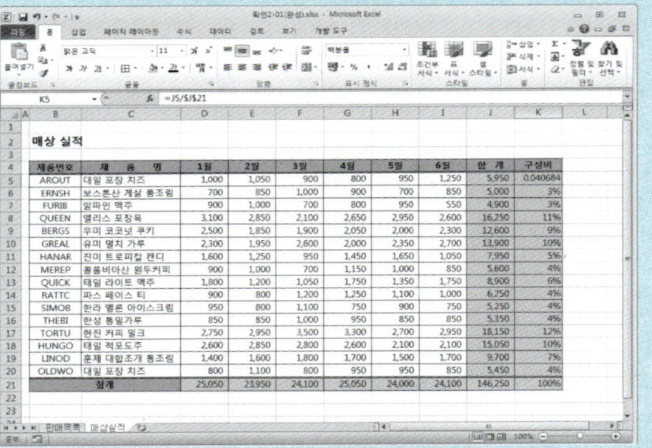

1. 오류 검사 옵션을 변경하려면 [파일] 탭–[옵션] 명령을 이용하세요.

2. 셀 참조를 추적하려면 [수식] 탭–[수식 분석] 그룹의 [참조하는 셀 추적]/[참조되는 셀 추적] 명령을 이용하세요.

3. 수식 오류를 정정하려면 수식 입력줄을 이용하세요.

4. 워크시트의 오류를 검사하려면 [수식] 탭–[수식 분석] 그룹–[오류 검사] 명령을 이용하세요.

5. 수식 계산 도구를 사용하려면 [수식] 탭–[수식 분석] 그룹–[수식 계산] 명령을 이용하세요.

2-2
수식 옵션 조작

중요 용어 | 반복 계산, 계산
출제 포인트 | 반복 계산 옵션과 통합 문서를 수동으로 계산하는 방법을 묻는 문제

사용자가 반복적인 계산 횟수와 수식 결과가 수동으로 계산되도록 기본 옵션을 변경하는 방법을 살펴본다.

 **반복 계산 사용**

반복 계산은 특정 숫자 조건에 맞을 때까지 워크시트를 반복하여 다시 계산하는 것으로 워크시트에서 순환 참조 계산이 필요하거나 what-if 분석 도구를 수행할 때 사용된다. 자신의 셀을 참조하는 수식에서 순환 참조가 발생한다. 가령, A2 셀에 =A2+B2 수식을 작성하면 순환 참조가 된다. 순환 참조 수식은 자동으로 계산되지 않으며 무한 반복될 수 있으므로 수식의 최대 반복 횟수를 제어할 필요가 있다.

> 반복 계산을 사용하고 최대 반복 횟수를 3회로 설정합니다.

1. 준비파일을 열면 순환 참조 경고 창이 나타난다. **[확인]** 단추를 클릭한다.

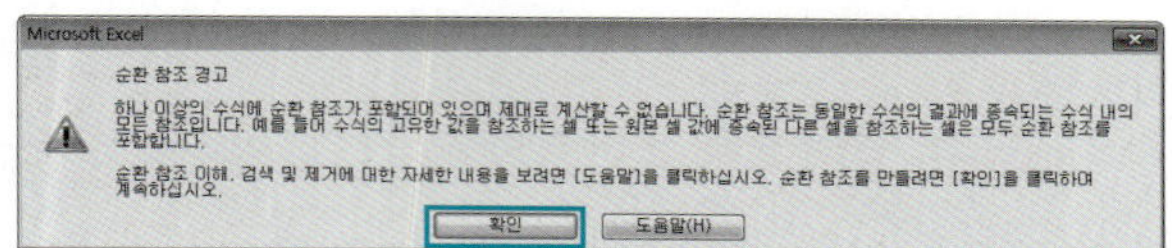

2. 순환 참조가 되고 있음을 연결선으로 표시해 준다.

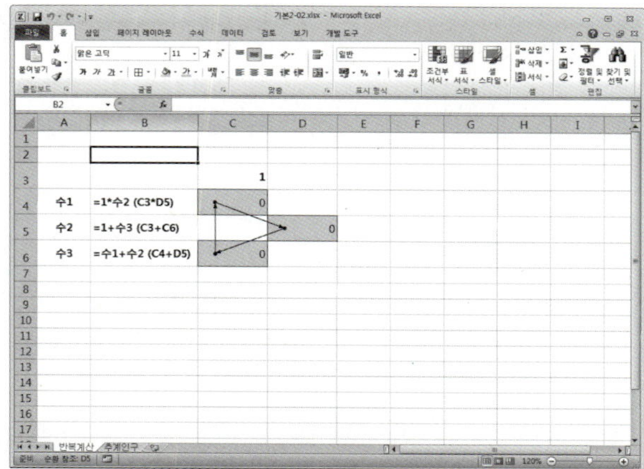

3. **[파일]** 탭–**[옵션]** 명령을 클릭한다.

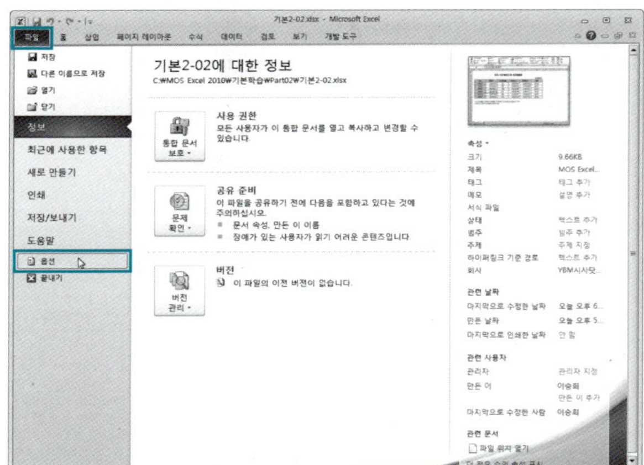

4. **[Excel 옵션]** 대화 상자에서 **[수식]** 범주를 클릭한다.

5. **[계산 옵션]** 구역에서 '반복 계산 사용' 확인란을 선택한다.

6. 반복 계산할 최대 횟수인 **[최대 반복 횟수]**를 '3'으로 수정한 후 **[확인]** 단추를 클릭한다. 반복 횟수가 많을수록 워크시트를 다시 계산하는 데 시간이 더 오래 걸린다. 반복 횟수의 기본 값은 '100'이다.

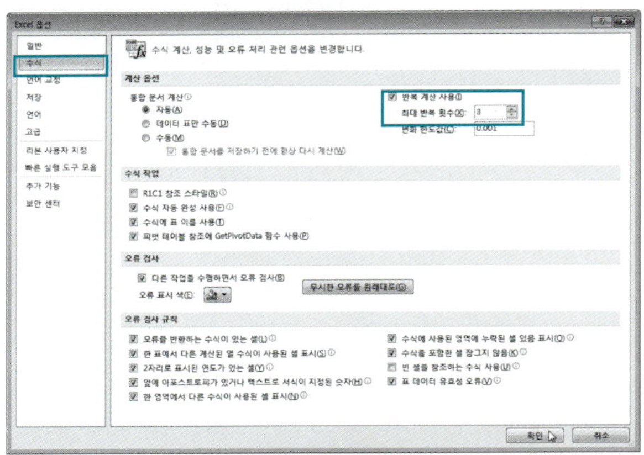

7. 3회 반복 계산된 결과가 표시된다.

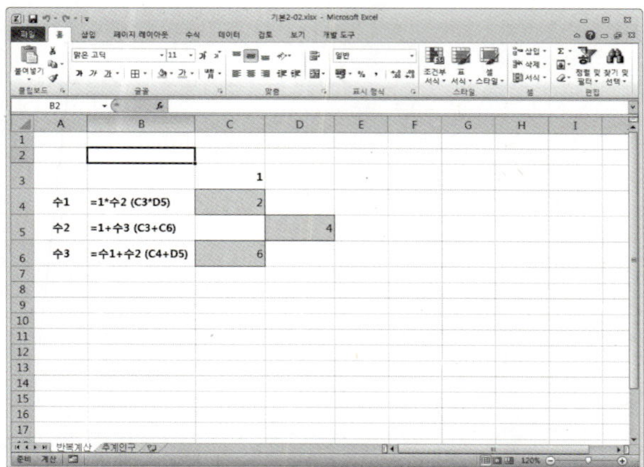

02 통합 문서 계산

엑셀은 기본적으로 자동 계산 기능이 설정되어 있어 바로 수식을 계산하고 그 결과를 값으로 표시한다. 워크시트나 통합 문서에 수식이 많이 포함된 경우 모든 수식이 자동 계산되어 처리 속도가 상당히 지연될 수 있다. 그러나 불필요한 계산을 방지하기 위해 계산 시점을 사용자가 수동으로 제어하도록 기본 설정을 변경할 수 있다.

> 통합 문서의 수식을 수동으로 계산되도록 Excel 옵션을 변경합니다. 그리고 [추계인구] 워크시트에서 C3셀의 값을 100으로 변경하고 시트를 계산합니다.

1. [추계인구] 워크시트로 이동한다. 현재는 참조 값이 변경되면 수식 결과가 바로 업데이트된다.

2. [파일] 탭–[옵션] 명령을 클릭한다.

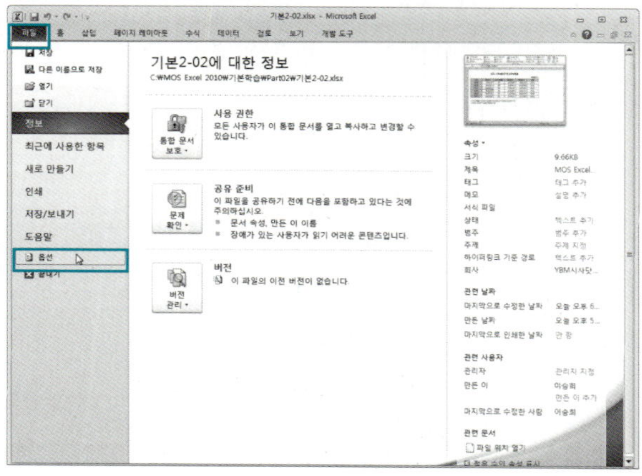

3. [Excel 옵션] 대화 상자의 [수식] 범주의 [계산 옵션]에서 통합 문서 계산을 '수동' 옵션으로 선택하고 [확인] 단추를 클릭한다.

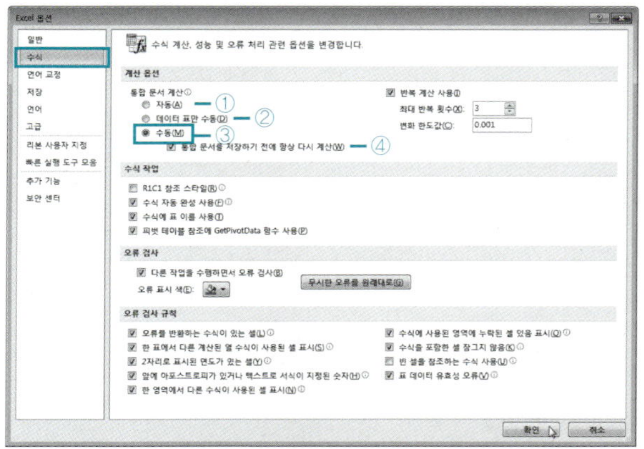

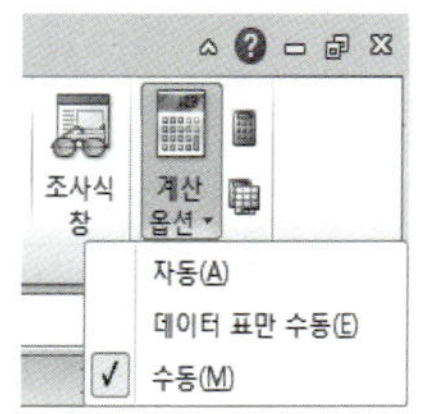

① **자동** : 기본 값으로 값, 수식 또는 이름을 변경할 때마다 해당 항목을 참조하는 수식을 모두 다시 계산한다.

② **데이터 표만 수동** : 값, 수식 또는 이름을 변경할 때마다 데이터 표를 제외하고 해당 항목을 참조하는 수식을 모두 다시 계산한다.

③ **수동** : 수동으로 열려 있는 통합 문서를 다시 계산한다.

④ **통합 문서를 저장하기 전에 항상 다시 계산** : 통합 문서를 저장하는 데 시간이 오래 걸리는 경우 이 옵션의 선택을 해제해 저장 시간을 줄일 수 있다.

4. C3 셀에 100을 입력하고 〈Enter〉 키를 눌러 값을 변경해 본다. C3 셀을 참조하는 수식이 자동으로 업데이트되지 않고 있다.

5. 수식을 수동으로 업데이트하기 위해 [수식] 탭-[계산] 그룹-[시트 계산] 명령(🖩)을 클릭한다.

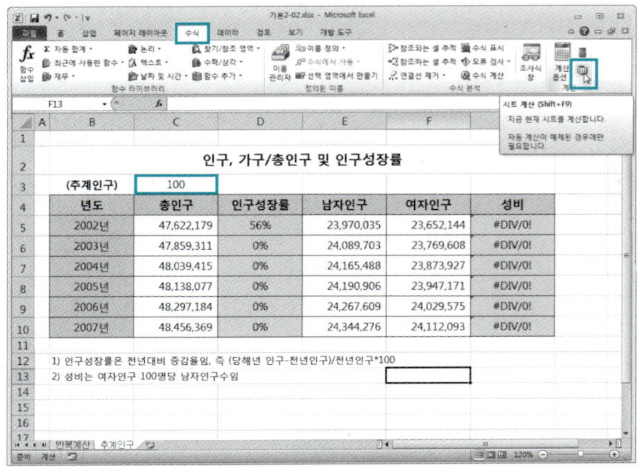

6. 현재 워크시트의 수식이 재계산되어 업데이트 결과가 표시된다.

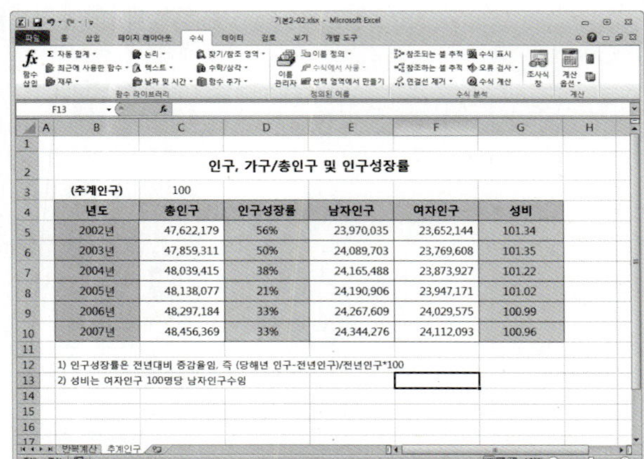

반복 계산

통합 문서를 저장하거나 수동으로 계산 명령을 수행하면 설정되어 있는 반복 횟수만큼 재계산을 수행한다.

| 확인학습 |

확인2 - 02.xlsx를 열어 다음 작업을 완성하시오.

(1) 반복 계산이 되게 하고 최대 반복 횟수를 50으로 설정하시오.

(2) 계산이 수동으로 되도록 설정한 다음 C5 셀의 값을 50으로 수정하고 현재 통합 문서를 다시 계산하시오.

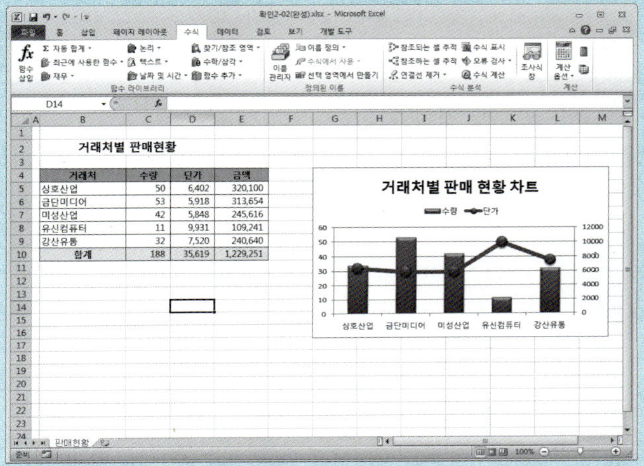

---

1. 반복 계산 옵션과 수동 계산 옵션을 변경하려면 **[파일]** 탭-**[옵션]** 명령을 이용하세요.

2. 현재 통합 문서를 다시 계산하려면 **[수식]** 탭-**[계산]** 그룹-**[지금 계산]** 명령( )을 이용하세요.

2-3
수식에 함수 적용

중요 용어 | 함수, 함수 라이브러리, 함수 인수
출제 포인트 | 함수를 작성하는 방법을 묻는 문제

Excel에는 다양한 함수가 제공되어 복잡한 계산을 빠르고 정확하게 처리할 수 있다. 함수에 대해 살펴보고 함수를 작성하는 방법을 학습한다.

 **함수의 정의**

함수는 복잡한 수식을 간단히 계산할 수 있도록 미리 정의되어 있는 식을 의미하며, 각 함수에 필요한 인수를 넣어 식을 완성하게 된다. 함수의 구조는 다음과 같으며 함수마다 인수의 사용법이 조금씩 다르다.

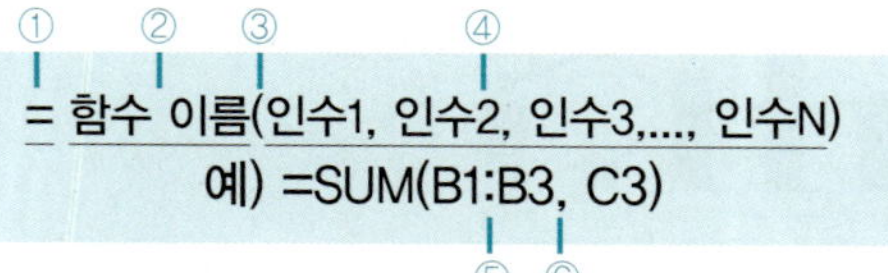

① **= (등호)** : 일반 수식과 마찬가지로 함수도 등호(=)로 시작한다. 함수식을 직접 작성할 때는 등호(=)를 입력해야 하지만 자동 합계나 함수 마법사를 이용하면 자동으로 입력되므로 생략한다.

② **함수 이름** : 함수의 이름이 입력되며 대소문자를 구분하지 않는다. 작성하려는 수식에 필요한 함수 이름을 알고 있어야 한다.

③ **괄호** : 함수 계산에 사용할 인수들은 함수 이름 다음에 괄호( )로 묶는다. 한 가지 함수만 사용할 때는 닫는 괄호를 생략할 수 있으나, 중첩 함수식(함수의 인수로 또 다른 함수를 사용하는 것)을 사용할 때는 열린 괄호만큼 닫는 괄호를 반드시 입력해 주어야 한다.

④ **인수** : 함수의 계산 대상이 되는 값들로 함수마다 입력해야 하는 인수의 종류와 수가 정해져 있다. 인수에는 숫자, 문자열, 논리값, 배열, #N/A와 같은 오류값, 셀 참조, 수식, 다른 함수가 오고, 생략 가능하거나 없는 경우도 있다. 인수로 문자열을 사용하는 경우에는 반드시 문자열을 겹 따옴표("")로 묶는다.

⑤ **: (콜론)** : 연결된 셀 주소의 범위를 의미한다.

⑥ **, (콤마)** : 인수와 인수를 구분 짓는 기호이다.

 **함수 라이브러리**

Excel의 함수 라이브러리에는 함수가 텍스트, 논리, 수학/삼각, 통계, 찾기/참조 등의 범주별로 분류되어 있어 사용하려는 함수를 쉽게 고를 수 있다.

J5 셀에 1월의 총매출을 구합니다.

1. J5 셀을 선택하고 [**수식**] 탭–[**함수 라이브러리**] 그룹–[**수학/삼각**]에서 합계를 구하는 'SUM'을 선택한다.

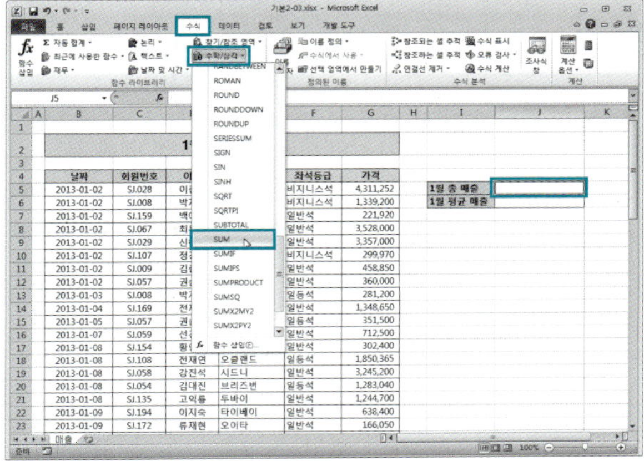

2. [**함수 인수**] 창이 나타나면 [Number1]의 기존 값을 지운다.

3. 가격의 G5 셀을 클릭하고 〈Ctrl+Shift+↓〉 키를 눌러 마지막 데이터 행까지 범위를 지정한다.

4. [**함수 인수**] 창의 [Number1]에 G5:G70 셀 주소가 입력되면 [**확인**] 단추를 클릭한다.

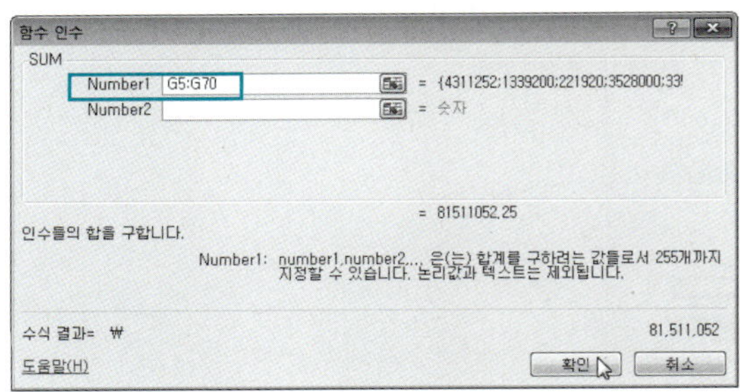

5. =SUM(G5:G70) 함수식이 완성되고 J5 셀에 계산 결과가 나타난다.

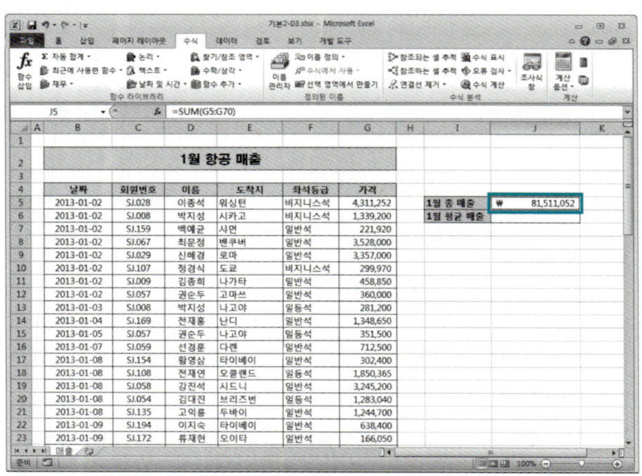

03 직접 수식 입력

익숙한 함수식이라면 직접 입력하는 게 빠를 수 있다. 수식을 직접 작성하려면 셀이나 수식 입력줄에 입력한다. 셀에 등호(=)를 입력한 후 함수 이름의 일부를 입력하면 입력한 글자로 시작하는 함수 목록이 나타나 쉽게 함수를 고를 수 있으며, 함수에 사용되는 인수를 스크린 팁으로 확인할 수 있다.

> **J6 셀에 1월의 평균 매출을 구합니다.**

1. J6 셀을 선택한 후 =AV를 입력한다.

2. 함수 목록이 나타나면 〈↓〉 키를 눌러 평균을 구하는 함수인 'AVERAGE'를 선택하고 〈Tab〉 키를 누른다.

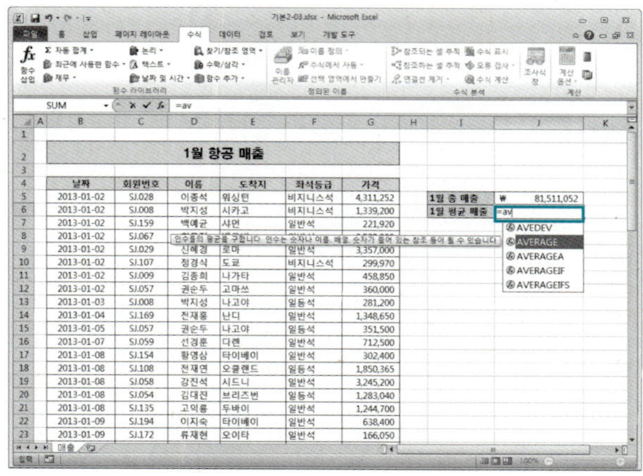

3. 가격의 G5 셀을 클릭하고 〈Ctrl+Shift+↓〉 키를 눌러 마지막 데이터 행까지 범위를 지정한다.

4. 가격 범위인 G5:G70 셀 주소가 입력되면 〈Enter〉 키를 누른다.

5. =AVERAGE(G5:G70) 수식이 완성되고 계산 결과가 나타난다.

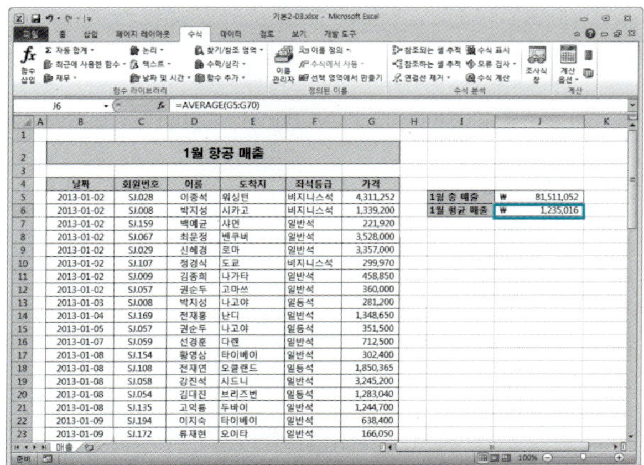

날짜	회원번호	이름	도착지	좌석등급	가격
2013-01-02	SJ.028	이종석	워싱턴	비지니스석	4,311,252
2013-01-02	SJ.008	박지성	시카고	비지니스석	1,339,200
2013-01-02	SJ.159	백예균	샤먼	일반석	221,920
2013-01-02	SJ.067	최문정	벤쿠버	일반석	3,528,000
2013-01-02	SJ.029	신혜경	로마	일반석	3,357,000
2013-01-02	SJ.107	정경식	도쿄	비지니스석	299,970
2013-01-02	SJ.009	김종희	나가타	일반석	458,850
2013-01-02	SJ.057	권순두	고마쓰	일반석	360,000
2013-01-03	SJ.008	박지성	나고야	일등석	281,200
2013-01-04	SJ.169	전재홍	난디	일반석	1,348,650
2013-01-05	SJ.057	권순두	나고야	일등석	351,500
2013-01-07	SJ.059	선경훈	다롄	일반석	712,500
2013-01-08	SJ.154	황명삼	타이베이	일반석	302,400
2013-01-08	SJ.108	전재연	오클랜드	일등석	1,850,365
2013-01-08	SJ.058	강진석	시드니	일반석	3,245,200
2013-01-08	SJ.054	김대진	브리즈번	일등석	1,283,040
2013-01-08	SJ.135	고익룡	두바이	일반석	1,244,700
2013-01-09	SJ.194	이지숙	타이베이	일반석	638,400
2013-01-09	SJ.172	류재현	오이타	일반석	166,050

1월 총 매출	₩ 81,511,052
1월 평균 매출	₩ 1,235,016

| 확인학습 |

확인2 – 03.xlsx를 열어 다음 작업을 완성하시오.

(1) F3 셀에 COUNT를 사용하여 총 구매건수를 구하시오.

(2) F4 셀에 MAX를 사용하여 금액 열에서 가장 큰 금액을 구하시오.

소모품 구매 목록

| | 구매건수 : | | 10 |
| | 최대구매금액 : | | ₩ 900,000 |

품명	단위	수량	단가	금액
사인펜	타스	32	12,000	384,000
프린터토너	개	6	150,000	900,000
건전지	박스	4	15,000	60,000
자	박스	16	2,000	32,000
연필	타스	35	2,500	87,500
프린터잉크	개	8	70,000	560,000
복사용지	박스	36	5,600	201,600
견출지	장	95	2,000	190,000
지우개	개	23	3,000	69,000
볼펜	타스	65	2,000	130,000

Hint

1. **[수식]** 탭–**[함수 라이브러리]** 그룹에서 함수 범주와 함수를 차례로 선택해서 **[함수 인수]** 창을 이용하세요.

2. COUNT 함수는 통계 함수로 빈 셀과 문자 데이터를 제외한 숫자, 날짜, 시간 데이터가 포함된 셀의 개수를 셀 때 사용해요.

3. MAX 함수는 통계 함수로 가장 큰 값을, MIN 함수는 가장 작은 값을 구할 때 사용해요.

데이터 요약 작업 수행

준비파일 : 기본2-04.xlsx   완성파일 : 기본2-04(완성).xlsx

중요 용어 | SUMIF, SUMIFS, AVERAGEIF, AVERAGEIFS, COUNTIF, COUNTIFS 함수
출제 포인트 | 단일 조건이나 다중 조건에 만족하는 값들의 합계, 평균, 개수를 구하는 방법을 묻는 문제

조건에 만족하는 값들의 합계, 평균, 개수를 구할 수 있는 함수들에 대해 살펴본다.

01 SUMIF, SUMIFS 함수

SUMIF 함수는 데이터 범위에서 단일 조건에 만족하는 값들의 총합계를, SUMIFS 함수는 다중 조건에 만족하는 값들의 총합계를 구한다. Criteria를 Criteria_range 에서 찾아 조건에 만족하는 경우에만 Sum_Range 값들의 합계를 구한다.

```
=SUMIF(Range, Criteria, Sum_range)
       └①      └②       └③
=SUMIFS(Sum_range, Criteria_range1, Criteria1, Criteria_range2, Criteria2,..)
        └③         └①              └②          └①              └②
```

① **Range/Criteria_range** : 조건을 검색할 범위로 최대 127개까지 지정할 수 있다. 숫자, 이름, 배열 또는 숫자가 들어있는 참조여야 하며 빈 값이나 텍스트는 무시된다.

② **Criteria** : 상수, 수식, 텍스트, 셀 범위로 된 조건이 온다. 셀 범위를 참조한 경우가 아니라 직접 조건을 입력한다면 모두 겹따옴표("")로 묶어서 입력한다(예: "캠코더", ">=100", "김*").

③ **Sum_range** : 합계를 구할 셀 범위로 Range에서 조건을 검색해 만족하는 셀이 있다면 각 셀에 대응하는 Sum_range의 값을 모두 더하게 된다. 숫자, 이름, 배열 또는 숫자가 들어있는 참조여야 하며 Range 셀의 값을 더할 경우에는 Sum_range 인수는 생략이 가능하다.

> 거래구분이 입고인 경우에 금액의 합계를 N4 셀에 구합니다. 그리고 거래처가 리올이고 거래구분이 출고인 경우의 금액의 합계를 N5 셀에 계산합니다.

1. 거래구분이 입고인 경우의 금액의 합계를 SUMIF 함수로 구하기 위해 N4 셀을 선택한다.

tip

와일드카드(*, ?)

Criteria 인수에는 와일드 카드 문자인 별표(*)와 물음표(?)를 이용할 수 있다. 별표(*)는 모든 문자 열에 해당하고, 물음표(?)는 한 문자에 해당한다. 가령, "김*"은 김으로 시작하는 모든 문자가 되고, "김??"은 김으로 시작하되 뒤에 2글자가 오는 조건이 된다.

Excel Expert

2. [수식] 탭–[함수 라이브러리] 그룹–[수학/삼각]에서 'SUMIF' 함수를 클릭한다.

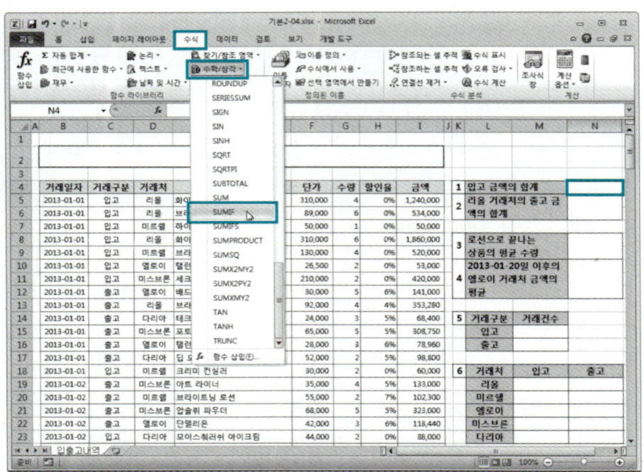

3. [함수 인수] 창에서 [Range]는 C5:C200, [Criteria]는 "입고", [Sum_range]는 I5:I200으로 설정하고 [확인] 단추를 클릭한다.

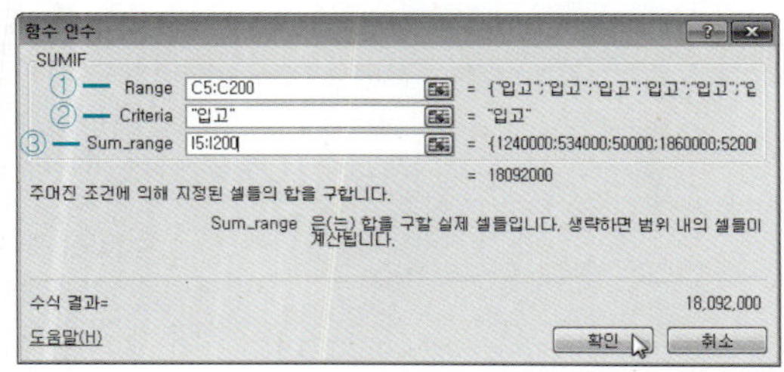

① **Range** : 조건을 검색할 범위로 거래구분 열이 온다.

② **Criteria** : 조건인 입고가 온다.

③ **Sum_range** : 합계를 계산할 범위로 금액 열이 온다.

4. 수식(=SUMIF(C5:C200,"입고",I5:I200))이 완성된다.

5. 계속해서 거래처가 리올이고, 거래구분이 출고인 경우의 금액의 합계를 SUMIFS 함수로 구하기 위해 N5 셀을 선택한다.

Check

데이터가 포함된 열 범위를 빠르게 선택하려면 첫 번째 셀을 클릭한 상태에서 〈Ctrl+Shift+↓〉 키를 누른다.

tip

이름 정의

이름 상자의 목록 단추를 클릭하면 각 열의 범위에 이름이 정의되어 있다. 이름 정의는 셀 범위를 지정하고 이름 상자를 클릭한 후 이름을 입력하고 〈Enter〉 키를 누르면 된다. 이름 상자 목록에서 특정 이름을 클릭하면 해당 범위가 바로 지정된다. 범위를 빠르게 재지정하거나 수식에서 절대 참조 범위를 대신해서 사용된다.

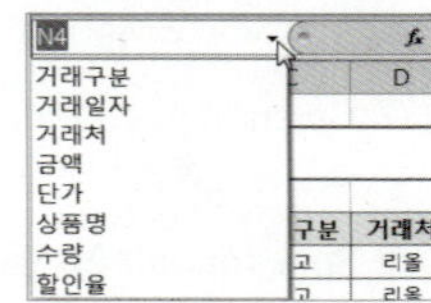

정의된 이름의 범위를 수정하거나 삭제하려면 [수식] 탭–[정의된 이름] 그룹–[이름 관리자] 명령을 클릭해서 [이름 관리자] 대화 상자를 이용해 편집한다.

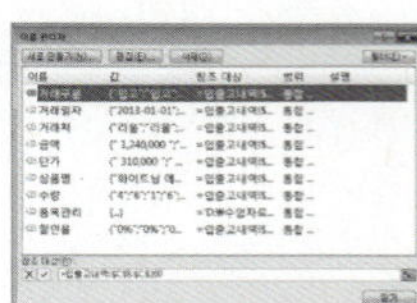

6. [**수식**] 탭–[**함수 라이브러리**] 그룹–[**수학/삼각**]에서 'SUMIFS' 함수를 클릭한다.

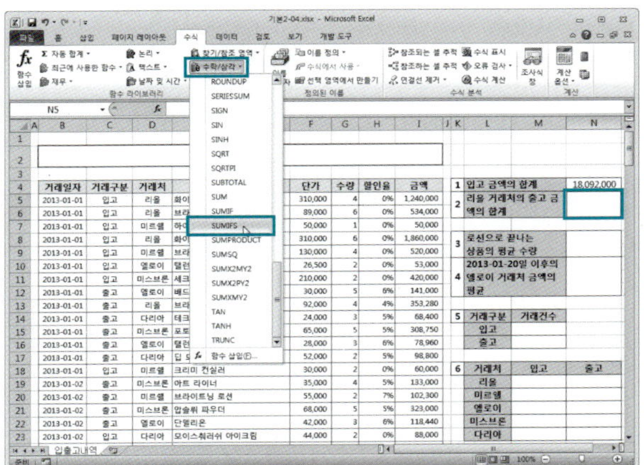

7. [**함수 인수**] 창에서 [Sum_range]는 I5:I200, [Criteria_range1]은 D5:D200, [Criteria1]은 "리올", [Criteria_range2]는 C5:C200, [Criteria2]는 "출고"로 설정하고 [**확인**] 단추를 클릭한다.

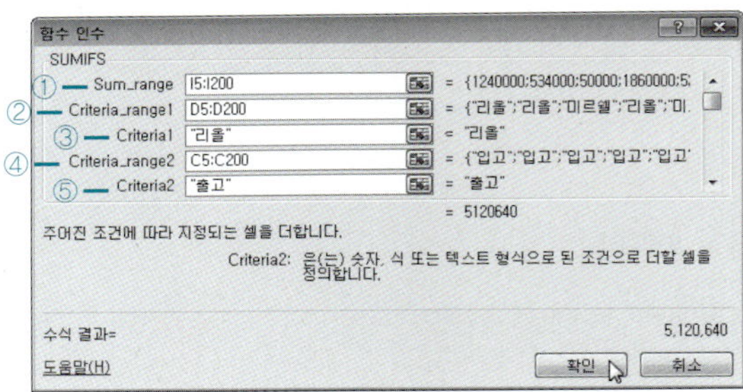

① **Sum_range** : 합계를 계산할 범위로 금액 열이 온다.

② **Criteria_range1** : 첫 번째 조건을 검색할 범위로 거래처 열이 온다.

③ **Criteria1** : 첫 번째 조건인 리올이 온다.

④ **Criteria_range2** : 두 번째 조건을 검색할 범위로 거래구분 열이 온다.

⑤ **Criteria2** : 두 번째 조건인 출고가 온다.

8. 수식(=SUMIFS(I5:I200,D5:D200,"리올",C5:C200,"출고"))이 완성된다.

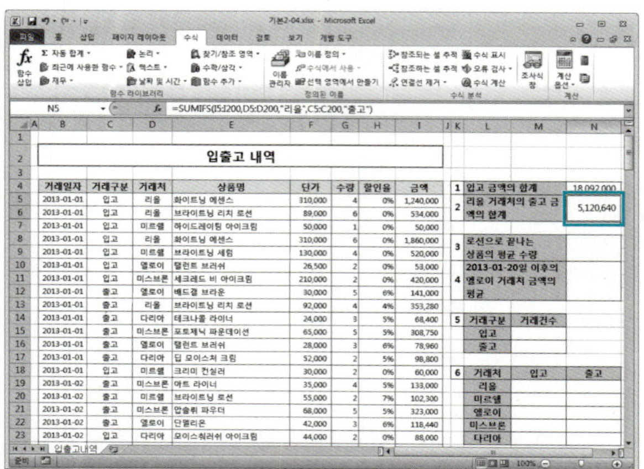

02 AVERAGEIF, AVERAGEIFS 함수

AVERAGEIF 함수는 데이터 범위에서 단일 조건에 만족하는 값들의 평균을, AV-ERAGEIFS 함수는 다중 조건에 만족하는 값들의 평균을 구한다. 이때, 연산 범위에 0값이 포함된 경우 0값은 제외하고 평균을 구한다.

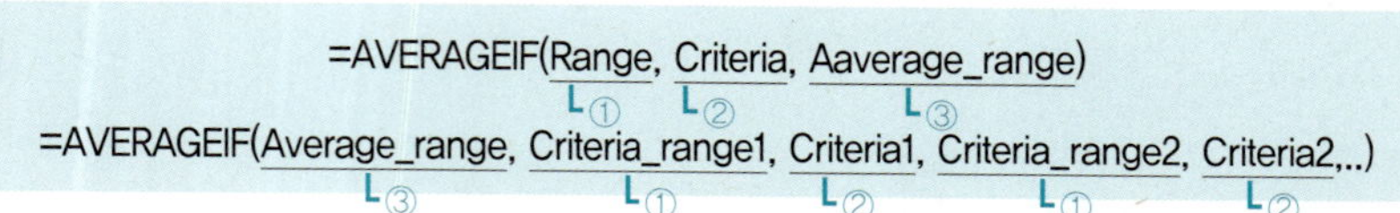

① **Range/Criteria_range** : 조건을 검색할 범위로 최대 127개까지 지정할 수 있다. 숫자, 이름, 배열 또는 숫자가 들어있는 참조여야 하며 빈 값이나 텍스트는 무시된다.

② **Criteria** : 상수, 수식, 텍스트, 셀 범위로 된 조건이 온다. 셀 범위를 참조한 경우가 아니라 직접 조건을 입력한다면 모두 겹따옴표("")로 묶어서 입력한다(예: "캠코더", ">=100", "김*").

③ **Average_range** : 평균을 구할 셀 범위로 Range에서 조건을 검색해 만족하는 셀이 있다면 각 셀에 대응하는 Average_range의 값의 평균을 구한다. 숫자, 이름, 배열 또는 숫자가 들어있는 참조여야 하며 Range 셀의 값을 더할 경우에는 Average_range 인수는 생략이 가능하다.

> 상품명이 로션으로 끝나는 경우의 평균 수량을 N8 셀에 구합니다. 그리고 날짜가
> 2013-01-20 이후이면서 거래처가 엘로이인 경우에 금액의 평균을 N10 셀에 계산합니다.

1. 상품명이 로션으로 끝나는 경우의 평균 수량을 AVERAGEIF 함수로 구하기 위해 N8 셀을 선택한다.

2. [수식] 탭–[함수 라이브러리] 그룹–[함수 추가]–[통계]에서 'AVERAGEIF' 함수를 클릭한다.

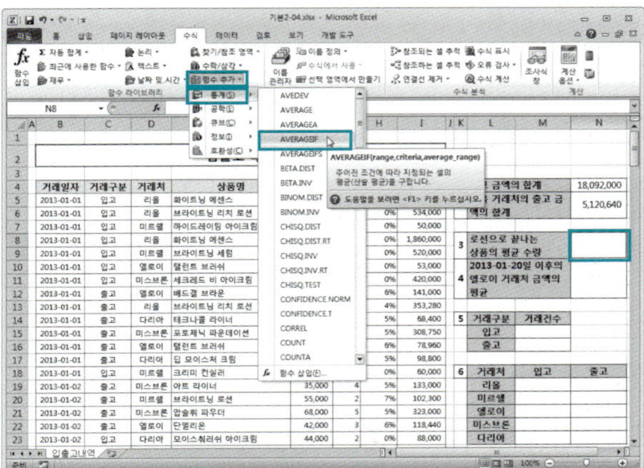

3. [함수 인수] 창에서 [Range]는 E5:E200, [Criteria]는 "*로션", [Average_range]는 G5:G200으로 설정하고 [확인] 단추를 클릭한다.

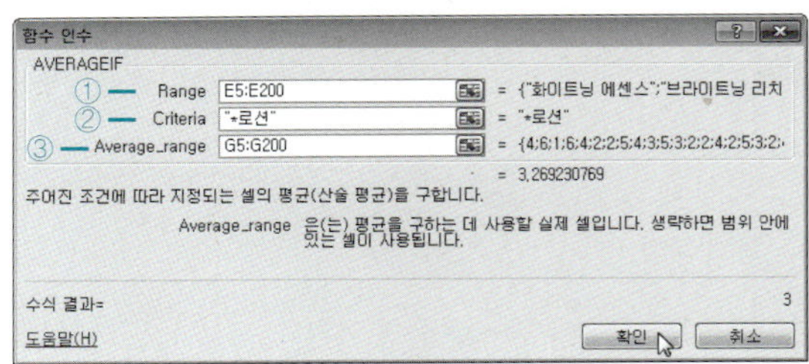

① **Range** : 조건을 검색할 범위로 상품명 열이 온다.

② **Criteria** : 조건인 로션이 온다. 마지막에 '로션'이 와야 하므로 '로션' 앞에 모든 문자를 포함하도록 와일드카드(*)가 와야한다.

③ **Average_range** : 평균을 계산할 범위로 수량 열이 온다.

4. 수식(=AVERAGEIF(E5:E200,"*로션",G5:G200))이 완성된다.

5. 날짜가 2013–01–20 이후이면서 거래처가 엘로이인 경우에 금액의 평균을 AV-ERAGEIFS 함수로 구하기 위해 N10 셀을 선택한다.

6. [수식] 탭–[함수 라이브러리] 그룹–[함수 추가]–[통계]에서 'AVERAGEIFS' 함수를 클릭한다.

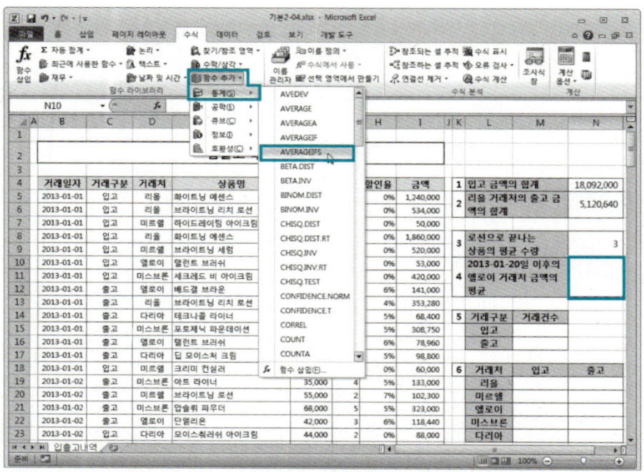

7. [함수 인수] 창에서 [Average_range]는 I5:I200, [Criteria_range1]은 B5:B200, [Criteria1]은 ")=2013–01–20", [Criteria_range2]는 D5:D200, [Criteria2]는 "엘로이"로 설정하고 [확인] 단추를 클릭한다.

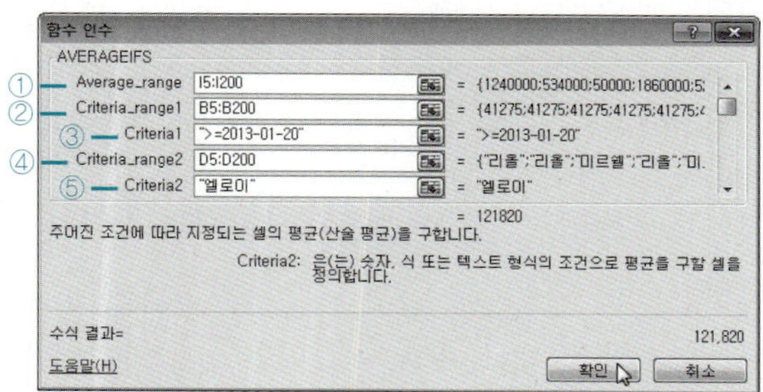

① Average_range : 평균을 계산할 범위로 금액 열이 온다.

② Criteria_range1 : 첫 번째 조건을 검색할 범위로 거래일자 열이 온다.

③ Criteria1 : 첫 번째 조건인 2013–01–20 이후 날짜가 온다. 비교 연산자와 조건 값을 함께 지정하면 겹따옴표("")로 묶어 작성한다.

④ Criteria_range2 : 두 번째 조건을 검색할 범위로 거래처 열이 온다.

⑤ Criteria2 : 두 번째 조건인 엘로이가 온다.

8. 수식(=AVERAGEIFS(I5:I200,B5:B200,">=2013-01-20",D5:D200,"엘로이"))이 완성된다.

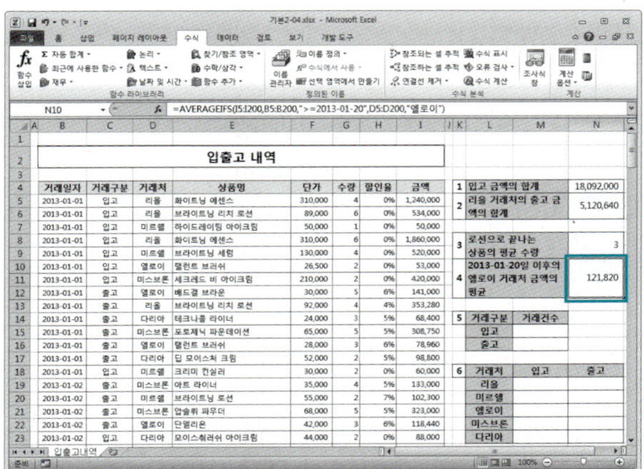

Check

비교 연산자와 용어는 다음과 같이 사용되며 문제에 주어진 용어에 맞는 비교 연산자를 사용하도록 주의하자.

- 〉: 크다, 초과
- 〈: 작다, 미만
- 〉= : 크거나 같다, 이상
- 〈= : 작거나 같다, 이하
- 〈〉: 같지 않다

03 COUNTIF, COUNTIFS 함수

COUNTIF 함수는 데이터 범위에서 단일 조건에 만족하는 값들의 셀 개수를, COUNTIFS 함수는 다중 조건에 만족하는 값들의 셀 개수를 구한다.

$$=COUNTIF(Range,\ Criteria)$$

$$=COUNTIFS(Range1,\ Criteria1,\ Range2,\ Criteria2,..)$$

① **Range** : 조건을 검색할 범위로 최대 127개까지 지정할 수 있다. 숫자, 이름, 배열 또는 숫자가 들어있는 참조여야 하며 빈값이나 텍스트는 무시된다.

② **Criteria** : 상수, 수식, 텍스트, 셀 범위로 된 조건이 오며, 최대 127개까지 지정할 수 있다. 셀 범위를 참조한 경우가 아니라 직접 조건을 입력한다면 모두 겹따옴표("")로 묶어서 입력한다 (예: "캠코더", ">=100", "김*").

> 거래구분별 거래건수를 M15 셀에 구하시오. 그리고 거래처별 거래구분별 거래건수를 M19 셀에 계산합니다.

1. 거래구분별 거래건수를 COUNTIF 함수로 구하기 위해 M15 셀을 선택한다.

2. [수식] 탭–[함수 라이브러리] 그룹–[함수 추가]–[통계]에서 'COUNTIF' 함수를 클릭한다.

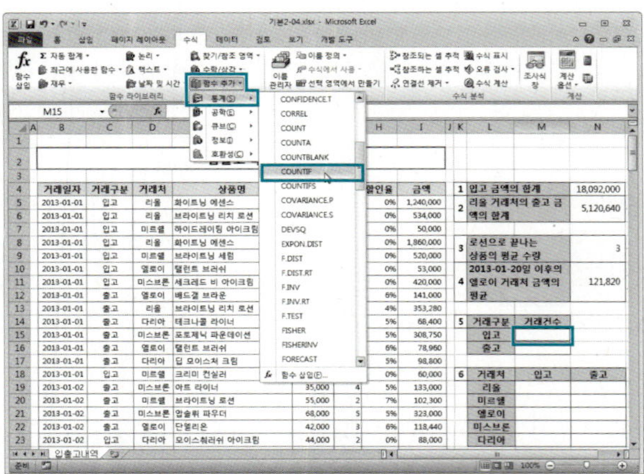

3. [함수 인수] 창에서 [Range]는 <u>$C$5:$C$200</u>, [Criteria]는 <u>L15</u>로 설정하고 [확인] 단추를 클릭한다.

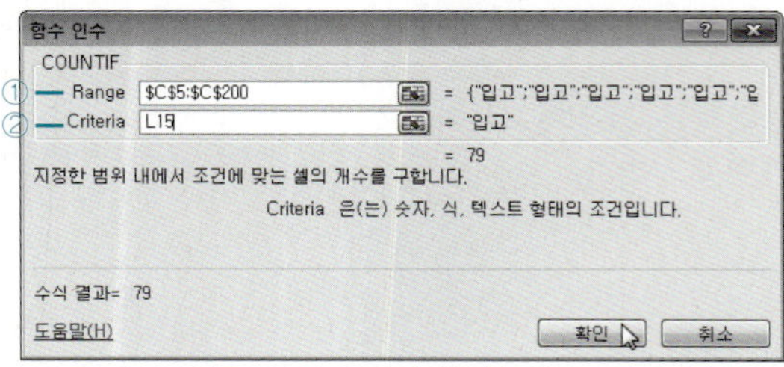

① **Range** : 조건을 검색할 범위로 거래구분 열이 온다. 수식을 복사할 경우 참조 범위가 변경되면 안 되므로 절대 참조로 변경한다. 수식을 복사해도 참조 주소가 변경되지 않도록 하려면 〈F4〉 키를 눌러 절대 참조($C$5:$C$200)로 변경한다.

② **Criteria** : 조건인 입고가 온다. 수식을 복사할 경우 조건인 거래구분이 입고 L15 셀에서 출고 L16 셀로 변경돼야 하므로 상대 참조로 둔다.

4. M15 셀의 채우기 핸들을 더블 클릭하여 수식(=COUNTIF($C$5:$C$200,L15))을 복사한다.

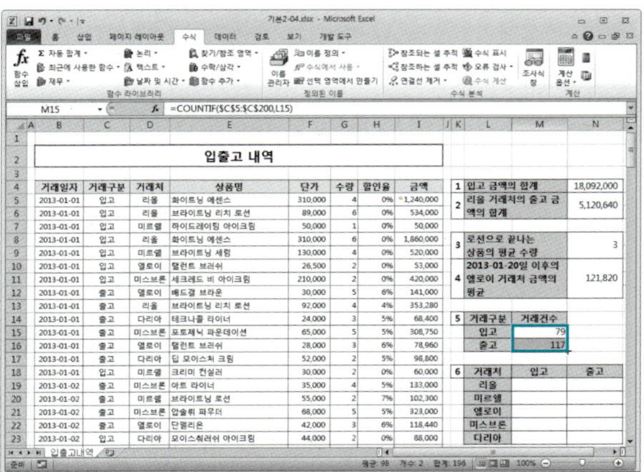

5. 거래처별 거래구분별 거래건수를 COUNTIFS 함수로 구하기 위해 M19 셀을 선택한다.

6. [수식] 탭-[함수 라이브러리] 그룹-[함수 추가]-[통계]에서 'COUNTIFS' 함수를 찾아 클릭한다.

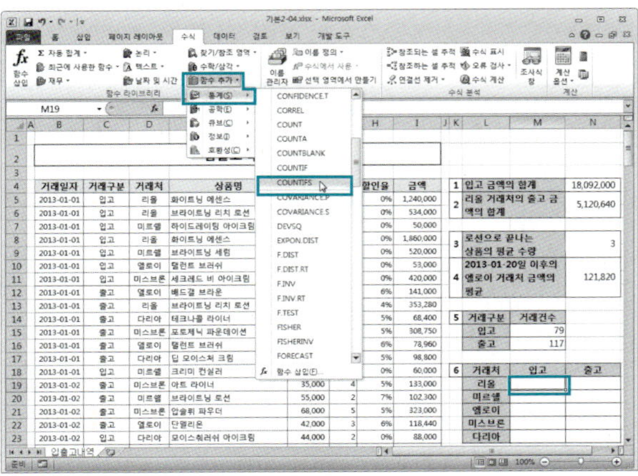

7. [함수 인수] 창에서 [Criteria_range1]은 $D$5:$D$200, [Criteria1]은 $L19, [Criteria_range2]는 $C$5:$C$200, [Criteria2]는 M$18로 설정하고 [확인] 단추를 클릭한다.

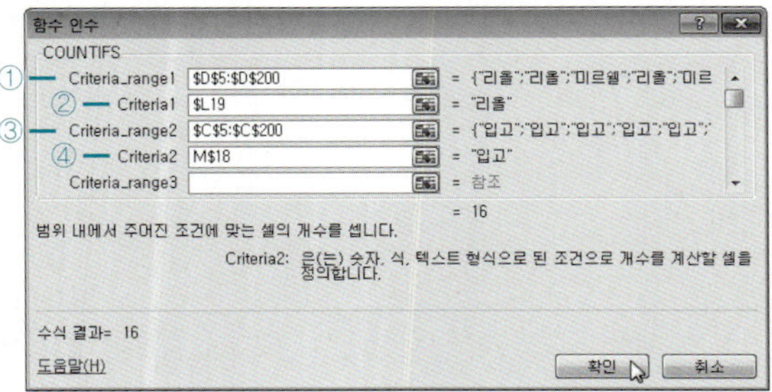

① **Criteria_range1** : 첫 번째 조건을 검색할 범위로 거래처 열이 온다. 수식을 복사할 경우 참조 범위가 변경되면 안 되므로 〈F4〉 키를 눌러 절대 참조로 변경한다.

② **Criteria1** : 첫 번째 조건인 리올이 온다. 수식을 열 방향과 행 방향 모두 복사할 경우 거래처는 L열 주소는 변경되면 안 되고 19행에서 23행까지 행 주소가 증가돼야 하므로 열 주소만 절대인 혼합 참조로 변경한다. 〈F4〉 키를 3번 누르면 열 주소만 절대 참조가 된다.

③ **Criteria_range2** : 두 번째 조건을 검색할 범위로 거래구분 열이 온다. 수식을 복사할 경우 참조 범위가 변경되면 안 되므로 절대 참조로 변경한다.

④ **Criteria2** : 두 번째 조건인 입고가 온다. 수식을 열 방향과 행 방향 모두 복사할 경우 거래구분은 M열에서 N열까지 열 주소는 증가되고 18행 주소는 고정돼야 하므로 행 주소만 절대인 혼합 참조로 변경한다. 〈F4〉 키를 2번 누르면 행 주소만 절대 참조가 된다.

8. M19 셀의 채우기 핸들을 N19 셀까지 드래그해 수식을 복사한 후 계속해서 N19 셀의 채우기 핸들을 더블 클릭하여 수식(=COUNTIFS($D$5:$D$200,$L19,$C$5:$C$200,M$18))을 복사한다.

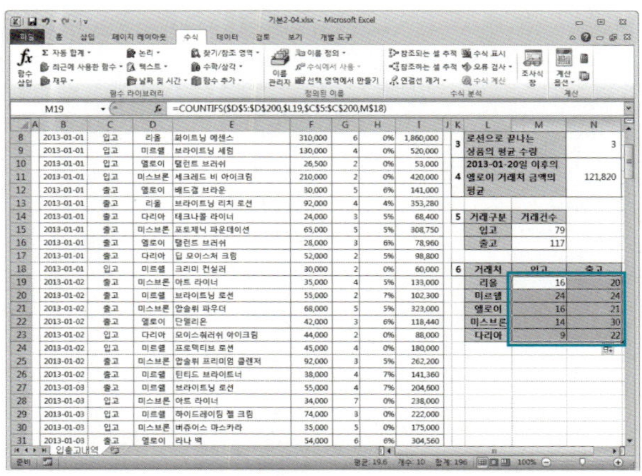

│ 확인학습 │

확인2 – 04.xlsx를 열어 다음 작업을 완성하시오.

(1) 대 분류가 셔츠에 해당하는 판매가의 합계를 J6 셀에 계산하시오.

(2) PT로 시작하는 상품코드에 해당하는 개수를 J8 셀에 구하시오.

(3) 블라우스 상품명의 원가 평균을 J10 셀에 구하시오.

(4) 44 사이즈의 원피스 상품에 해당하는 판매가의 합계를 J12 셀에 계산하시오.

(5) 날짜가 4월 이후(2013-4-1)의 스커트 제품에 해당하는 판매가의 평균을 J14 셀에 구하시오. 0값은 제외하시오.

(6) K17:L25 셀 범위에 분류별 사이즈별 판매건수를 구하시오.

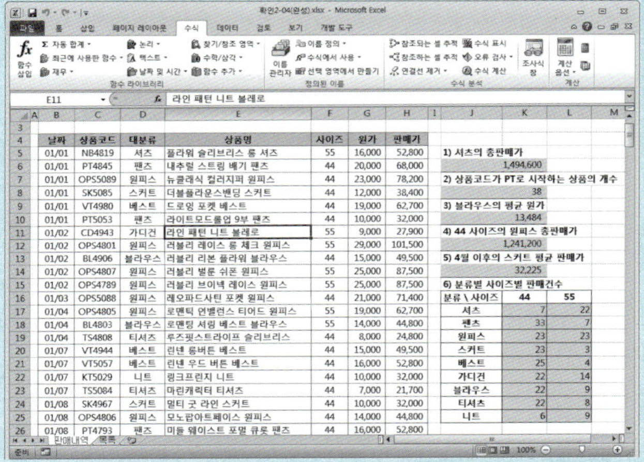

날짜	상품코드	대분류	상품명	사이즈	원가	판매가			
01/01	NB4819	셔츠	플라워 슬리브리스 롱 셔츠	55	16,000	52,800		1) 셔츠의 총판매가	
01/01	PT4845	팬츠	내추럴 스트링 배기 팬츠	44	20,000	68,000			1,494,600
01/01	OPS5089	원피스	뉴클래식 컬러지퍼 원피스	44	23,000	78,200		2) 상품코드가 PT로 시작하는 상품의 개수	
01/01	SK5085	스커트	더블플라운스밴딩 스커트	44	12,000	38,400			38
01/01	VT4980	베스트	드로잉 포켓 베스트	44	19,000	62,700		3) 블라우스의 평균 원가	
01/01	PT5053	팬츠	라이트모드롤업 9부 팬츠	44	10,000	32,000			13,484
01/02	CD4943	가디건	라인 패턴 니트 볼레로	55	9,000	27,900		4) 44 사이즈의 원피스 총판매가	
01/02	OPS4801	원피스	러블리 레이스 롱 체크 원피스	55	29,000	101,500			1,241,200
01/02	BL4906	블라우스	러블리 리본 플라워 블라우스	44	15,000	49,500		5) 4월 이후의 스커트 평균 판매가	
01/02	OPS4807	원피스	러블리 벌룬 쉬폰 원피스	55	25,000	87,500			32,225
01/02	OPS4789	원피스	러블리 브이넥 레이스 원피스	55	25,000	87,500		6) 분류별 사이즈별 판매건수	
01/03	OPS5088	원피스	레오파드사틴 포켓 원피스	44	21,000	71,400		분류 \ 사이즈 **44**	**55**
01/04	OPS4805	원피스	로맨틱 언밸런스 티어드 원피스	55	19,000	62,700		셔츠 7	22
01/04	BL4803	블라우스	로맨팅 셔링 베스트 블라우스	55	14,000	44,800		팬츠 33	7
01/04	TS4808	티셔츠	루즈핏스트라이프 슬리브리스	44	8,000	24,800		원피스 23	23
01/07	VT4944	베스트	린넨 롱버튼 베스트	44	15,000	49,500		스커트 23	3
01/07	VT5057	베스트	린넨 우드 버튼 베스트	44	16,000	52,800		베스트 25	4
01/07	KT5029	니트	링크프린지 니트	44	10,000	32,000		가디건 22	14
01/07	TS5084	티셔츠	마린캐릭터 티셔츠	44	7,000	21,700		블라우스 22	9
01/08	SK4967	스커트	멀티 굿 라인 스커트	44	10,000	32,000		티셔츠 22	8
01/08	OPS4806	원피스	모노팝아트페이스 원피스	44	14,000	44,800		니트 6	9
01/08	PT4793	팬츠	미들 웨이스트 포멀 큐롯 팬츠	44	16,000	52,800			

1. 셔츠의 총판매가는 조건이 하나(상품명이 셔츠)이며, 합계를 구해야 하므로 SUMIF 함수를 이용하세요.

2. 상품코드가 PT로 시작해야 하므로 * 와일드카드를 사용하세요.

3. 상품코드의 개수는 조건이 하나(상품명이 PT로 시작)이며, 개수를 구해야 하므로 COUNTIF 함수를 이용하세요.

4. 블라우스의 평균 원가는 조건이 하나(상품명이 블라우스)이며, 평균을 구해야 하므로 AVERAGEIF 함수를 이용하세요.

5. 44 사이즈의 원피스 총판매가는 조건이 두 개(사이즈가 44, 상품명이 원피스)이며, 합계를 구해야 하므로 SUMIFS 함수를 사용하세요.

6. 4월 이후의 스커트 평균 판매가는 조건이 두 개(날짜가 4월 이후, 상품명이 스커트)이며, 평균을 구해야 하므로 AVERAGEIFS 함수를 사용하세요.

7. 분류별 사이즈별 판매건수는 조건이 두 개(대분류, 사이즈)이며, 개수를 구해야 하므로 COUNTIFS 함수를 사용하세요.

2-5
찾기/참조 함수

중요 용어 | VLOOKUP, HLOOKUP 함수
출제 포인트 | VLOOKUP, HLOOKUP 함수를 이용하여 데이터를 찾아 가져오는 방법을 묻는 문제

찾기/참조 함수 중에서 VLOOKUP와 HLOOKUP 함수를 이용하면 참조 테이블에서 빠르게 정확한 값을 찾아 가져올 수 있다. 두 함수의 인수는 유사하며 다만 참조 테이블에서 값을 검색할 범위가 수직인지 수평인지에 따라 다르다.

01 VLOOKUP 함수

참조 테이블의 검색 할 범위가 수직(Vertical)인 경우에 사용한다. 즉, 참조 테이블의 첫째 열에서 특정 값을 검색하여 같은 행에 있는 다른 열의 값을 가져온다.

$$=VLOOKUP(\underset{①}{Lookup\_value},\ \underset{②}{Table\_array},\ \underset{③}{Col\_index\_num},\ \underset{④}{Range\_lookup})$$

① **Lookup_value** : Table_array 표 목록의 첫째 열에서 찾을 값으로 값, 참조 또는 텍스트가 온다.

② **Table_array** : Lookup_value를 검색하고 가져올 데이터가 있는 표 목록으로 셀 범위나 범위 이름이 온다.

③ **Col_index_num** : Table_array의 첫째 열에서 Lookup_value 값을 찾아 같은 행에 있는 값을 가져올 열 번호가 온다. Col_index_num이 2이면 Table_array의 두 번째 열에서 해당하는 행의 값을 가져오고, 3이면 세 번째 열에서 값을 가져온다.

④ **Range_lookup** : 정확하게 일치하는 값을 찾으려면 FALSE(0), 근사 값을 찾으려면 TRUE(1)나 생략한다. 근사 값은 Lookup_value보다 작은 값 중에서 최대값을 찾게 되며, Table_array의 첫 열이 반드시 오름차순으로 정렬되어 있어야 한다.

> 상품코드를 상품코드 테이블에서 찾아 상품명을 D3:D12 셀 범위에 가져오고, 단가는 E3:E12 셀 범위에 가져옵니다. 그리고 할인정보 테이블에서 판매수량에 따른 할인율을 H3:H12 셀 범위에 가져옵니다.

1. 상품코드를 상품정보 테이블에서 찾아 상품명을 가져와 본다. 상품정보 테이블에서 찾을 값이 있는 상품코드는 수직 방향으로 되어 있으므로 VLOOKUP 함수를 사용하며 정확한 값을 찾아올 것이다.

2. D3 셀을 선택하고 [**수식**] 탭–[**함수 라이브러리**] 그룹–[**찾기/참조 영역**]에서 'VLOOKUP' 함수를 클릭한다.

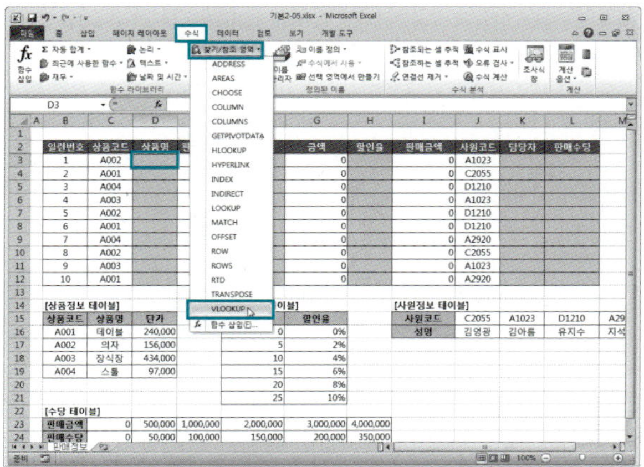

3. [**함수 인수**] 창에서 [Lookup_value]는 C3, [Table_array]는 $B$16:$D$19, [Col_index_num]은 2, [Range_lookup]은 FALSE로 설정하고 [**확인**] 단추를 클릭한다.

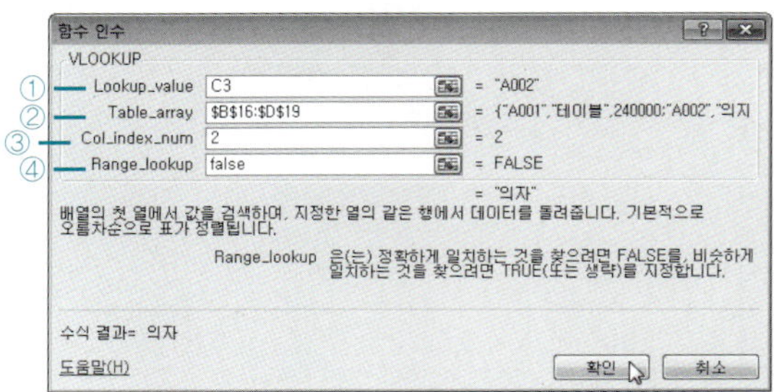

① **Lookup_value** : 찾을 값인 첫 번째 상품코드인 C3 셀이 온다.

② **Table_array** : 값을 찾아 가져올 데이터가 있는 [상품정보 테이블] 범위가 온다. 수식을 복사 할 때 참조 범위가 변경되면 안 되므로 절대 참조로 변경한다.

③ **Col_index_num** : [상품정보 테이블]에서 가져올 상품명은 2번째 열에 위치하므로 2가 온다.

④ **Range_lookup** : 정확한 값을 검색하기 위해 FALSE가 온다.

4. 상품정보 테이블에서 상품코드를 찾아 단가를 가져오기 위해 F3 셀을 선택하고 [**수식**] 탭–[**함수 라이브러리**] 그룹–[**찾기/참조 영역**]에서 'VLOOKUP' 함수를 클릭한다.

5. [함수 인수] 창에서 [Lookup_value]는 C3, [Table_array]는 $B$16:$D$19, [Col_index_num]은 3, [Range_lookup]은 FALSE로 설정하고 [확인] 단추를 클릭한다.

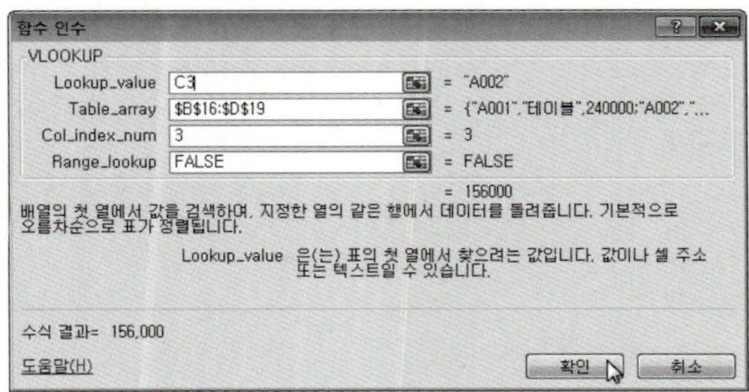

6. 다음은 할인정보 테이블에서 판매수량에 따른 할인율을 가져온다. 판매수량의 범위에 따라 할인율이 달라져야 하므로 근사 값을 이용할 것이다.

7. H3 셀을 선택하고 [**수식**] 탭–[**함수 라이브러리**] 그룹–[**찾기/참조 영역**]에서 'VLOOKUP' 함수를 클릭한다.

8. [함수 인수] 창에서 [Lookup_value]는 E3, [Table_array]는 $F$16:$G$21, [Col_index_num]은 2, [Range_lookup]은 TRUE로 설정하고 [**확인**] 단추를 클릭한다.

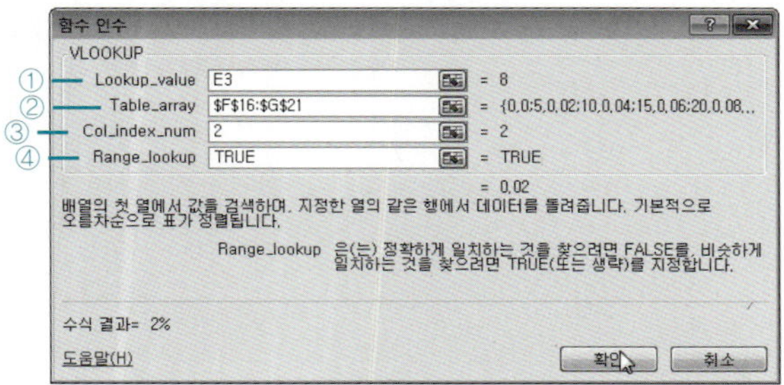

① **Lookup_value** : 찾을 값인 첫 번째 판매수량 E3 셀이 온다.

② **Table_array** : 값을 찾아 가져올 데이터가 있는 [할인정보 테이블] 범위가 온다. 수식을 복사할 때 참조 범위가 변경되면 안 되므로 절대 참조로 변경한다.

③ **Col_index_num** : [할인정보 테이블]에서 가져올 수당은 2번째 열에 위치하므로 2가 온다.

④ **Range_lookup** : 근사 값을 검색하기 위해 TRUE가 온다. 즉, 8을 [할인정보 테이블]의 첫 번째 열에서 검색할 때 정확한 값이 없으므로 바로 작은 값인 5로 처리되어 2%를 반환하게 된다.

9. 상품명(D3)의 수식(=VLOOKUP(C3,$B$16:$D$19,2,FALSE)), 단가(F3)의 수식(=VLOOKUP(C3,$B$16:$D$19,3,FALSE)), 할인율(H3)의 수식(=VLOOKUP(E3,$F$16:$G$21,2,TRUE))을 각각 자동 채우기를 실행하여 복사한다.

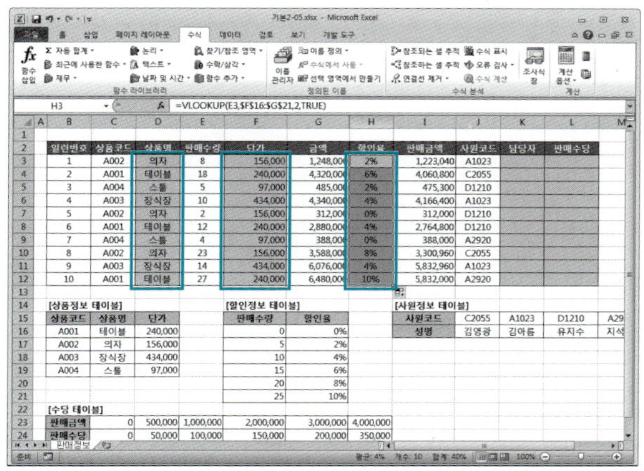

 HLOOKUP 함수

참조 테이블의 검색 할 범위가 수평(Horizontal)인 경우에 사용한다. 즉, 참조 테이블의 첫째 행에서 특정 값을 검색하여 같은 열에 있는 다른 행의 값을 가져온다.

> =HLOOKUP(Lookup_value, Table_array, Row_index_num, Range_lookup)
> └①   └②   └③   └④

① **Lookup_value** : Table_array 표 목록의 첫째 행에서 찾을 값으로 값, 참조 또는 텍스트가 온다.

② **Table_array** : Lookup_value를 검색하고 가져올 데이터가 있는 표 목록으로 셀 범위나 범위 이름이 온다.

③ **Row_index_num** : Table_array의 첫째 행에서 Lookup_value 값을 찾아 같은 열에 있는 값을 가져올 행 번호가 온다. Row_index_num이 2이면 Table_array의 두 번째 행에서 해당하는 열의 값을 가져오고, 3이면 세 번째 행에서 값을 가져온다.

④ **Range_lookup** : 정확하게 일치하는 값을 찾으려면 FALSE(0), 근사 값을 찾으려면 TRUE(1)나 생략한다. 근사 값은 Lookup_value보다 작은 값 중에서 최대값을 찾게 되며, Table_array의 첫 행이 반드시 오름차순으로 정렬되어 있어야 한다.

> 사원코드를 사원정보 테이블에서 찾아 성명을 담당자 K3:K12 셀 범위로 가져옵니다. 그리고 수당정보 테이블에서 판매금액에 따른 판매수당을 판매수당 L3:L12 셀 범위에 가져옵니다.

1. 사원정보 테이블의 사원코드는 수평 방향으로 되어 있으므로 HLOOKUP 함수를 사용하며 정확한 값을 찾아온다.

2. K3 셀을 선택하고 **[수식]** 탭–**[함수 라이브러리]** 그룹–**[찾기/참조 영역]**에서 'HLOOKUP' 함수를 클릭한다.

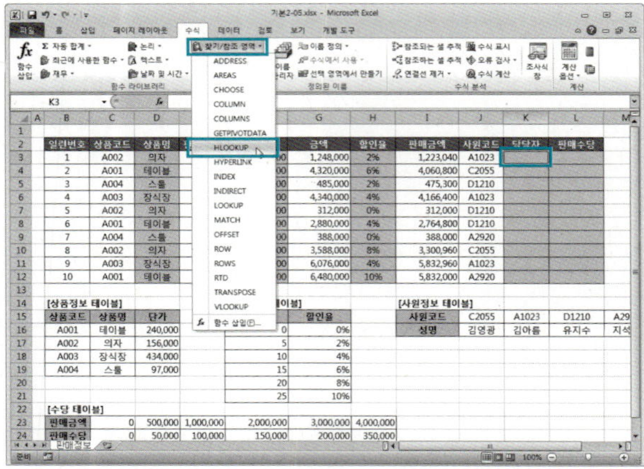

3. **[함수 인수]** 창에서 **[Lookup_value]**는 J3, **[Table_array]**는 $J$15:$M$16, **[Row_index_num]**은 2, **[Range_lookup]**은 FALSE로 설정하고 **[확인]** 단추를 클릭한다.

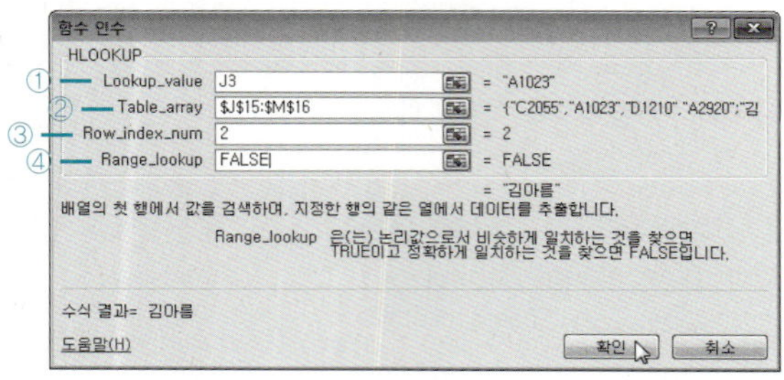

① **Lookup_value** : 찾을 값인 첫 번째 사원코드 J3 셀이 온다.

② **Table_array** : 값을 찾아 가져올 데이터가 있는 [사원정보 테이블] 범위가 온다. 수식을 복사 할 때 참조 범위가 변경되면 안 되므로 절대 참조로 변경한다.

③ **Row_index_num** : [사원정보 테이블]에서 가져올 성명은 2번째 행에 위치하므로 2가 온다.

④ **Range_lookup** : 정확하게 일치하는 값을 검색하가 위해 FALSE가 온다.

4. 다음은 수당정보 테이블에서 판매금액에 따른 판매수당을 가져올 것이다. 이때, 판매금액의 범위에 따라 판매수당이 달라져야 하므로 근사 값을 이용한다.

5. L3 셀을 선택하고 **[수식]** 탭–**[함수 라이브러리]** 그룹–**[찾기/참조 영역]**에서 'HLOOKUP' 함수를 클릭한다.

6. [함수 인수] 창에서 [Lookup_value]는 I3, [Table_array]는 $C$23:$H$24, [Row_index_num]은 2, [Range_lookup]은 TRUE로 설정하고 [확인] 단추를 클릭한다.

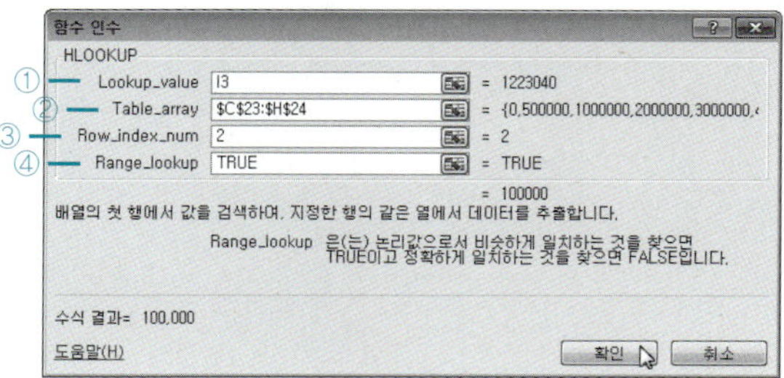

① Lookup_value : 찾을 값인 첫 번째 판매금액 I3 셀이 온다.

② Table_array : 값을 찾아 가져올 데이터가 있는 [수당 테이블] 범위가 온다. 수식을 복사할 때 참조 범위가 변경되면 안 되므로 절대 참조로 변경한다.

③ Row_index_num : [수당 테이블]에서 가져올 판매수당은 2번째 행에 위치하므로 2가 온다.

④ Range_lookup : 근사 값을 검색하기 위해 TRUE가 온다. 즉, 1,223,040은 [수당 테이블]의 첫 번째 행에서 검색할 때 정확한 값이 없으므로 바로 작은 값인 1,000,000으로 처리되어 100,000을 반환한다.

7. 담당자(K3)의 수식(=HLOOKUP(J3,$J$15:$M$16,2,FALSE))과 판매수당(L3)의 수식(=HLOOKUP(I3,$C$23:$H$24,2,TRUE))을 자동 채우기를 실행하여 복사한다.

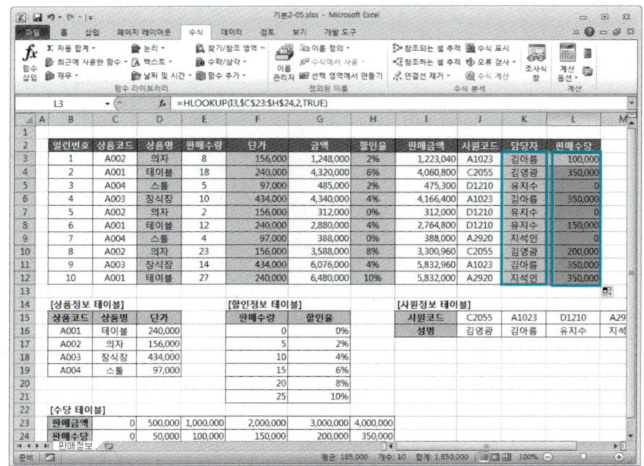

| 확인학습 |

준비파일 : 확인2-05.xlsx   완성파일 : 확인2-05(완성).xlsx

확인2-05.xlsx를 열어 다음의 작업을 완성하시오.

(1) J6, H8:L8 셀 범위에 OPS5089 상품코드의 대분류 상품명, 원가, 판매가를 찾으시오.

(2) F5 셀에 원가에 해당하는 판매비율을 [참조표]를 참조하여 가져와 원가와 곱하시오.
   그리고 F5 셀의 수식을 F6:F62 셀 범위에 복사하시오.

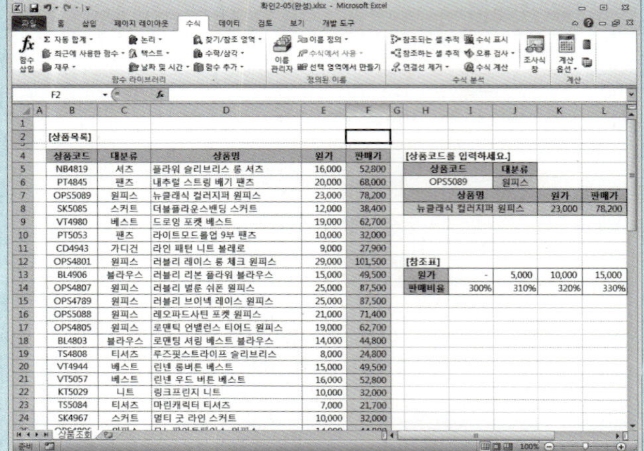

1. 상품코드는 상품목록 테이블에서 수직 방향의 1열에서 찾으므로 VLOOKUP 함수를, 정확한 값을 찾아야 하므로 FALSE 인수를 이용하세요.

2. 원가는 참조표에서 수평 방향의 1행에서 찾으므로 HLOOKUP 함수를, 근사 값을 찾아야 하므로 TRUE 인수를 이용하세요.

2-6
논리 함수

중요 용어 | IF, AND, OR, IFERROR 함수
출제 포인트 | 논리 조건에 따라 참값이나 거짓값을 반환하는 함수를 작성하는 방법을 묻는 문제

논리 함수는 TRUE와 FALSE 논리 값을 이용하여 원하는 값을 반환해 준다. 대표적인 논리 함수에는 IF 함수가 있으며, IF 함수는 AND와 OR 함수와 중첩하여 자주 사용된다. IFERROR 함수는 오류가 발생했을 때 반환할 값을 지정해 오류 표시 문제를 해결할 수 있다.

 01 IF 함수

논리식에 대한 조건을 검사하여 참 값일 때와 거짓 값일 때 각각 다른 값을 반환한다.

$$=IF(\underset{①}{Logical\_test},\ \underset{②}{Value\_if\_true},\ \underset{③}{Value\_if\_false})$$

① **Logical_test** : 조건을 검색하기 위한 논리식으로 TRUE나 FALSE가 될 수 있는 임의의 값 또는 조건식으로 〉, 〈, 〉=, 〈=, =, 〈〉와 같은 비교 연산자와 더불어 사용된다.

② **Value_if_true** : Logical_test가 TRUE일 때 반환되는 값으로 숫자, 텍스트, 수식 및 다른 함수가 온다. 텍스트를 반환할 때는 반드시 따옴표("")로 묶어 준다.

③ **Value_if_false** : Logical_test가 FALSE일 때 반환되는 값으로 숫자, 텍스트, 수식 및 다른 함수가 온다.

성별코드가 M이면 남자, 아니면 여자를 성별 G3:G19 셀 범위에 계산합니다.

1. 성별 G3 셀을 선택한 후 **[수식]** 탭–**[함수 라이브러리]** 그룹–**[논리]** 명령에서 'IF'를 클릭한다.

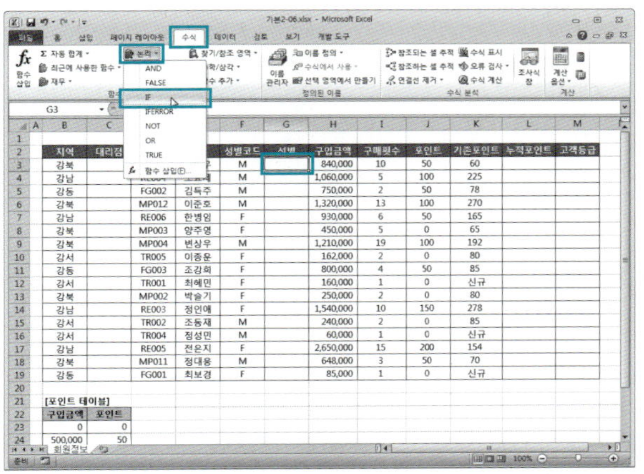

2. [함수 인수] 창에서 [Logical_test]는 F3="M"을, [Value_if_true]는 "남자"를, [Value_if_false]는 "여자"를 입력하고 [확인] 단추를 클릭한다.

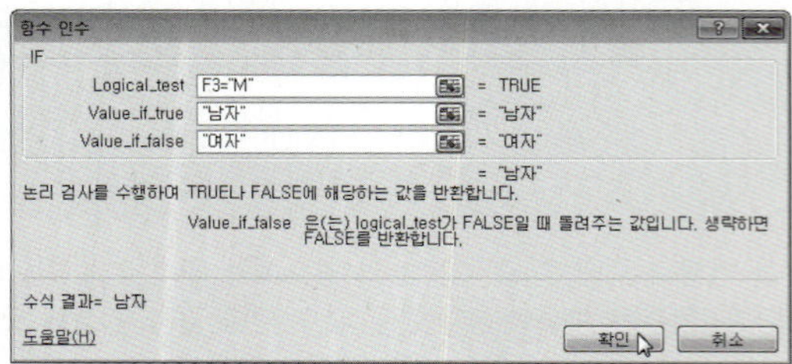

3. 성별 G3 셀의 채우기 핸들을 더블 클릭하여 수식(=IF(F3="M","남자","여자"))을 복사한다.

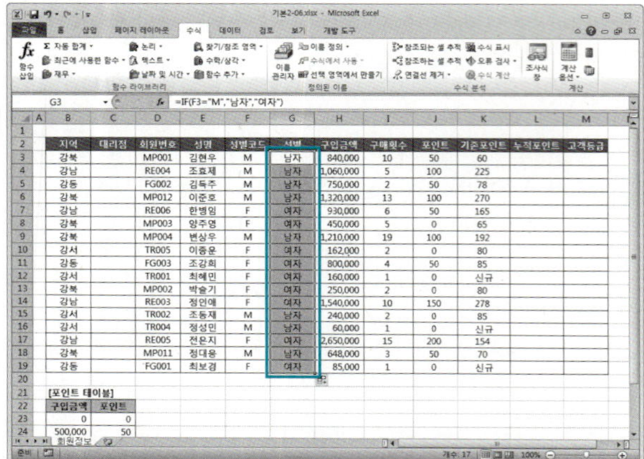

02 AND 함수

인수가 모두 TRUE면 TRUE 값을 반환하고, 인수들 중 하나라도 FALSE이면 FALSE 값을 반환한다. 일반적으로 IF 함수와 중첩하여 사용된다.

$$=AND(Logical1, Logical2,...)$$
L①

① **Logical** : TRUE 또는 FALSE로 계산될 수 있는 논리식으로 최대 255개까지 사용할 수 있다.

> 구입금액이 100만원 이상이고 구매횟수가 10회를 초과하면 골드를 아니면 일반을 반환하는 수식을 고객등급 M3:M19 셀 범위에 계산합니다.

1. 고객등급 M3 셀을 선택한다.

2. [수식] 탭–[함수 라이브러리] 그룹–[논리] 명령에서 'IF'를 클릭한다.

3. IF 함수의 **[함수 인수]** 창이 나타나면 이름 상자의 목록 단추를 눌러 '함수 추가'
를 클릭한다.

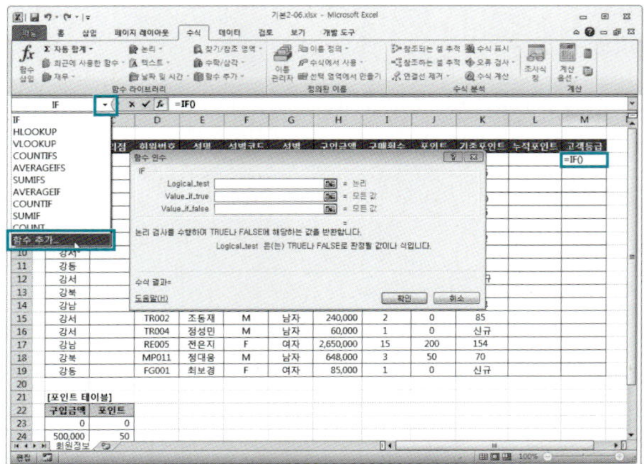

4. **[함수 마법사]** 대화 상자에서 **[범주 선택]**을 '논리'로 선택한 후 **[함수 선택]**에
서 'AND'를 선택하고 **[확인]** 단추를 클릭한다.

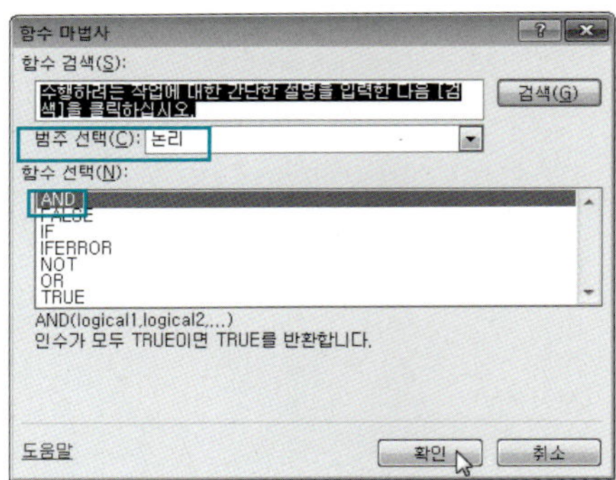

5. AND 함수의 **[함수 인수]** 창이 나타나면 **[Logical1]**은 H3>=1000000을,
[Logical2]는 I3>10을 입력한다.

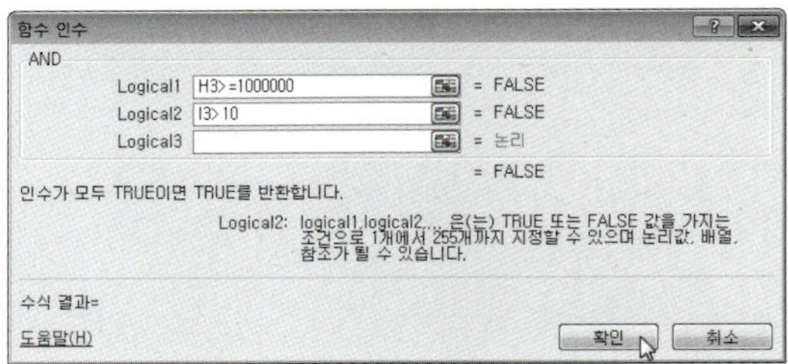

6. 계속해서 IF 함수를 작성하기 위해 수식 입력줄에서 IF 함수 이름을 클릭한다.

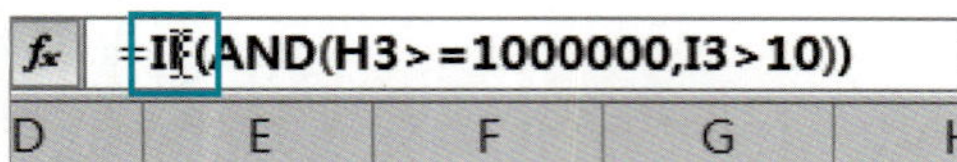

7. 다시 IF 함수의 **[함수 인수]** 창으로 전환되면 **[Value_if_true]**는 "골드"를,
[Value_if_false]는 "일반"을 입력하고 **[확인]** 단추를 클릭한다.

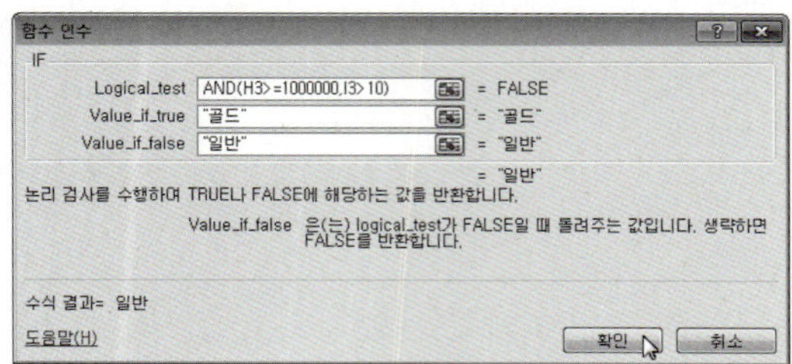

8. 고객등급 M3 셀의 채우기 핸들을 더블 클릭하여 수식
(=IF(AND(H3>=1000000,I3>10),"골드","일반"))을 복사한다.

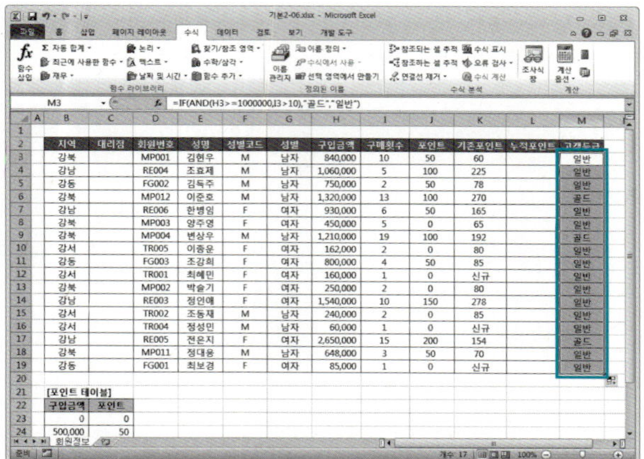

03 OR 함수

인수 중에서 하나라도 TRUE면 TRUE 값을 반환하고, 모든 인수가 FALSE이면 FALSE 값을 반환한다. 역시 IF 함수와 중첩하여 사용된다.

$$=OR(Logical1,\ Logical2,...)$$

① **Logical** : TRUE 또는 FALSE로 계산될 수 있는 논리식으로 최대 255개까지 사용할 수 있다.

> 지역이 강북이거나 강동이면 북동대리점, 아니면 남서대리점이 반환되도록 대리점 C3:C19 셀 범위에 계산합니다.

1. C3 셀을 선택한다.

2. [**수식**] 탭–[**함수 라이브러리**] 그룹–[**논리**] 명령에서 'IF'를 클릭한다.

3. IF 함수의 [**함수 인수**] 창이 나타나면 이름 상자의 목록 단추를 눌러 '함수 추가'를 클릭한다.

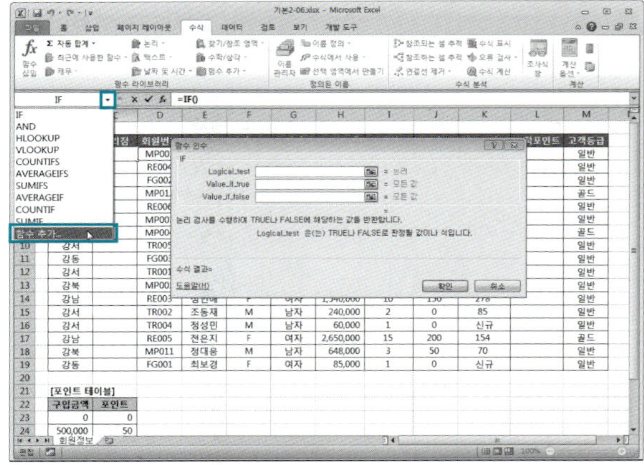

4. [**함수 마법사**] 대화 상자에서 [**범주 선택**]을 '논리'로 선택한 후 [**함수 선택**]에서 'OR'를 선택하고 [**확인**] 단추를 클릭한다.

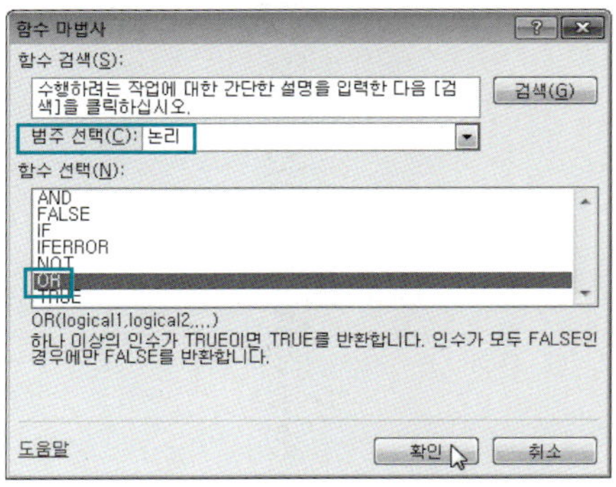

5. OR 함수의 **[함수 인수]** 창이 나타나면 **[Logical1]**은 B3="강북", **[Logical2]**는 B3="강동"을 입력한다.

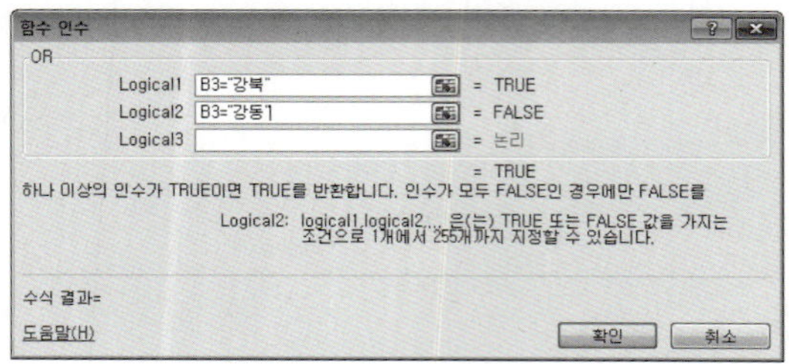

6. 계속해서 IF 함수를 작성하기 위해 수식 입력줄에서 IF 함수을 클릭한다.

7. 다시 IF 함수의 **[함수 인수]** 창으로 전환되면 **[Value_if_true]**는 "북동대리점"을, **[Value_if_false]**는 "남서대리점"을 입력하고 **[확인]** 단추를 클릭한다.

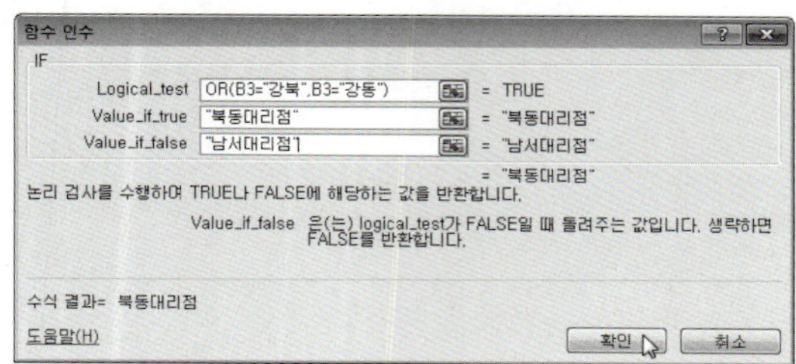

8. 대리점 C3 셀의 채우기 핸들을 더블 클릭하여 수식(=IF(OR(B3="강북",B3="강동"),"북동대리점","남서대리점"))을 복사한다.

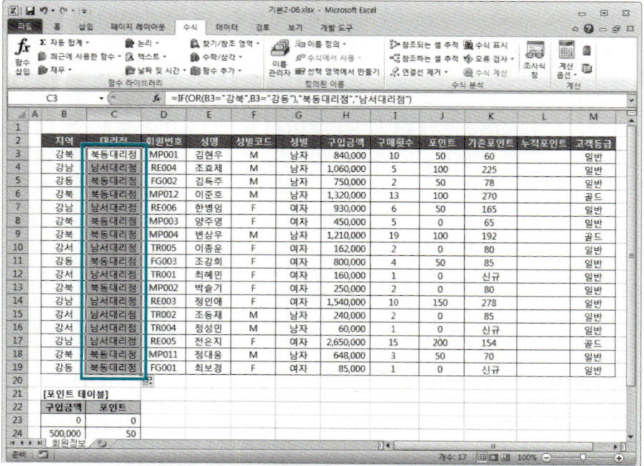

04 IFERROR 함수

수식 자체나 수식 결과에 오류가 있는지 확인하여 오류인 경우에 사용자가 지정한 값을 반환하고, 오류가 없는 경우에는 수식 결과를 반환한다. 누적포인트는 포인트와 기존포인트를 더할 것이다. 그러나 기존포인트가 '신규'인 경우면 숫자와 문자 연산으로 #VALUE!라는 오류가 반환된다. 이러한 오류를 IFERROR 함수로 제어할 수 있다.

$$=IFERROR(\underset{①}{Value}, \underset{②}{Value\_if\_error})$$

① **Value** : 오류가 있는지 검사할 값, 식, 참조로 오류가 없을 때 이 인수가 반환된다.
② **Value_if_error** : 오류가 발생했을 때 반환될 값이다.

> 오류가 발생하면 포인트를 반환하고, 오류가 없으면 포인트와 기존 포인트를 더하는 식을 누적 포인트 L3:L19 셀 범위에 구합니다.

1. 누적포인트 L3 셀을 선택한 후 **[수식]** 탭–**[함수 라이브러리]** 그룹–**[논리]** 명령에서 'IFERROR'를 클릭한다.

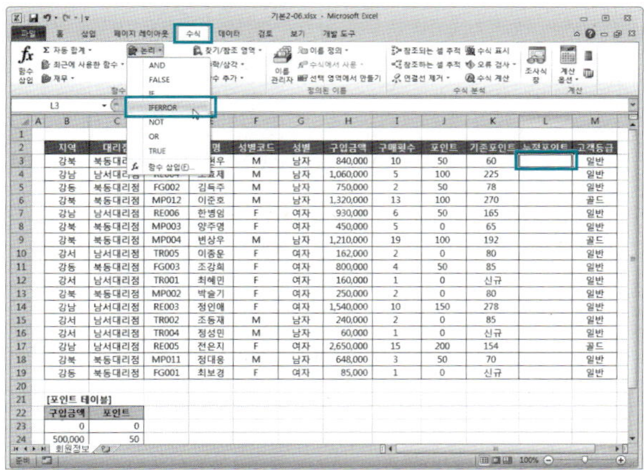

2. **[함수 인수]** 창이 나타나면 [Value]는 J3+K3을, [Value_if_error]는 J3을 입력하고 **[확인]** 단추를 클릭한다.

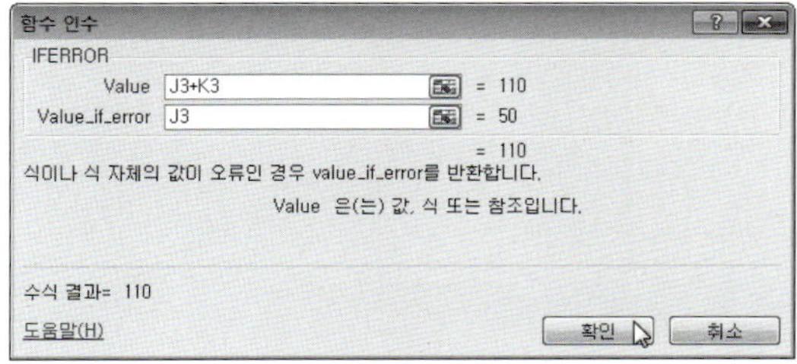

3. 누적포인트 L3 셀의 채우기 핸들을 더블 클릭하여 수식(=IFERROR(J3+K3,J3))
을 복사한다.

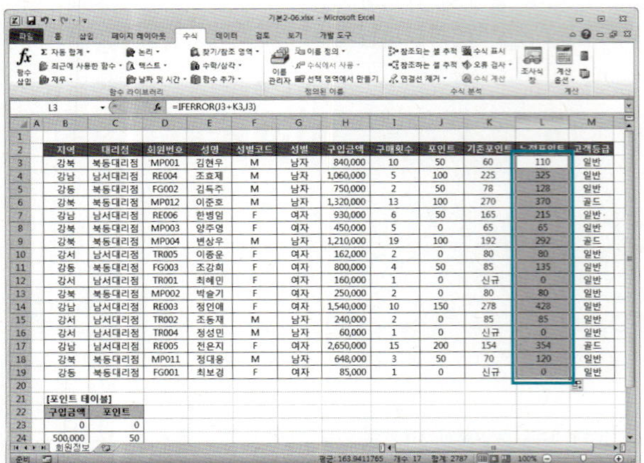

지역	대리점	회원번호	성명	성별코드	성별	구입금액	구매횟수	포인트	기존포인트	누적포인트	고객등급
강북	북동대리점	MP001	김현우	M	남자	840,000	10	50	60	110	일반
강남	남서대리점	RE004	조효제	M	남자	1,060,000	5	100	225	325	일반
강동	북동대리점	FG002	김득주	M	남자	750,000	2	50	78	128	일반
강북	북동대리점	MP012	이준호	M	남자	1,320,000	13	100	270	370	골드
강남	남서대리점	RE006	한병임	F	여자	930,000	6	50	165	215	일반
강북	북동대리점	MP003	양주영	F	여자	450,000	5	0	65	65	일반
강북	북동대리점	MP004	변상우	M	남자	1,210,000	19	100	192	292	골드
강서	남서대리점	TR005	이종운	F	여자	162,000	2	0	80	80	일반
강동	북동대리점	FG003	조강희	F	여자	800,000	4	50	85	135	일반
강서	남서대리점	TR001	최혜민	F	여자	160,000	1	0	신규	0	일반
강북	북동대리점	MP002	박슬기	F	여자	250,000	2	0	80	80	일반
강남	남서대리점	RE003	정인애	F	여자	1,540,000	10	150	278	428	일반
강서	남서대리점	TR002	조동재	M	남자	240,000	2	0	85	85	일반
강서	남서대리점	TR004	정성민	M	남자	60,000	1	0	신규	0	일반
강남	남서대리점	RE005	전은지	F	여자	2,650,000	15	200	154	354	골드
강북	북동대리점	MP011	정대웅	M	남자	648,000	3	50	70	120	일반
강동	북동대리점	FG001	최보경	F	여자	85,000	1	0	신규	0	일반

[포인트 테이블]

구입금액	포인트
0	0
500,000	50

| 확인학습 |

준비파일 : 확인2-06.xlsx   완성파일 : 확인2-06(완성).xlsx

확인2-06.xlsx를 열어 다음의 작업을 완성하시오.

(1) 반편성 열(E4:E18)에 성별이 남자면 A반을, 여자이면 B반을 반환하도록 수식을 작성하시오.

(2) 평균점수 열(I4:I18)에 필기점수와 실기점수의 평균을 구하되, 오류가 있는 경우에는 0값이 반환되도록 수식을 작성하시오. 그리고 나타나는 오류를 무시하시오.

(3) 평가 열(K4:K18)에 출석시간이 30시간의 80% 이상이고 평균점수가 80점을 초과이면, 통과를 그렇지 않으면 재연수를 반환되도록 수식을 작성하시오.

(4) 상품 열(L4:L18)에 순위가 1등~3등 까지거나 평가가 통과인 경우에만 상품권지급을 반환하고, 그렇지 않으면 공백을 반환하도록 수식을 작성하시오.

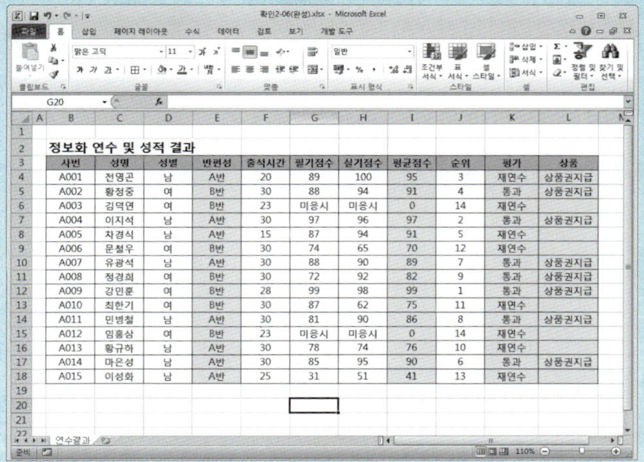

Hint

1. 반편성은 논리 조건이 하나이므로 IF 함수를 이용하세요.

2. 필기점수와 실기점수의 평균점수(AVERAGE)는 '미응시' 문자 값인 경우에 나타날 수 있는 오류를 0값으로 반환해야 하므로 IFERROR 함수를 이용하세요.

3. 평가는 논리 조건 두 개(출석시간>=30*80%, 평균점수>80)를 모두 만족할 경우에만 참 값을 반환하므로 IF 함수와 AND 함수를 중첩하여 구하세요.

4. 상품은 논리 조건 두 개(순위<=3, 평가="통과") 중에 하나라도 만족할 경우에만 참 값을 반환하므로 IF 함수와 OR 함수를 중첩하여 구하세요.

2-7

텍스트 함수

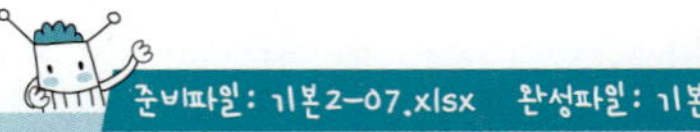

중요 용어	LEFT, MID, RIGHT 함수
출제 포인트	텍스트 함수로 셀에 입력되어 있는 데이터의 일부를 추출하는 방법을 묻는 문제

텍스트를 가공할 수 있는 함수가 바로 텍스트 함수이다. 대표적인 텍스트 함수에는 LEFT, RIGHT, MID 함수가 있으며 텍스트 함수를 이용하여 추출한 데이터는 모두 문자 데이터로 반환된다.

01 LEFT, RIGHT 함수

LEFT 함수는 텍스트에서 왼쪽부터 시작하여 지정한 개수의 문자를 추출하며 RIGHT 함수는 텍스트에서 오른쪽부터 시작하여 지정한 개수의 문자를 추출하는 함수이다.

$$=LEFT(Text,\ Num\_chars)$$
$$=RIGHT(Text,\ Num\_chars)$$

① Text : 문자열을 추출할 텍스트가 온다.

② Num_chars : 텍스트에서 가져올 문자의 개수가 온다.

> 성명에서 왼쪽 2문자를 추출하고 뒤에 ' * '를 이어 표시하는 식을 성명(출력용) G3:G19 셀 범위에 구합니다. 그리고 접수코드에서 오른쪽 1문자를 추출하는 식을 지역코드 C3:C19 셀 범위에 구합니다.

1. 성명에서 왼쪽의 2문자를 추출하기 위해 G3 셀을 선택한다.

2. [수식] 탭-[함수 라이브러리] 그룹-[텍스트] 명령을 클릭하여 'LEFT'를 선택한다.

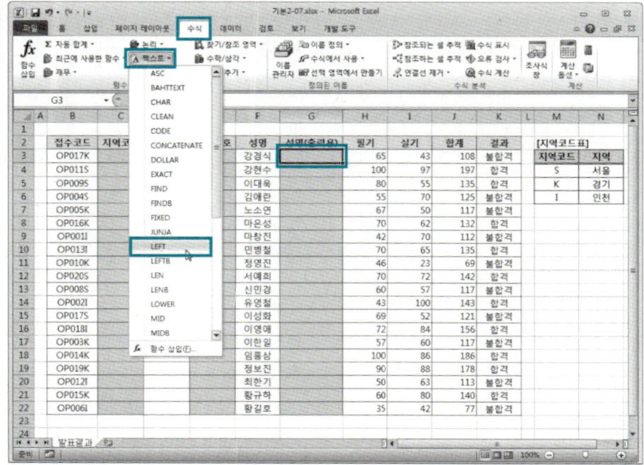

3. [함수 인수] 창에서 [Text]는 F3, [Num_chars]는 2를 입력하고 [확인] 단추를 클릭한다.

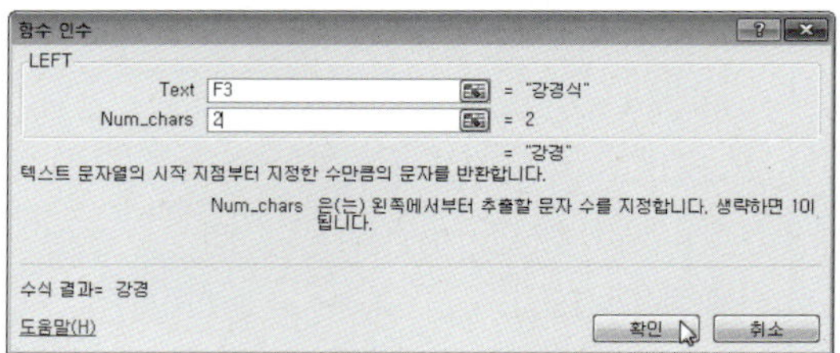

4. 성명에서 왼쪽의 2문자가 추출되면 수식 입력줄을 클릭하고 &"*"를 입력한 후 〈Enter〉 키를 누른다.

5. G3 셀의 채우기 핸들을 더블 클릭하여 수식(=LEFT(F3,2)&"*")을 복사한다.

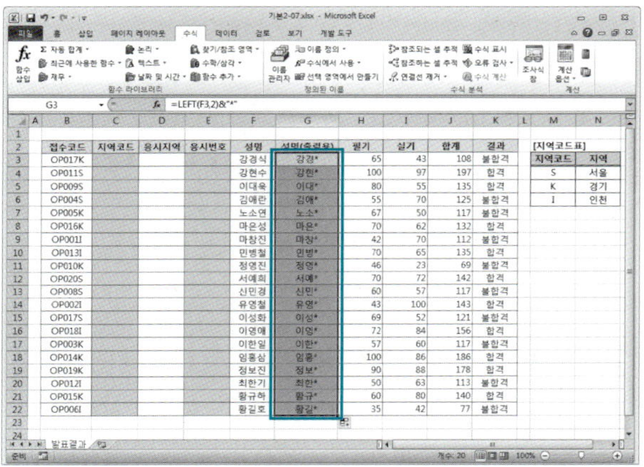

6. 지역코드에서 오른쪽 1문자를 추출하기 위해 C3 셀을 선택한다.

7. [수식] 탭–[함수 라이브러리] 그룹–[텍스트] 명령을 클릭하여 'RIGHT'를 선택한다.

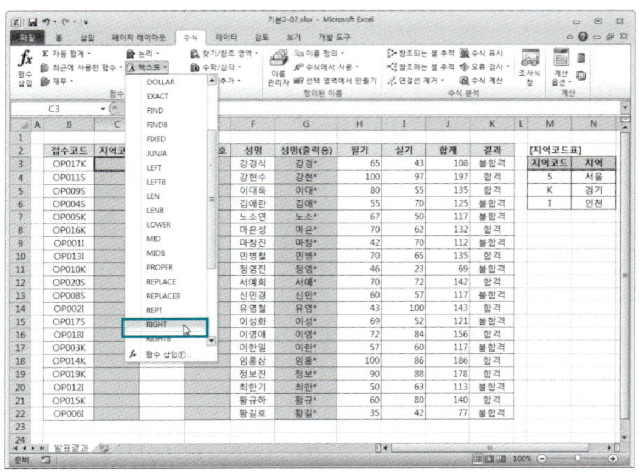

8. [함수 인수] 창에서 [Text]는 B3, [Num_chars]는 1을 입력하고 [확인] 단추를 클릭한다.

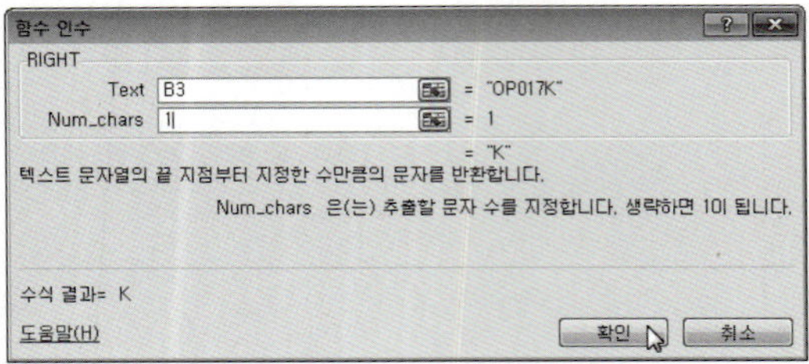

9. C3 셀의 채우기 핸들을 더블 클릭하여 수식(=RIGHT(B3,1))을 복사한다.

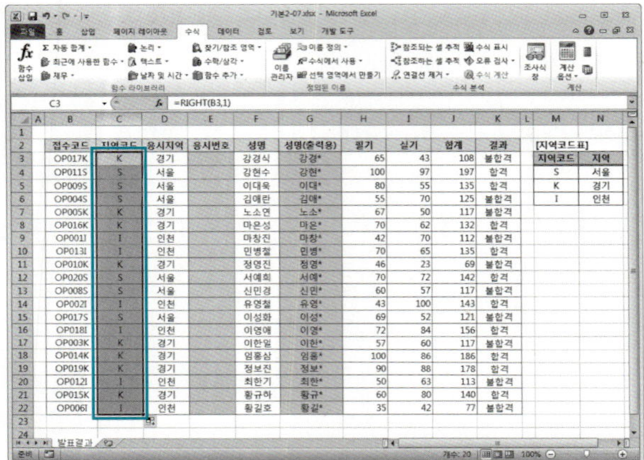

 **MID 함수**

MID 함수는 텍스트 중간에서 시작하여 지정한 개수의 문자를 추출한다.

$$=MID(Text, Start\_num, Num\_chars)$$

① **Text** : 문자열을 추출할 텍스트가 온다.

② **Start_num** : 텍스트에서 가져올 첫째 문자의 위치가 온다.

③ **Num_chars** : 텍스트에서 가져올 문자의 개수가 온다.

> 접수코드에서 2번째 문자 위치부터 시작해 4문자를 추출하는 식을 응시번호 E3:E19 셀 범위에 구합니다.

1. 응시번호 E3 셀을 선택한다.

2. [**수식**] 탭–[**함수 라이브러리**] 그룹–[**텍스트**] 명령을 클릭하여 'MID'를 선택한다.

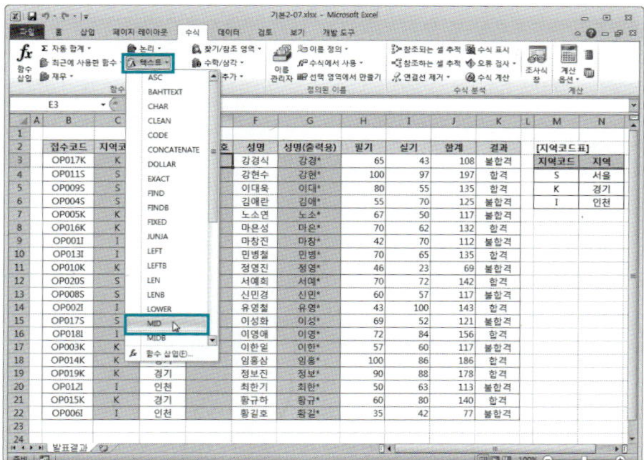

3. [**함수 인수**] 창에서 [**Text**]는 B3, [**Start_num**]는 2, [**Num_chars**]는 4를 입력하고 [**확인**] 단추를 클릭한다.

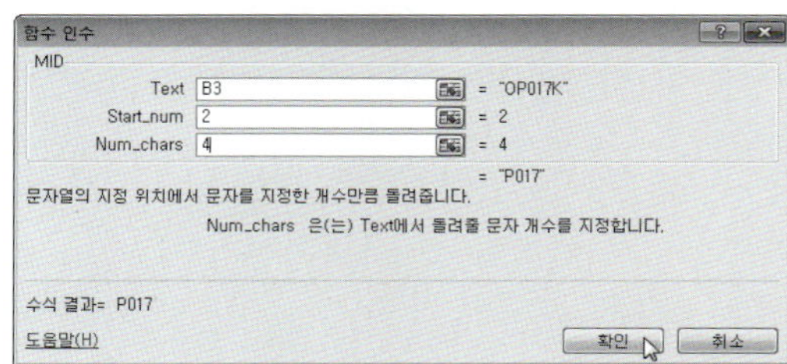

4. E3 셀의 채우기 핸들을 더블 클릭하여 수식(=MID(B3,2,4))을 복사한다.

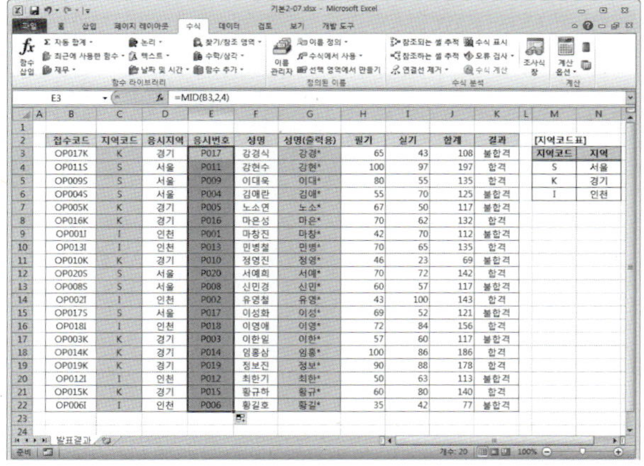

| 확인학습 |

준비파일 : 확인2-07.xlsx   완성파일 : 확인2-07(완성).xlsx

확인2-07.xlsx를 열어 다음의 작업을 완성하시오.

(1) 품번 A2:A16 셀 범위의 텍스트에서 왼쪽의 2문자를 색상 B2:B16 셀 범위에 추출하시오.

(2) 품번 A2:A16 셀 범위의 텍스트에서 가운데 3번째 위치부터 시작해서 4문자를 품목코드 C2:C16 셀 범위에 추출하시오.

(3) 품목 E2:E16 셀 범위의 텍스트에서 오른쪽의 2문자를 대분류 D2:D16 셀 범위에 추출하시오.

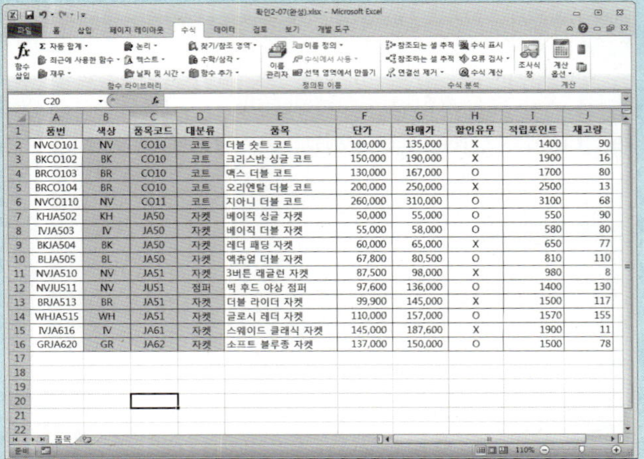

품번	색상	품목코드	대분류	품목	단가	판매가	할인유무	적립포인트	재고량
NVCO101	NV	CO10	코트	더블 숏트 코트	100,000	135,000	X	1400	90
BKCO102	BK	CO10	코트	크리스반 싱글 코트	150,000	190,000	X	1900	16
BRCO103	BR	CO10	코트	맥스 더블 코트	130,000	167,000	O	1700	80
BRCO104	BR	CO10	코트	오리엔탈 더블 코트	200,000	250,000	X	2500	13
NVCO110	NV	CO11	코트	지아니 더블 코트	260,000	310,000	O	3100	68
KHJA502	KH	JA50	자켓	베이직 싱글 자켓	50,000	55,000	O	550	90
IVJA503	IV	JA50	자켓	베이직 더블 자켓	55,000	58,000	O	580	80
BKJA504	BK	JA50	자켓	레더 패딩 자켓	60,000	65,000	X	650	77
BLJA505	BL	JA50	자켓	액츄얼 더블 자켓	67,800	80,500	O	810	110
NVJA510	NV	JA51	자켓	3버튼 래글런 자켓	87,500	98,000	X	980	8
NVJU511	NV	JU51	점퍼	빅 후드 야상 점퍼	97,600	136,000	O	1400	130
BRJA513	BR	JA51	자켓	더블 라이더 자켓	99,900	145,000	X	1500	117
WHJA515	WH	JA51	자켓	글로시 레더 자켓	110,000	157,000	O	1570	155
IVJA616	IV	JA61	자켓	스웨이드 클래식 자켓	145,000	187,600	X	1900	11
GRJA620	GR	JA62	자켓	소프트 블루종 자켓	137,000	150,000	O	1500	78

Hint

1. 왼쪽에서 문자를 추출하려면 LEFT 함수를 이용하세요.

2. 오른쪽에서 문자를 추출하려면 RIGHT 함수를 이용하세요.

3. 중간의 문자를 추출하려면 MID 함수를 이용하세요.

2-8
날짜 및 시간 함수

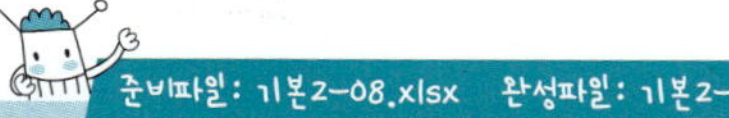

중요 용어 | YEAR, MONTH, DAY, DATE, HOUR, MINUTE, SECOND, TIME, TODAY, NOW 함수
출제 포인트 | 날짜 및 시간 관련 함수를 사용하는 방법을 묻는 문제

날짜 데이터를 기초로 다양한 데이터 가공이 가능하다. 날짜 데이터에서 필요한 연, 월, 일을 분리하고 시간 데이터에서도 시, 분, 초를 분리해서 응용할 수 있다. 또한 숫자 값들을 하나로 연결하여 날짜 데이터나 시간 데이터로 표현할 수 있다.

 YEAR, MONTH, DAY 함수

YEAR 함수는 날짜 데이터에서 연도를, MONTH 함수는 월을, DAY 함수는 일을 반환한다. 날짜는 계산에 사용할 수 있도록 순차적인 일련 번호로 저장된다. 기본적으로 1900년 1월 1일이 일련 번호 1이고, 2008년 1월 1일은 1900년 1월 1일에서 39,448일째 날이므로 일련 번호 39448이 된다.

$$=YEAR(Serial\_number)$$
$$└①$$
$$=MONTH(Serial\_number)$$
$$└①$$
$$=DAY(Serial\_number)$$
$$└①$$

① Serial_number : 연도, 월, 일을 구할 날짜 데이터나 날짜 데이터가 입력되어 있는 셀 참조가 온다.

> 선적일에서 날짜만 추출해 년도는 G4:G28 셀 범위에, 월은 H4:H28 셀 범위에, 일은 I4:I28 셀 범위에 구합니다.

1. 선적일에서 연도만 추출하기 위해 G4 셀을 선택하고 =YEAR(F4)를 입력한 후 〈Tab〉 키를 누른다.

2. 선적일에서 월만 추출하기 위해 H4 셀을 선택하고 =MONTH(F4)를 입력한 후 〈Tab〉 키를 누른다.

3. 선적일에서 일만 추출하기 위해 I4 셀을 선택하고 =DAY(F4)를 입력한 후 〈Enter〉 키를 누른다.

Excel Expert

4. 수식이 완성되면 G4:I4 셀 범위를 선택하고 채우기 핸들을 더블 클릭하여 수식을 복사한다.

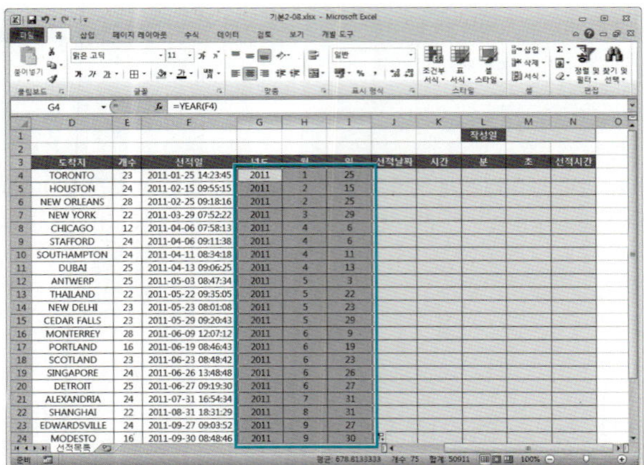

 DATE 함수

일련 번호를 조합하여 특정 날짜 데이터로 반환한다. 함수를 입력하기 전의 셀에 일반 서식이 지정되어 있더라도 결과 값은 날짜 서식으로 지정된다.

$$=DATE(\underset{①}{Year},\ \underset{②}{Month},\ \underset{③}{Day})$$

① **Year** : 4자리의 연도를 의미하는 숫자 값이 온다.

② **Month** : 1월부터 12월 사이의 월을 나타내는 숫자 값이 온다. 12보다 크면 그 값을 지정된 연도의 첫째 달에 더하여 계산하고, 1보다 작으면 그 값과 1을 더한 값을 이전 년도의 마지막 달에서 빼 계산한다.

③ **Day** : 1일에서 31일 사이의 일을 나타내는 숫자 값이 온다. 지정된 달의 날수보다 크면 그 값을 지정된 달의 첫째 날짜에 더하여 계산하고, 1보다 작으면 그 값과 1을 더한 값을 이전 달의 마지막 날에서 빼 계산한다.

년도, 월, 일 데이터를 이용하여 선적날짜를 J4:J28 셀 범위에 구합니다.

1. 숫자 값을 사용하여 날짜 데이터로 만들기 위해 J4 셀을 선택한다.

2. [수식] 탭–[함수 라이브러리] 그룹–[날짜 및 시간] 명령에서 'DATE'를 클릭한다.

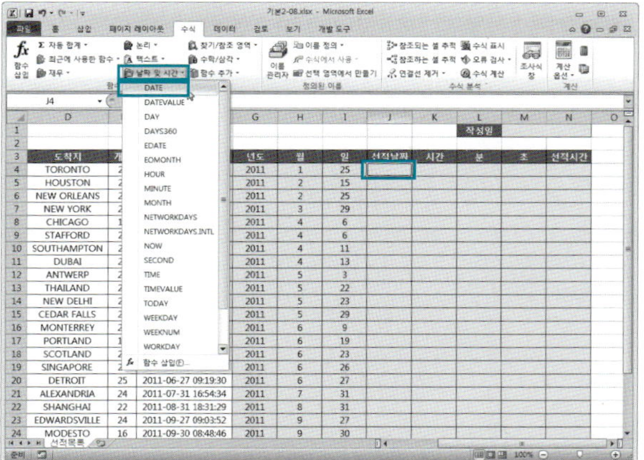

3. [함수 인수] 창에서 [Year]는 G4, [Month]는 H4, [Day]는 I4를 설정하고 [확인] 단추를 클릭한다.

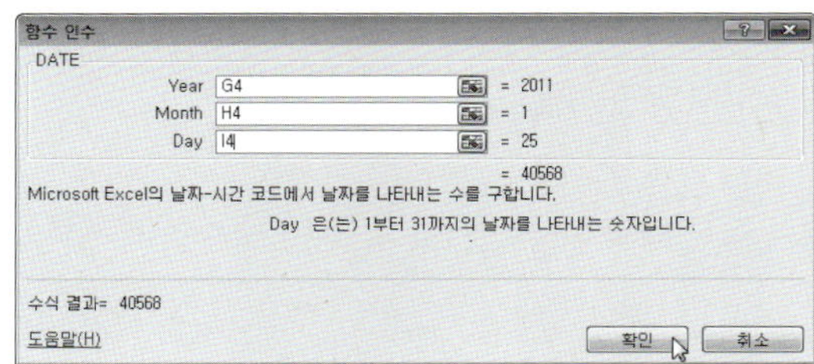

4. 숫자가 날짜 데이터로 반환된다. 자동으로 날짜 표시 형식으로 변경되며 다른 날짜 표시 형식으로 변경할 수 있다. J4 셀의 채우기 핸들을 더블 클릭하여 수식을 복사한다.

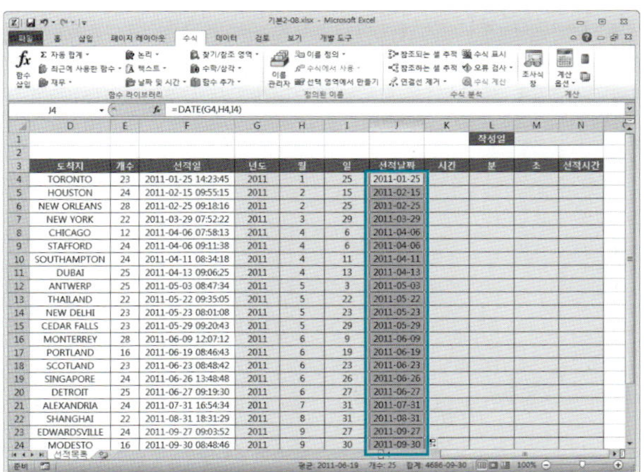

 **HOUR, MINUTE, SECOND 함수**

HOUR 함수는 시간 데이터에서 시간을, MINUTE 함수는 분을, SECOND 함수는 초를 반환한다. 시간 값은 날짜 값의 일부이며 실수로 표시된다. 예를 들어, 오후 12:00은 하루의 반이므로 0.5로 표시된다.

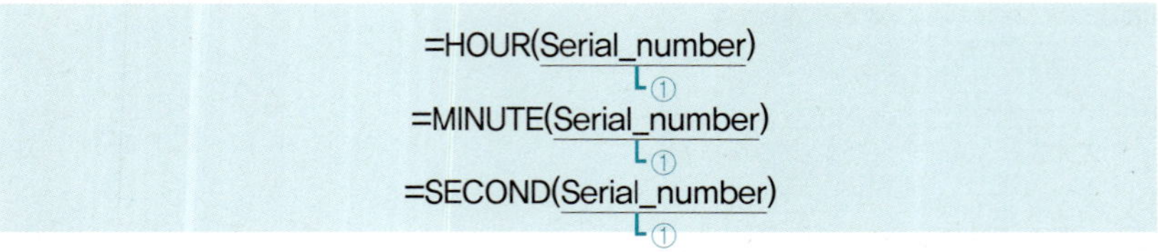

=HOUR(Serial_number)
=MINUTE(Serial_number)
=SECOND(Serial_number)

① Serial_number : 시간, 분, 초를 구할 시간 데이터나 시간 데이터가 입력되어 있는 셀 참조가 온다.

> 선적일에서 시간만 추출해 시간은 K4:K28 셀 범위에, 분은 L4:L28 셀 범위에, 초는 M4:M28 셀 범위에 구합니다.

1. 선적일에서 시간만 추출하기 위해 K4 셀을 선택하고 =HOUR(F4)를 입력한 후 〈Tab〉 키를 누른다.

2. 선적일에서 분만 추출하기 위해 L4 셀을 선택하고 =MINUTE(F4)를 입력한 후 〈Tab〉 키를 누른다.

3. 선적일에서 초만 추출하기 위해 M4 셀을 선택하고 =SECOND(F4)를 입력한 후 〈Enter〉 키를 누른다.

2. 수식이 완성되면 K4:M4 셀 범위를 선택하고 채우기 핸들을 더블 클릭하여 수식을 복사한다.

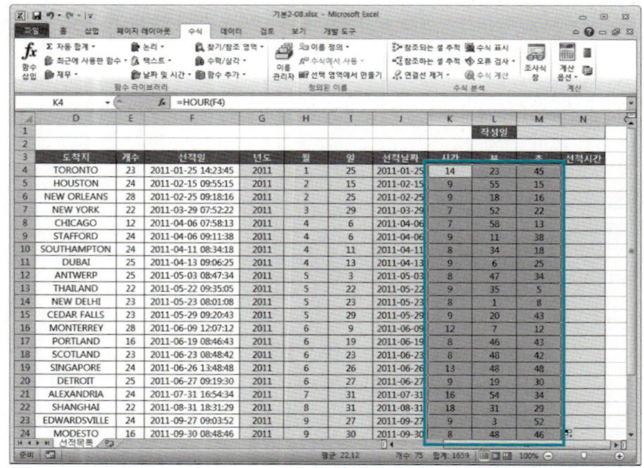

04 TIME 함수

일련 번호를 조합하여 특정 시간 데이터로 반환한다. 함수를 입력하기 전의 셀에 일반 서식이 지정되어 있더라도 결과 값은 시간 서식으로 지정된다. TIME 함수에서 반환하는 소수는 0에서 0.99999999 사이의 값이며 0:00:00(오전 12:00:00)에서 23:59:59(오후 11:59:59) 사이의 시간을 나타낸다.

$$=TIME(Hour, Minute, Second)$$
① ② ③

① **Hour** : 시간을 나타내는 0에서 32767 사이의 숫자 데이터가 온다. 23보다 큰 값은 24로 나눈 나머지가 시간 값으로 처리된다.

② **Minute** : 분을 나타내는 0에서 32767 사이의 숫자 데이터가 온다. 59보다 큰 값은 시간과 분으로 변환된다.

③ **Second** : 초를 나타내는 0에서 32767 사이의 숫자 데이터가 온다. 59보다 큰 값은 시간, 분, 초로 변환된다.

> 시간, 분, 초 데이터를 사용하여 선적시간을 N4:N8 셀 범위에 구합니다.

1. 숫자 값을 사용하여 날짜 데이터로 만들기 위해 N4 셀을 선택한다.

2. [**수식**] 탭–[**함수 라이브러리**] 그룹–[**날짜 및 시간**] 명령에서 'TIME'을 클릭한다.

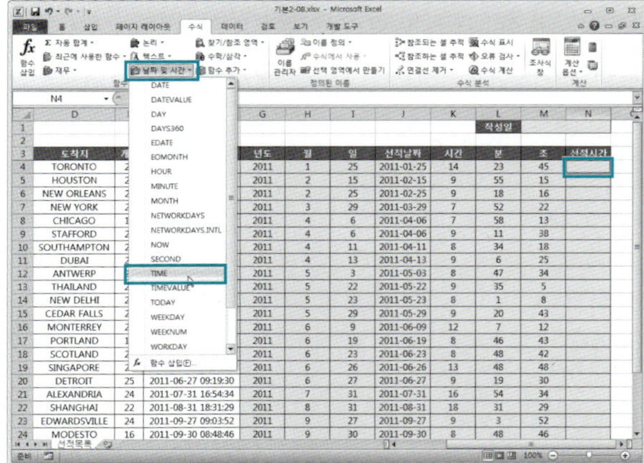

3. [**함수 인수**] 창에서 [Hour]는 K4, [Minute]은 L4, [Second]는 M4를 설정하고 [**확인**] 단추를 클릭한다.

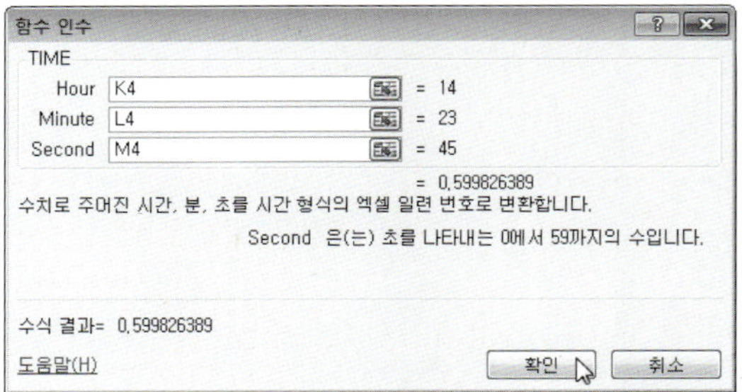

4. 숫자가 시간 데이터로 반환된다. 자동으로 시간 표시 형식으로 변경되며, 다른 시간 표시 형식으로 변경할 수 있다. N4 셀의 채우기 핸들을 더블 클릭하여 수식을 복사한다.

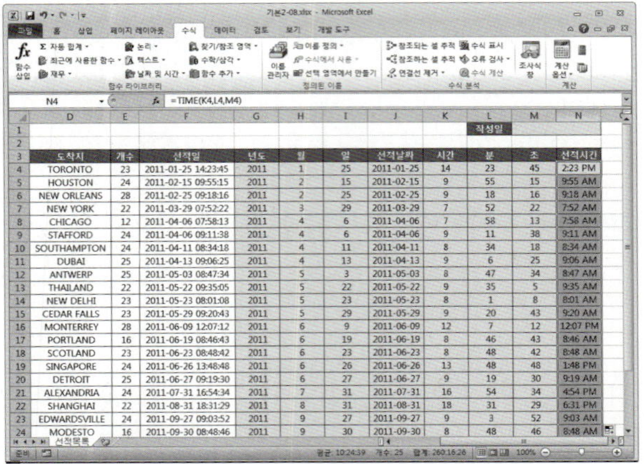

05 TODAY, NOW 함수

〈Ctrl+;〉 키를 누르면 오늘 날짜가 바로 입력된다. 매일 자동으로 업데이트되는 오늘 날짜를 입력하려면 =TODAY() 함수를 사용한다. 〈Ctrl+Shift+;〉 키를 누르면 오늘 날짜와 더불어 현재 시간이 동시에 입력된다. 업데이트되는 날짜와 시간 데이터를 입력하려면 =NOW() 함수를 사용한다. 두 함수 모두 인수가 없다.

> =TODAY()
>
> =NOW()

M1 셀에 현재 시스템의 날짜를 입력합니다.

1. M1 셀을 선택하고 =TODAY()를 입력한 후 〈Enter〉 키를 누른다.

2. 오늘 날짜가 입력된다.

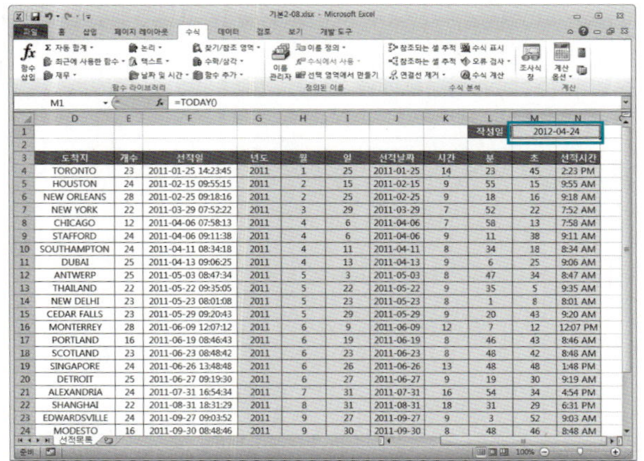

| 확인학습 |

준비파일 : 확인2-08.xlsx   완성파일 : 확인2-08(완성).xlsx

확인2-08.xlsx를 열어 다음의 작업을 완성하시오.

(1) 업데이트되는 날짜 및 시간이 표시되도록 C2 셀에 식을 작성하시오.

(2) 가입일(B5:B21)에서 가입연도(C5:C21)와 가입월(D5:D21)을 구하는 수식을 만드시오.

(3) 연도(H5:H21), 월(I5:I21), 일(J5:J21) 숫자 값을 사용하여 생년월일(K5:K21)을 구하는 수식을 만드시오.

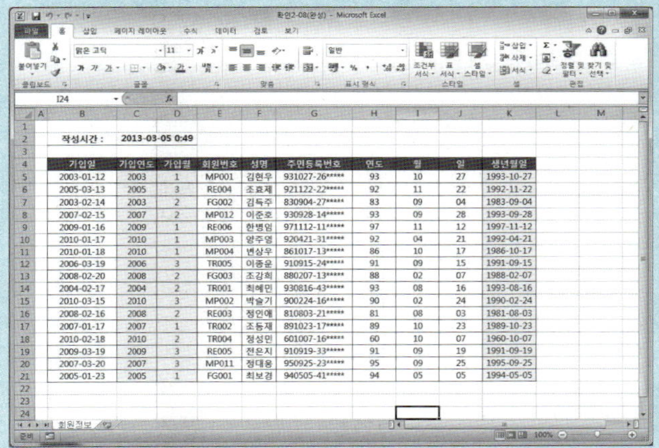

가입일	가입연도	가입월	회원번호	성명	주민등록번호	연도	월	일	생년월일
2003-01-12	2003	1	MP001	김현우	931027-26*****	93	10	27	1993-10-27
2005-03-13	2005	3	RE004	조효제	921122-22*****	92	11	22	1992-11-22
2003-02-14	2003	2	FG002	김득주	830904-27*****	83	09	04	1983-09-04
2007-02-15	2007	2	MP012	이준호	930928-14*****	93	09	28	1993-09-28
2009-01-16	2009	1	RE006	한병임	971112-11*****	97	11	12	1997-11-12
2010-01-17	2010	1	MP003	양주영	920421-31*****	92	04	21	1992-04-21
2010-01-18	2010	1	MP004	변상우	861017-13*****	86	10	17	1986-10-17
2006-03-19	2006	3	TR005	이종운	910915-24*****	91	09	15	1991-09-15
2008-02-20	2008	2	FG003	조강희	880207-13*****	88	02	07	1988-02-07
2004-02-17	2004	2	TR001	최혜민	930816-43*****	93	08	16	1993-08-16
2010-03-15	2010	3	MP002	박슬기	900224-16*****	90	02	24	1990-02-24
2008-02-16	2008	2	RE003	정인애	810803-21*****	81	08	03	1981-08-03
2007-01-17	2007	1	TR002	조동재	891023-17*****	89	10	23	1989-10-23
2010-02-18	2010	2	TR004	정성민	601007-16*****	60	10	07	1960-10-07
2009-03-19	2009	3	RE005	전은지	910919-33*****	91	09	19	1991-09-19
2007-03-20	2007	3	MP011	정대용	950925-23*****	95	09	25	1995-09-25
2005-01-23	2005	1	FG001	최보경	940505-41*****	94	05	05	1994-05-05

작성시간 : 2013-03-05 0:49

Hint

1. 업데이트되는 날짜와 시간을 반환하려면 NOW 함수를 이용하세요.

2. 날짜 데이터에서 연도를 추출하려면 YEAR 함수를 이용하세요.

3. 날짜 데이터에서 월을 추출하려면 MONTH 함수를 이용하세요.

4. 숫자 값을 날짜로 반환하려면 DATE 함수를 이용하세요.

02 공식 및 함수 적용 족보 공개

2-1 수식 검사

- 특정 수식에서 참조되는 셀들을 단계별로 추적하려면 수식이 포함된 셀을 선택하고 **[수식]** 탭–**[수식 분석]** 그룹–**[참조되는 셀 추적]** 명령을 클릭한다.
- 특정 셀을 참조하는 수식을 단계별로 찾으려면 **[수식]** 탭–**[수식 분석]** 그룹–**[참조하는 셀 추적]** 명령을 클릭한다.
- 연결선을 제거하려면 **[수식]** 탭–**[수식 분석]** 그룹–**[연결선 제거]** 명령을 클릭한다.
- 오류가 있는 수식에서 참조되는 셀을 추적해 오류가 발생하는 원인을 확인하려면 오류가 있는 셀을 선택하고 **[수식]** 탭–**[수식 분석]** 그룹–**[오류 검사]**–**[오류 추적]** 명령을 클릭한다.
- 오류가 있는 셀을 선택하고 **[오류 검사]** 스마트 태그(⚠)를 클릭하여 오류 정보를 확인할 수 있다.
- 문서 전체의 오류를 검사하려면 **[수식]** 탭–**[수식 분석]** 그룹–**[오류 검사]** 명령을 클릭한다.
- 다른 작업을 수행하면서 오류 표시를 나타나지 않게 설정하거나 오류 표시 색상을 변경하려면 **[파일]** 탭–**[옵션]** 명령을 클릭한다.
- **[Excel 옵션]** 대화 상자에의 **[수식]** 범주에서 **[오류 검사]** 항목에서 옵션을 변경한다.
- 중첩된 수식과 같은 복잡한 수식의 여러 부분을 수식 계산 순서에 따라 살펴볼 수 있다. 계산할 셀을 선택하고 **[수식]** 탭–**[수식 분석]** 그룹–**[수식 계산]** 명령을 클릭한다.
- **[수식 계산]** 대화 상자에서 **[계산]** 단추를 클릭하면 현재 밑줄이 그어진 참조 값을 검사하고 **[들어가기]** 단추를 클릭해 하위 참조 수식을 확인할 수 있다.

2-2 수식 옵션 조작

- 반복 계산은 특정 숫자 조건에 맞을 때까지 워크시트를 반복하여 다시 계산하는 것으로 워크시트에서 순환 참조 계산이 필요하거나 what–if 분석 도구를 수행할 때 사용된다.
- 반복 계산 옵션과 횟수를 조정하려면 **[파일]** 탭–**[옵션]** 명령을 클릭한다.
- **[Excel 옵션]** 대화 상자에서 **[수식]** 범주를 클릭하고 **[계산 옵션]** 구역에서 '반복 계산 사용' 확인란을 선택하고 **[최대 반복 횟수]**를 수정한 후 **[확인]** 단추를 클릭한다.
- 수식의 불필요한 자동 계산을 방지하려면 계산 시점을 사용자가 수동으로 제어하도록 기본 설정을 변경할 수 있다.
- (1) **[파일]** 탭–**[옵션]** 명령을 클릭한다. **[Excel 옵션]** 대화 상자의 **[수식]** 범주의 **[계산 옵션]**에서 통합 문서 계산을 '수동' 옵션으로 선택하고 **[확인]** 단추를 클릭하거나, (2) **[수식]** 탭–**[계산]** 그룹–**[계산 옵션]**–**[수동]**을 클릭한다.
- 수식을 현재 시트에서 제한하여 수동으로 업데이트하려면 (1) **[수식]** 탭–**[계산]** 그룹–**[시트 계산]** 명령(▦)이나, (2) 〈Shift+F9〉 키를 누른다.
- 수식을 현재 통합 문서 전체에서 수동으로 업데이트하려면 (1) **[수식]** 탭–**[계산]** 그룹–**[지금 계산]** 명령(▦)이나, (2) 〈F9〉 키를 누른다.

2-3 수식에 함수 적용

- 함수는 복잡한 수식을 간단히 계산할 수 있도록 미리 정의되어 있는 식을 의미하며, 각 함수에 필요한 인수를 넣어 식을 완성하게 된다.
- Excel의 함수 라이브러리에는 함수가 텍스트, 논리, 수학/삼각, 통계, 찾기/참조 등의 범주별로 분류되어 있어 사용하려는 함수를 쉽게 고를 수 있다.
- **[수식]** 탭–**[함수 라이브러리]** 그룹에서 함수 범주와 함수 이름을 차례로 선택해 함수 인수 창에서 인수를 완성한다.
- 수식을 직접 작성하려면 셀이나 수식 입력줄에 입력한다. 셀에 등호(=)을 입력한 후 함수 이름의 일부를 입력하면 입력한 글자로 시작하는 함수 목록과 함수에 사용되는 인수를 스크린 팁으로 확인할 수 있다.

2-4 데이터 요약 작업 수행

- SUMIF 함수는 수학/삼각 함수로 데이터 범위에서 단일 조건에 만족하는 값들의 총합계를 구한다(=SUMIF(Range, Criteria, Sum_range)).
- SUMIFS 함수는 수학/삼각 함수로 다중 조건에 만족하는 값들의 총합계를 구한다(=SUMIFS(Sum_range, Criteria_range1, Criteria1, Criteria_range2, Criteria2,…)).
- AVERAGEIF 함수는 통계 함수로 데이터 범위에서 단일 조건에 만족하는 값들의 평균을 구한다(=AVERAGEIF(Range, Criteria, Aaverage_range)).
- AVERAGEIFS 함수는 통계 함수로 다중 조건에 만족하는 값들의 평균을 구한다(=AVERAGEIFS(Average_range, Criteria_range1, Criteria1, Criteria_range2, Criteria2,…)).
- COUNTIF 함수는 통계 함수로 데이터 범위에서 단일 조건에 만족하는 값들의 셀 개수를 구한다(=COUNTIF(Range, Criteria)).
- COUNTIFS 함수는 통계 함수로 다중 조건에 만족하는 값들의 셀 개수를 구한다(=COUNTIFS(Range1, Criteria1, Range2, Criteria2,…)).

2-5 찾기/참조 함수

- 찾기/참조 함수는 **[수식]** 탭–**[함수 라이브러리]** 그룹–**[찾기/참조 영역]** 명령을 이용하여 작성한다.
- VLOOKUP 함수는 참조 테이블의 검색 할 범위가 수직(Vertical)인 경우에 사용하며, 참조 테이블의 첫째 열에서 정확한 값 또는 근사 값을 검색하여 같은 행에 있는 다른 열의 값을 가져온다(=VLOOKUP(Lookup_value, Table_array, Col_index_num, Range_lookup)).
- HLOOKUP 함수는 참조 테이블의 검색 할 범위가 수평(Horizontal)인 경우에 사용하며, 참조 테이블의 첫째 행에서 정확한 값 또는 근사 값을 검색하여 같은 열에 있는 다른 행의 값을 가져온다(=HLOOKUP(Lookup_value, Table_array, Row_index_num, Range_lookup)).

2-6 논리 함수

- 논리 함수는 **[수식]** 탭–**[함수 라이브러리]** 그룹–**[논리]** 명령을 이용하여 작성한다.
- IF 함수는 논리식에 대한 조건을 검사하여 참 값일 때와 거짓 값일 때 각각 다른 값을 반환한다(=IF(Logical_test, Value_if_true, Value_if_false)).
- AND 함수는 인수가 모두 TRUE면 TRUE를 반환하고, 인수들 중 하나라도 FALSE이면 FALSE를 반환한다. 일반적으로 IF 함수와 중첩하여 사용된다(AND(Logical1, Logical2,...)).
- OR 함수는 인수 중 하나라도 TRUE면 TRUE를 반환하고, 모든 인수가 FALSE이면 FALSE를 반환한다. 역시 IF 함수와 중첩하여 사용된다(OR(Logical1, Logical2,...)).
- IFERROR 함수는 IF 함수와 ISERROR 함수의 결합된 함수로 수식 자체나 수식 결과에 오류가 있는지 확인하여 오류인 경우에 사용자가 지정한 값을 반환하고, 오류가 없는 경우에는 수식 결과를 반환한다(=IFERROR(Value, Value_if_error)).
- 비교 연산자로는 〉: 크다, 초과, 〈 : 작다, 미만, 〉= : 크거나 같다, 이상, 〈= : 작거나 같다, 이하, 〈〉 : 같지 않다 가 있다.

2-7 텍스트 함수

- 텍스트 함수는 **[수식]** 탭–**[함수 라이브러리]** 그룹–**[텍스트]** 명령을 이용하여 작성한다.
- LEFT 함수는 텍스트에서 왼쪽부터 시작하여 지정한 개수의 문자를 추출하는 함수이다(=LEFT(Text, Num_chars)).
- MID 함수는 텍스트 중간에서 시작하여 지정한 개수의 문자를 추출하는 함수이다(=MID(Text, Start_num, Num_chars)).
- RIGHT 함수는 텍스트에서 오른쪽부터 시작하여 지정한 개수의 문자를 추출하는 함수이다(=RIGHT(Text, Num_chars)).

2-8 날짜 및 시간 함수

- 날짜 함수는 [수식] 탭-[함수 라이브러리] 그룹-[날짜 및 시간] 명령을 이용하여 작성한다.
- YEAR 함수는 날짜 데이터에서 연도를 반환한다(=YEAR(Serial_number)).
- MONTH 함수는 날짜 데이터에서 월을 반환한다(=MONTH(Serial_number)).
- DAY 함수는 날짜 데이터에서 일을 반환한다(=DAY(Serial_number)).
- DATE 함수는 일련 번호를 조합하여 특정 날짜 데이터로 반환한다(=DATE(Year, Month, Day)).
- HOUR 함수는 시간 데이터에서 시간을 반환한다(=HOUR(Serial_number)).
- MINUTE 함수는 시간 데이터에서 분을 반환한다(=MINUTE(Serial_number)).
- SECOND 함수는 시간 데이터에서 초를 반환한다(=SECOND(Serial_number)).
- TODAY 함수는 업데이트되는 현재의 날짜를 반환한다(=TODAY()).
- NOW 함수는 업데이트되는 현재의 날짜와 시간을 반환한다(=NOW()).

STEP UP MOS 2010
EXCEL EXPERT

PART 03

시각적으로 데이터 표현

데이터를 시각적으로 표현하면 메시지를 쉽게 이해할 수 있다. 수치 데이터를 차트와 스파크라인으로 만들어 표현하는 방법, 데이터 분석 도구인 시나리오, 목표값 찾기 및 데이터 표에 대해 살펴본다. 그리고 분산되어 있는 데이터를 한곳으로 통합하는 방법과 피벗 테이블 및 피벗 차트를 만들고 슬라이서로 필터하는 방법을 익힌다.

Excel Expert

3-1 차트 작성 및 편집

중요 용어	차트, 차트 종류, 데이터 범위, 데이터 계열 차트, 차트 종류, 데이터 범위, 데이터 계열
출제 포인트	차트의 데이터 범위를 수정하는 방법을 묻는 문제

차트는 숫자 데이터들을 한눈에 비교 및 분석할 수 있도록 해 주고 눈에 안 보이던 어떤 현상이나 추이를 쉽게 파악할 수 있게 해 준다. 차트를 작성한 후 기본적인 차트 편집 방법을 살펴본다.

 01 차트 작성

셀에 작성되어 있는 데이터를 기초로 차트를 작성한다. 다양한 차트 종류가 유형별로 나뉘어 제공되며 간단히 차트를 삽입할 수 있다.

> C2:D7 셀 범위의 데이터를 사용하여 묶은 세로 막대형 차트를 B9:J22 셀 범위에 만듭니다.

1. C2:D7 셀 범위를 드래그하여 선택한다.

2. [삽입] 탭-[차트] 그룹-[세로 막대형]-[2차원 세로 막대형]에서 '묶은 세로 막대형'을 클릭한다.

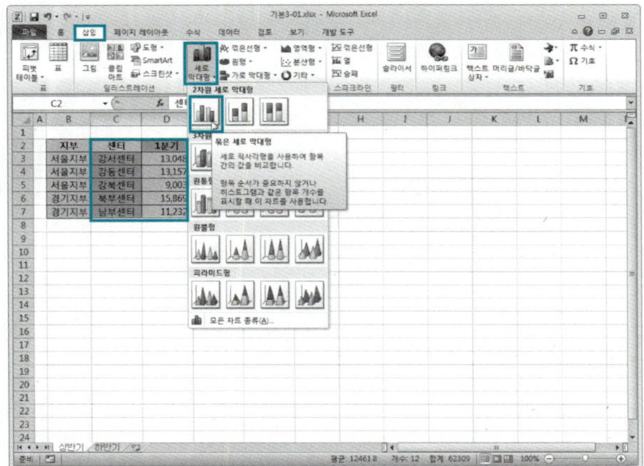

3. 선택한 셀 범위의 데이터를 기초로 묶은 세로 막대형 차트가 삽입된다.

4. 차트 테두리를 B9 셀로 드래그하여 위치를 변경한다.

5. 차트 테두리의 오른쪽 하단 모서리의 크기 조정 핸들을 J22 셀까지 드래그하여 크기를 변경한다.

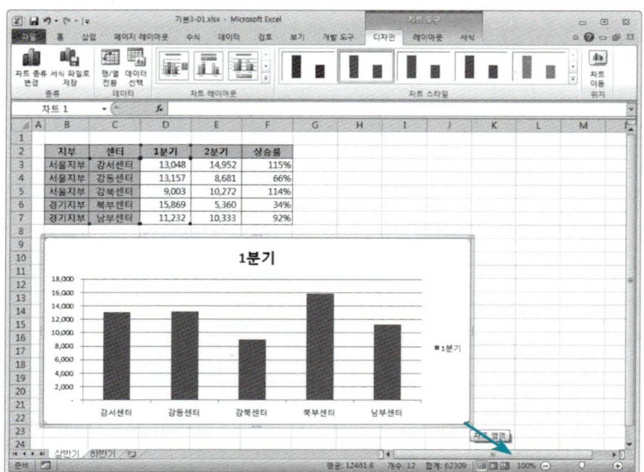

tip

눈금선에 맞춰 차트 배치하기

차트의 위치나 크기를 변경할 때 〈Alt〉 키를 누른 채 조정하면 셀 눈금선에 맞춰 배치할 수 있다.

02 차트 구성 요소

차트는 여러 가지 요소로 구성될 수 있으며, 요소는 간단히 차트에 표시하거나 숨길 수 있다. 각 구성 요소를 자유롭게 편집하기 위해 정확한 위치 및 명칭을 알아야 한다. 차트 구성 요소의 위치와 명칭은 다음과 같다.

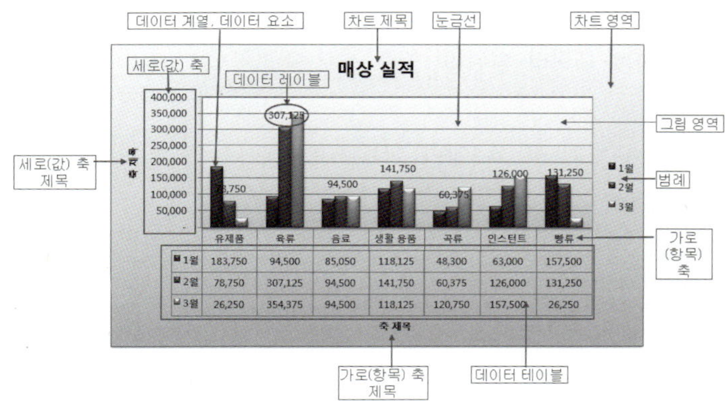

03 데이터 범위 변경

차트의 데이터 범위를 변경하는 방법으로는 크게 차트 데이터 범위를 수정하는 것과 특정 계열을 추가하는 것을 들 수 있다. 차트의 데이터 범위를 변경해 본 후 계열을 별도로 추가하는 방법을 살펴본다.

> 지부 열의 레이블이 차트에 포함되도록 데이터 원본을 변경합니다. 그러고 나서 2분기 데이터 계열을 차트에 추가합니다.

1. 차트를 선택하고 다음 명령을 수행한다.
   - [차트 도구]–[디자인] 탭–[데이터] 그룹–[데이터 선택] 명령을 클릭한다.
   - 차트 영역 위에서 마우스 오른쪽 단추를 눌러 [데이터 선택] 명령을 선택한다.

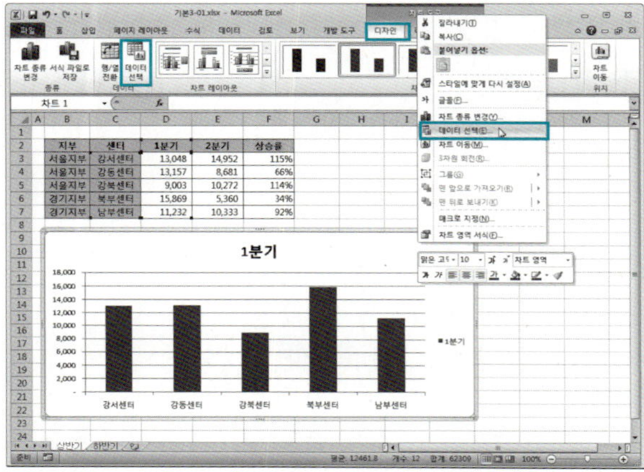

2. [데이터 원본 선택] 대화 상자에서 [차트 데이터 범위]의 기존 참조 주소를 삭제한다.

3. 워크시트에서 B2:D7 셀 범위를 드래그하여 재지정한 후 [확인] 단추를 클릭한다.

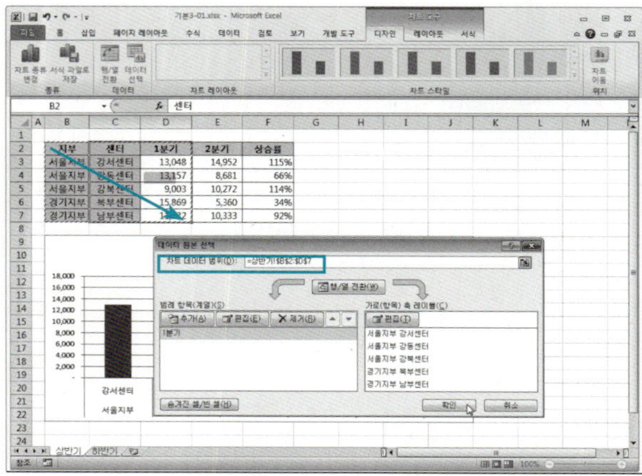

4. 이번에는 계열만 추가하는 방법을 살펴보기 위해 차트가 선택되어 있는 상태에서 다음의 명령을 수행한다.
   - **[차트 도구]–[디자인]** 탭–**[데이터]** 그룹–**[데이터 선택]** 명령을 클릭한다.
   - 차트 영역 위에서 마우스 오른쪽 단추를 눌러 **[데이터 선택]** 명령을 선택한다.

5. **[데이터 원본 선택]** 대화 상자에서 **[범례 항목(계열)]**의 **[추가]** 단추를 클릭한다.

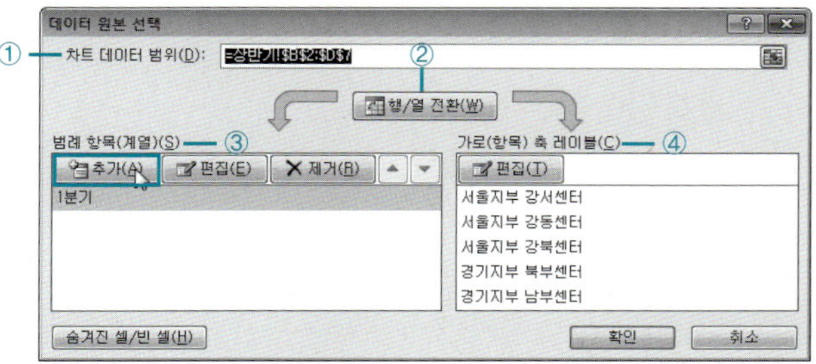

① **차트 데이터 범위** : 차트 데이터 범위 전체를 변경한다.

② **행/열 전환** : 계열(분기)과 항목(지부/센터)이 전환되어 계열이 지부/센터가 되고, 항목이 분기가 된다.

③ **범례 항목(계열)** : 새 범례 항목, 즉 데이터 계열을 차트에 추가하고, 목록에서 선택한 계열을 편집, 제거하거나, 순서를 변경한다.

④ **가로(항목) 축 레이블** : 항목 축의 레이블을 변경한다. 변경할 레이블 이름을 선택하고 [편집] 단추를 클릭하여 수정한다.

6. **[계열 편집]** 대화 상자의 **[계열 이름]**에 커서를 이동한 후 E2 셀을 클릭한다.

7. **[계열 값]**의 기존 데이터를 삭제한 후 워크시트에서 E3:E7 셀 범위를 드래그하여 추가하고 **[확인]** 단추를 클릭한다.

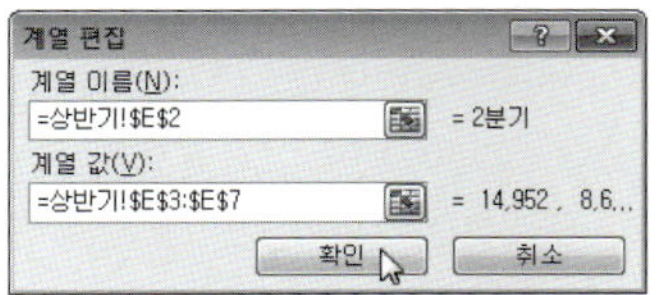

8. **[데이터 원본 선택]** 대화 상자의 **[범례 항목(계열)]**에 '2분기' 데이터 계열이 추가되면 **[확인]** 단추를 클릭한다.

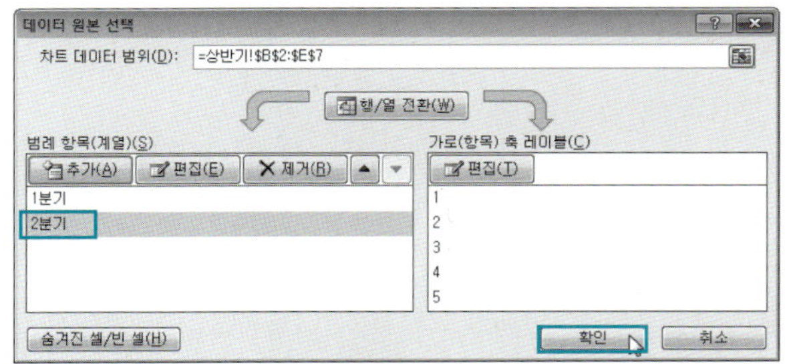

tip

계열 이름

[계열 편집] 대화 상자의 **[계열 이름]**에는 계열의 이름을 직접 입력할 수도 있다. 하지만 E3 셀과 같이 레이블이 있는 셀을 지정하면 셀의 값이 변경된 경우 차트 계열의 이름에 자동으로 반영된다.

9. 데이터 계열이 차트에 추가된다.

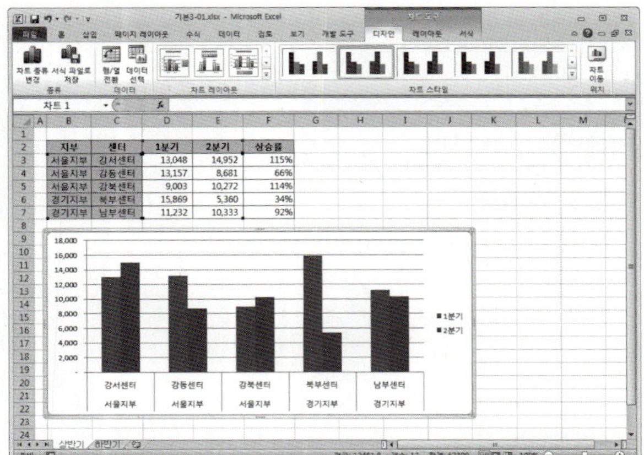

Check

차트의 데이터 범위를 변경하거나 계열을 추가하는 것은 결국 동일한 결과를 발생시키지만, 문제 유형에 따른 적절한 방법을 사용하도록 한다.

| 확인학습 |

확인 3-01.xlsx를 열어 다음의 작업을 완료하시오.

(1) [예산안] 워크시트의 마지막 합계 열이 차트에 포함되도록 데이터 원본을 수정하시오.

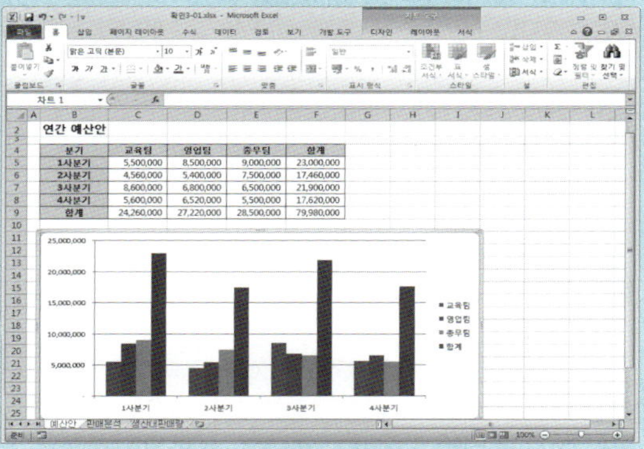

연간 예산안

분기	교육팀	영업팀	총무팀	합계
1사분기	5,500,000	8,500,000	9,000,000	23,000,000
2사분기	4,560,000	5,400,000	7,500,000	17,460,000
3사분기	8,600,000	6,800,000	6,500,000	21,900,000
4사분기	5,600,000	6,520,000	5,500,000	17,620,000
합계	24,260,000	27,220,000	28,500,000	79,980,000

(2) [판매분석] 워크시트의 마지막 상등육 쇠고기 행의 데이터를 사용하여 계열을 추가하시오.

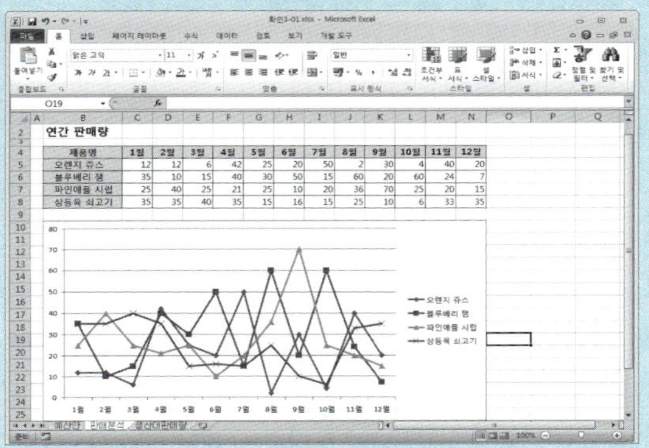

연간 판매량

제품명	1월	2월	3월	4월	5월	6월	7월	8월	9월	10월	11월	12월
오렌지 쥬스	12	12	6	42	25	20	50	2	30	4	40	20
블루베리 쨈	35	10	15	40	30	50	15	60	20	60	24	7
파인애플 시럽	25	40	25	21	25	10	20	36	70	25	20	15
상등육 쇠고기	35	35	40	35	15	16	15	25	10	6	33	35

1. 데이터 원본을 변경하는 것인지, 계열을 추가하는 것인지 잘 구분하세요.

2. 데이터 원본의 범위와 계열을 편집하려면 **[차트 도구]**–**[디자인]** 탭–**[데이터]** 그룹–**[데이터 선택]** 명령을 이용하세요.

3-2

고급 차트 기능 적용

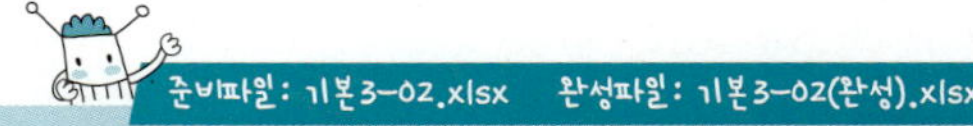

중요 용어	차트 종류, 계열 차트 종류, 보조 축, 추세선
출제 포인트	혼합 차트를 만들고 차트에 추세선을 추가하는 방법을 묻는 문제

워크시트에 삽입된 차트 전체의 종류나 특정 계열만 변경할 수 있으며, 한 차트에 두 개의 차트 종류를 사용하는 것을 혼합 차트 또는 이중 차트라 부른다. 혼합 차트 작성 방법과 일정 기간 증가/감소 추세를 분석 선으로 표시하는 방법도 함께 살펴본다.

 차트 종류 변경

워크시트에 삽입되어 있는 차트 전체의 종류를 변경하려면 차트 영역을 선택한 후 변경한다.

> [입장자수분석] 워크시트의 차트 종류를 묶은 세로 막대형 차트로 변경합니다.

1. **[입장자수분석]** 워크시트에서 차트 영역을 선택한 후 다음 중 하나의 명령을 실행한다.
   - **[차트 도구]**–**[디자인]** 탭–**[종류]** 그룹–**[차트 종류 변경]** 명령을 클릭한다.
   - 차트 영역 위에서 마우스 오른쪽 단추를 눌러 **[차트 종류 변경]** 명령을 클릭한다.

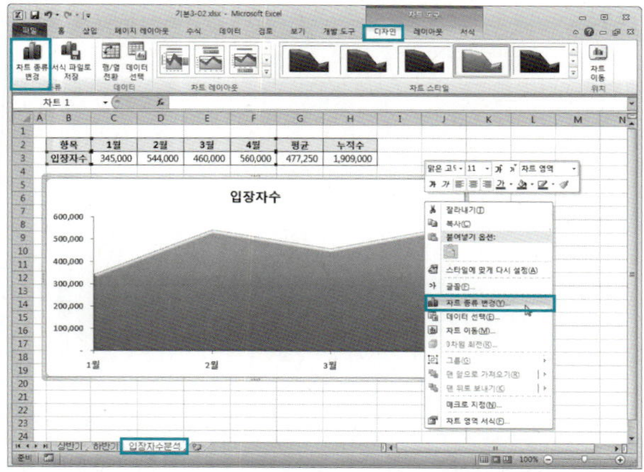

2. [**차트 종류 변경**] 대화 상자의 [**세로 막대형**] 범주에서 '묶은 세로 막대형'을 선택하고 [**확인**] 단추를 클릭한다.

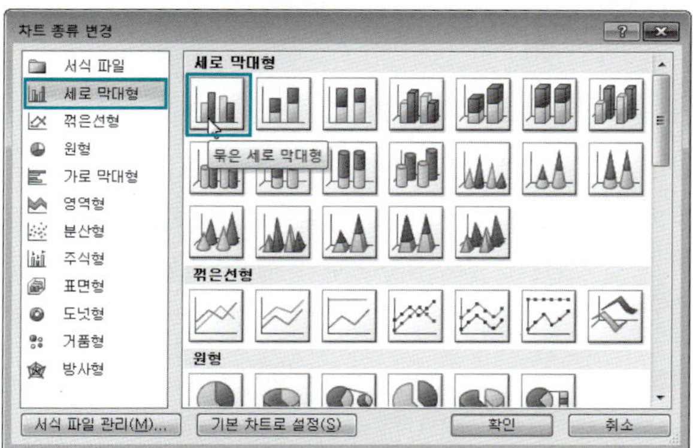

3. 차트 종류가 변경된다.

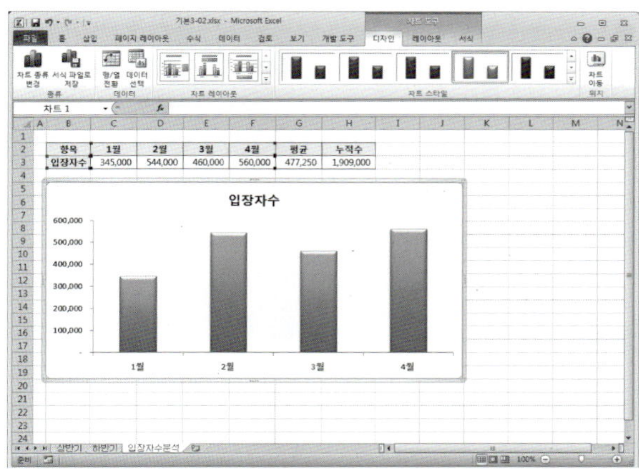

02 계열 차트 종류 변경

한 차트에 속성이 다른 계열이나 값 차이가 확연히 나는 경우에 특정 계열만 차트 종류를 변경한다. 해당 계열을 정확하게 선택한 후 변경해야 한다.

> **[상반기] 워크시트의 차트에서 상승률 계열을 표식이 있는 꺾은선형 차트로 변경합니다.**

1. **[상반기]** 워크시트에서 상승률 계열을 선택하기 위해 차트를 선택하고 다음 중 하나의 명령을 실행한다.
   - **[차트 도구]-[레이아웃]** 탭-**[현재 선택 영역]** 그룹-**[차트 요소]** 명령의 목록 단추를 클릭해 '계열 "상승률"'을 선택한다.
   - **[차트 도구]-[서식]** 탭-**[현재 선택 영역]** 그룹-**[차트 요소]** 명령의 목록 단추를 클릭해 '계열 "상승률"'을 선택한다.

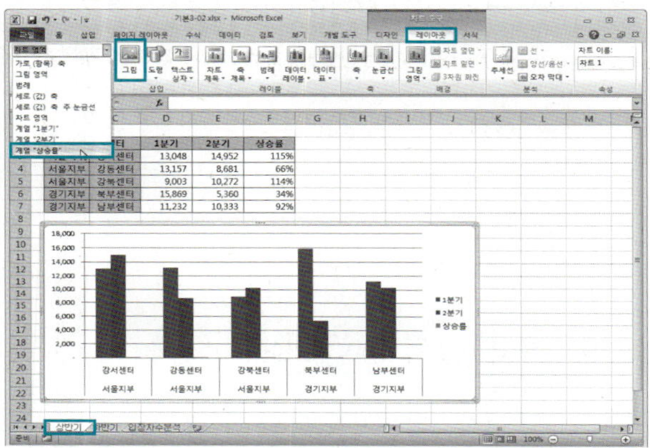

2. '상승률' 데이터 계열이 선택되면 계열에만 차트 종류를 변경하기 위해 다음 중 하나의 명령을 실행한다.
   - **[차트 도구]-[디자인]** 탭-**[종류]** 그룹-**[차트 종류 변경]** 명령을 클릭한다.
   - 데이터 계열 위에서 마우스 오른쪽 단추를 눌러 **[계열 차트 종류 변경]** 명령을 클릭한다.

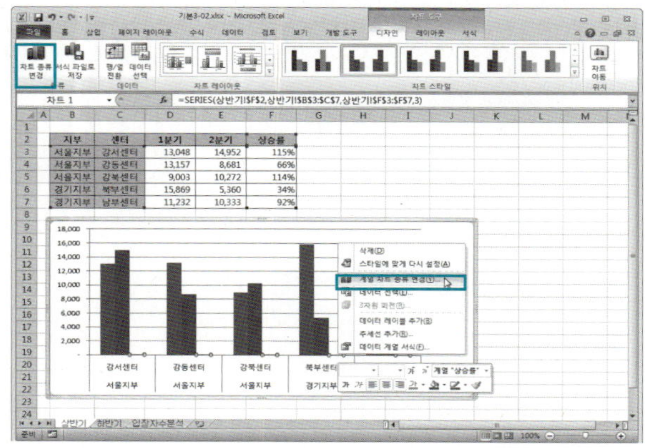

tip

계열 선택하기

차트에서 직접 계열 도형을 클릭해 선택하는 것이 빠르나, 현재 차트에서는 '상승률' 데이터 계열의 값이 다른 계열에 비해 작아 그림 영역에 보이지 않으므로 명령을 이용해 선택해야 한다.

3. [**차트 종류 변경**] 대화 상자의 [**꺾은선형**] 범주에서 '표식이 있는 꺾은선형'을 선택하고 [**확인**] 단추를 클릭한다.

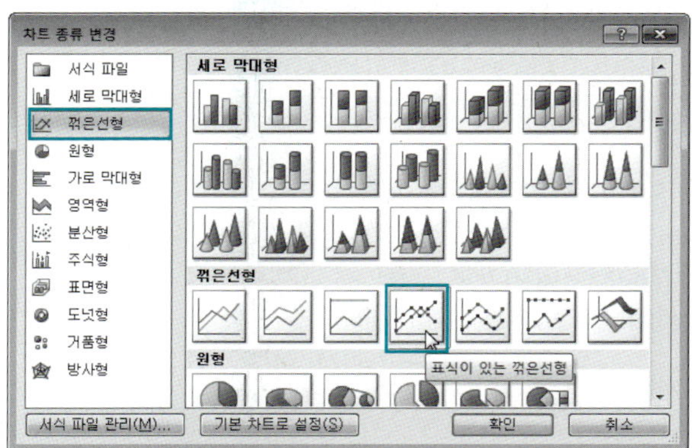

4. 상승률 계열만 차트 종류가 변경된다.

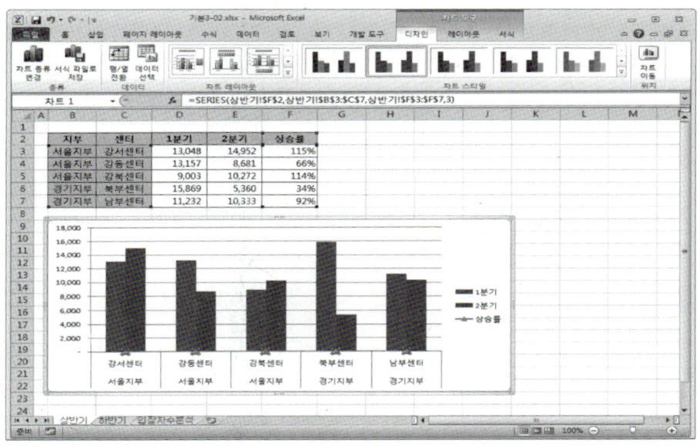

03 보조 Y축 추가

데이터 계열 간에 값 차이가 많이 난다면 화면에 잘 안보이므로 값을 오른쪽 보조 축으로 돌려 데이터 계열 간에 간격을 최소화한다.

[상반기] 워크시트의 상승률 계열을 보조 Y축으로 변경합니다.

1. 상승률 계열을 오른쪽 보조 축으로 전환하기 위해 '상승률' 데이터 계열이 선택되어 있는 상태에서 다음 중 하나의 명령을 실행한다.
   - **[차트 도구]–[레이아웃]** 탭–**[현재 선택 영역]** 그룹–**[선택 영역 서식]** 명령을 클릭한다.
   - 데이터 계열 위에서 마우스 오른쪽 단추를 눌러 **[데이터 계열 서식]** 명령을 클릭한다.

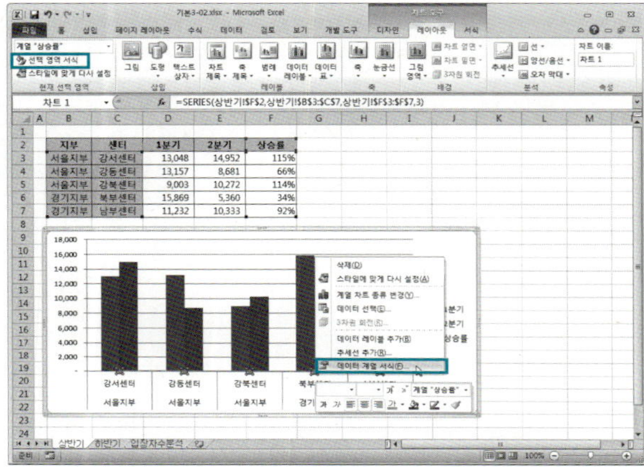

2. **[데이터 계열 서식]** 대화 상자의 **[계열 옵션]**에서 '보조 축'을 선택하고 **[닫기]** 단추를 클릭한다.

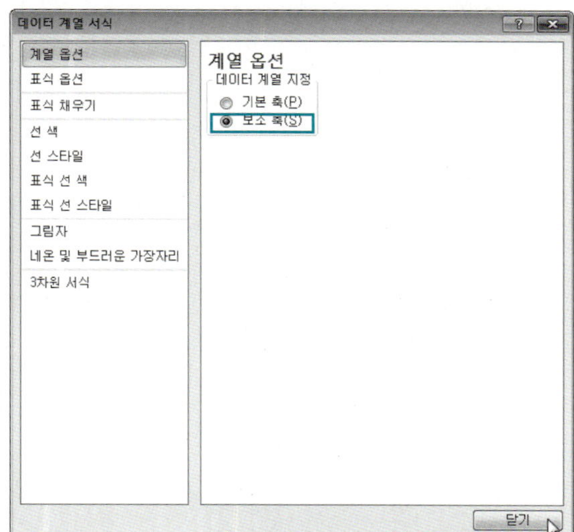

3. 1분기와 2분기 데이터 계열은 왼쪽 기본 Y축을, 상승률 데이터 계열은 오른쪽 보조 Y축을 참고하여 그림 영역에 보기 좋게 표시된다.

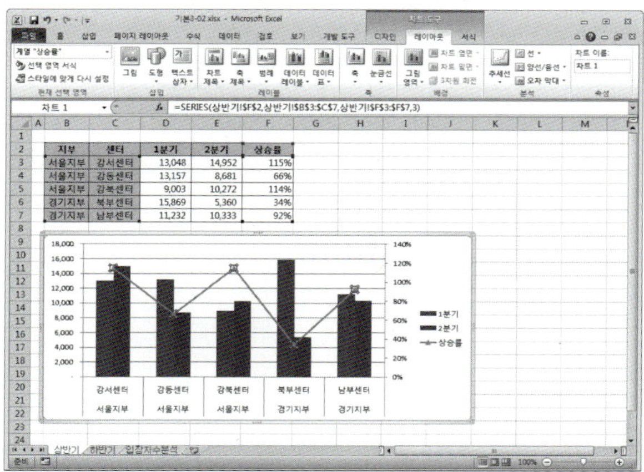

 04 추세선 추가

추세선이란 일정 기간 동안 늘어난 양을 표현하기 위해 데이터 계열의 추세를 선 그래픽으로 나타낸 것을 말한다. 추세선은 예측 문제 연구를 위해 사용되며 회귀 분석이라고도 한다. 또한 데이터 계열의 일부로부터 계산된 일련의 평균 값인 이동 평균을 이용하여 데이터의 기복을 완만하게 하여 패턴이나 추세를 더욱 분명히 볼 수 있다. 데이터를 통해 과거의 성과가 어떠했는지 또는 현재 계속되고 있는 성과 추이로 미래의 성과를 예측할 수 있다.

> [입장자수분석] 워크시트의 차트에 차수 3을 사용하는 다항식 추세선을 추가하고 수식을 차트에 표시합니다.

1. **[입장자수분석]** 워크시트에서 차트 추세선을 추가할 '입장자수' 데이터 계열을 선택하고 다음 중 하나의 명령을 수행한다.
   - **[차트 도구]**–**[레이아웃]** 탭–**[분석]** 그룹–**[추세선]**–**[기타 추세선 옵션]** 명령을 클릭한다. 클릭한다.
   - 데이터 계열 위에서 마우스 오른쪽 단추를 클릭하여 **[추세선 추가]** 명령을 클릭한다.

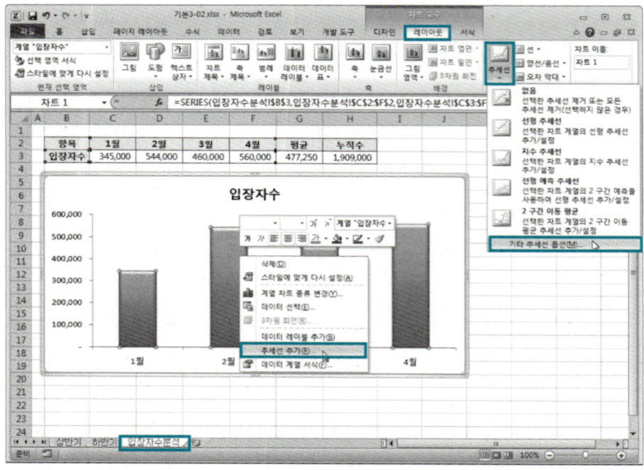

2. **[추세선 서식]** 대화 상자의 **[추세선 옵션]** 탭에서 원하는 추세/회귀 유형, 추세선 이름, 예측 구간 등 옵션을 설정한다.

Check

별다른 옵션 없이 바로 차트에 추세선을 추가하려면 차트에서 데이터 계열을 선택하고 **[차트 도구]**–**[레이아웃]** 탭–**[분석]** 그룹–**[추세선]** 명령을 클릭해 추세선 유형을 선택하면 된다. 하지만 옵션을 지정하려면 **[기타 추세선 옵션]** 명령이나, 바로 가기 메뉴에서 **[추세선 추가]** 메뉴를 사용해야 한다.

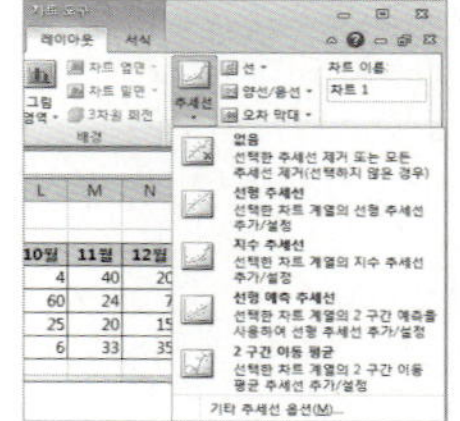

3. **[추세/회귀 유형]**은 '다항식'으로 선택하고 **[차수]**는 '3'으로 설정하고 '수식을 차트에 표시' 확인란을 선택한 후 **[닫기]** 단추를 클릭한다.

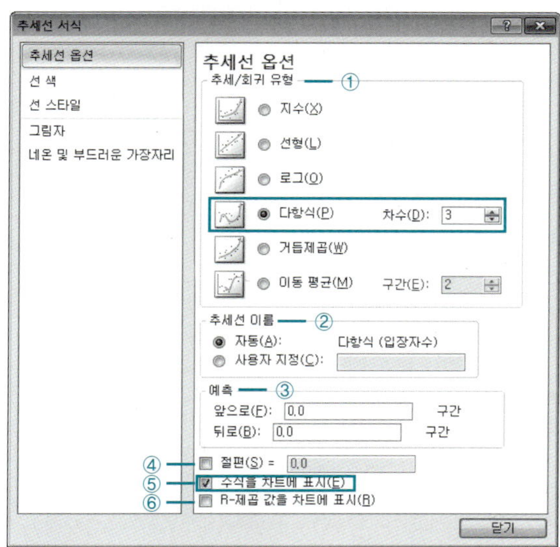

① **추세/회귀 유형** : 특정 종류의 데이터에는 특정 종류의 추세선이 있다. 보다 정확한 예측을 얻기 위해서는 데이터에 가장 적합한 추세선을 선택해야 한다.

② **추세선 이름** : 선택한 계열의 이름을 자동 설정하거나 사용자가 직접 추세선의 이름을 입력한다.

③ **예측** : 미래(앞으로) 또는 과거(뒤로) 얼마 동안의 추세를 보일지 구간을 입력한다. 가령, 1구간으로 설정하면 다음 한 달 또는 다음 1년의 추세를 미리 예측할 수 있다.

④ **절편** : 절편 값을 직접 입력한다.

⑤ **수식을 차트에 표시** : 계산 수식을 차트에 추가로 표시한다.

⑥ **R-제곱 값을 차트에 표시** : 수식에 따라 해당 R 제곱 값을 계산하며 그 값을 차트에 표시한다. R 제곱 값은 0과 1 사이의 숫자로 표시되며 1이거나 1에 근접하면 해당 추세는 매우 신뢰성이 높게 된다. 다른 추세/회귀 유형을 변경해 보며 R 제곱 값이 1과 근접한 유형을 선택한다.

4. 다항식 추세 유형이 차트에 표시된다.

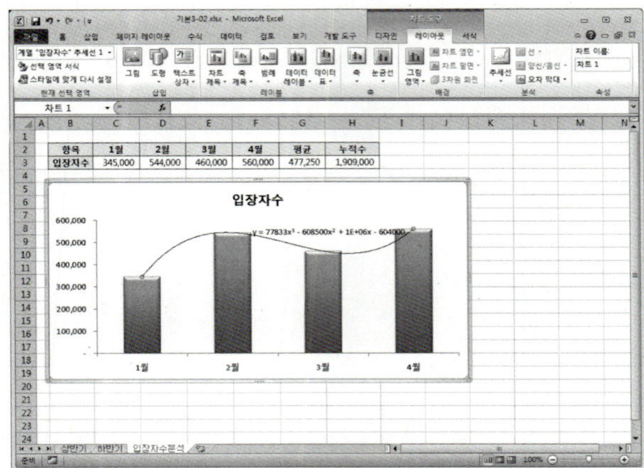

| 확인학습 |

확인3-02.xlsx를 열어 다음 작업을 완성하시오.

(1) [예산안] 워크시트에서 '합계' 데이터 계열을 꺾은선 차트로 변경하시오. 그러고 나서 '합계' 계열을 보조 Y 축으로 설정하시오.

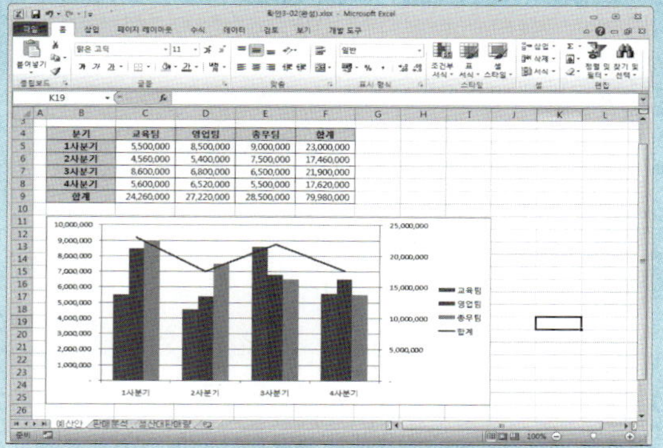

(2) [판매분석] 워크시트에서 차트를 묶은 세로 막대형으로 변경하시오.

(3) [판매분석] 워크시트에서 '블루베리 잼' 데이터 계열에 앞으로 2구간 예측하는 선형 추세선을 추가하시오.

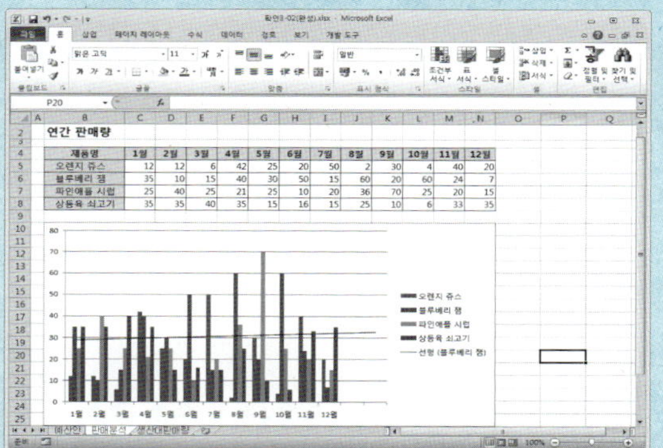

Hint

1. 차트 전체의 종류를 변경하려면 차트 영역을 선택하고, 특정 계열만 차트 종류를 변경하려면 해당 데이터 계열을 선택하세요.
2. 차트 종류 변경은 **[차트 도구]**–**[디자인]** 탭–**[종류]** 그룹–**[차트 종류 변경]** 명령을 이용하세요.
3. 차트에 추세선을 추가하려면 데이터 계열을 선택하고 마우스 오른쪽 단추를 클릭하여 **[추세선 추가]** 명령을 이용하세요.

3-3
차트 서식

중요 용어 | 빠른 차트 레이아웃, 빠른 차트 스타일, 레이아웃, 서식, 서식 파일
출제 포인트 | 차트의 서식을 변경하고 차트를 서식 파일로 저장하는 방법을 묻는 문제

Excel에서 제공하는 차트 레이아웃과 스타일로 차트의 서식을 빠르게 적용하거나, 개별 요소들의 레이아웃과 서식을 사용자 의도에 맞게 수정할 수 있다. 자주 사용하는 차트 디자인은 서식 파일로 저장해 재사용할 수 있다.

01 빠른 차트 레이아웃 변경

차트를 삽입하면 그림 영역과 범례만 표시된다. Excel에는 일반적으로 사용되는 차트 레이아웃이 미리 정의되어 있어 차트에 구성 요소를 간단히 추가하고 배치할 수 있다. 차트 종류에 따라 제공되는 차트 레이아웃이 조금씩 다르나 보통 11~12개 정도의 유형이 있다.

> [상반기] 워크시트에서 차트의 레이아웃을 '레이아웃 3'으로 설정합니다. 그러고 나서 차트 제목을 매출 상승률 분석으로 변경합니다.

1. [상반기] 워크시트에서 차트를 선택한다.

2. [차트 도구]–[디자인] 탭–[차트 레이아웃] 그룹에서 [자세히] 명령(▼)을 클릭하여 '레이아웃 3'을 선택한다.

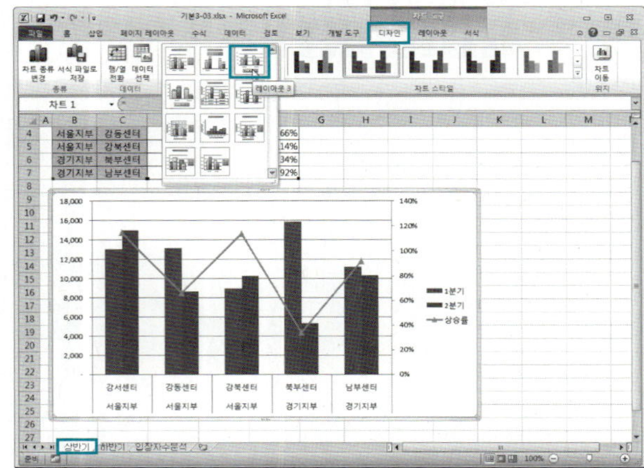

3. 선택한 레이아웃에 따라 차트 제목이 추가되고 범례가 아래쪽으로 이동된다. 기존 차트 제목을 드래그해서 선택한 후 <u>상반기 매출 상승률 분석</u>을 입력해 수정한다.

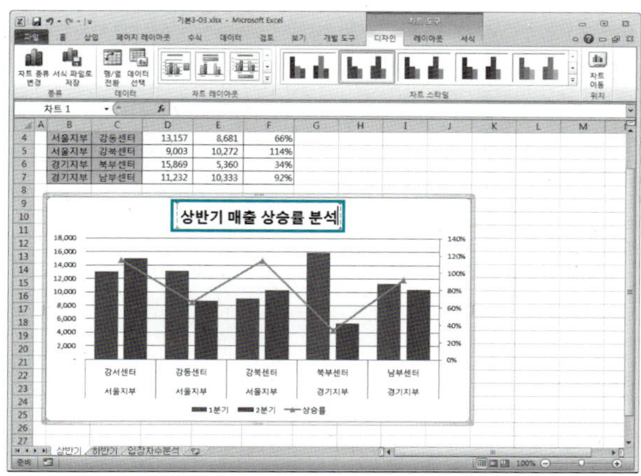

02 빠른 차트 스타일 변경

다양한 채우기 효과 및 입체 효과가 정의되어 있는 빠른 차트 스타일 갤러리를 통해 간단히 멋진 차트 디자인으로 꾸밀 수 있다.

[상반기] 워크시트에서 차트의 스타일을 '스타일 28'로 변경합니다.

1. 차트를 선택하고 **[차트 도구]**–**[디자인]** 탭–**[차트 스타일]** 그룹에서 **[자세히]** 명령(▼)을 클릭하여 '스타일 28'을 선택한다.

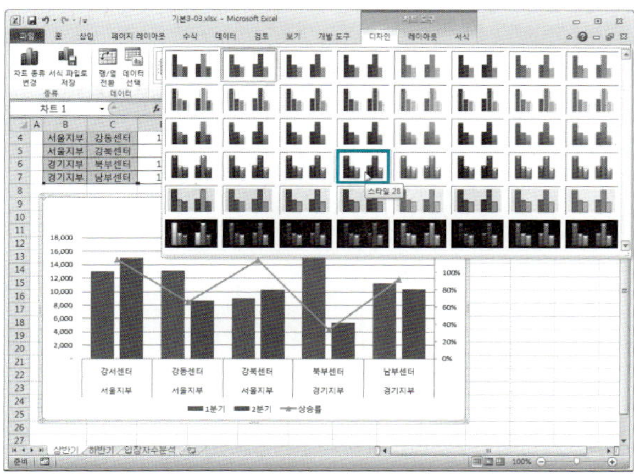

2. 선택한 스타일로 차트 디자인이 변경된다.

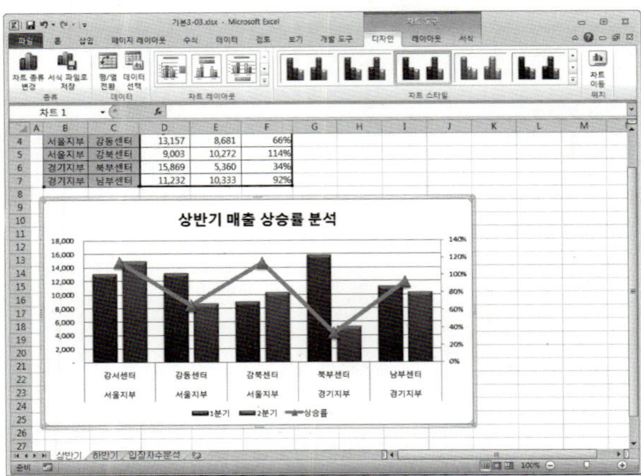

03 차트 레이아웃 변경

차트에는 차트 제목, 축 제목, 범례, 데이터 레이블, 데이터 표, 눈금선 등의 다양한 요소로 구성되어 있다. 빠른 차트 레이아웃으로 차트의 레이아웃을 바르게 변경할 수 있으나, 개별적으로 변경이 가능하다.

> [상반기] 워크시트의 상승률 계열에 데이터 레이블을 위쪽에 추가하고 눈금선을 제거합니다.

1. 차트의 상승률 계열인 꺾은선을 클릭해 선택한다.

2. [차트 도구]–[레이아웃] 탭–[레이블] 그룹에서 [데이터 레이블] 명령을 클릭해 '위쪽'을 선택한다.

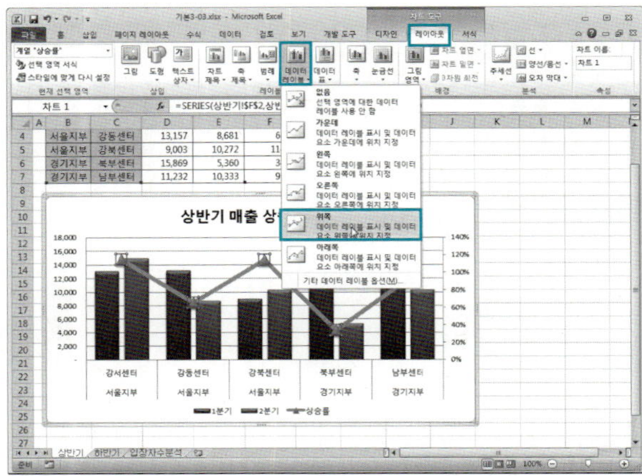

3. 상승률 계열에만 데이터 레이블이 추가된다.

4. [**차트 도구**]–[**레이아웃**] 탭–[**축**] 그룹에서 [**눈금선**]–[**기본 가로 눈금선**] 명령을 클릭해 '없음'을 선택한다.

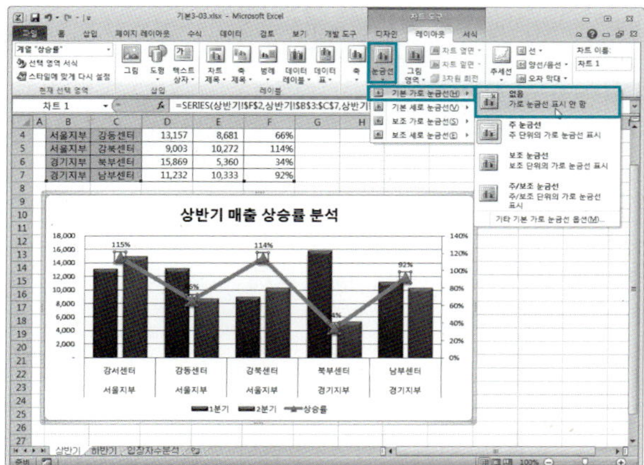

5. 차트의 가로 눈금선이 사라진다.

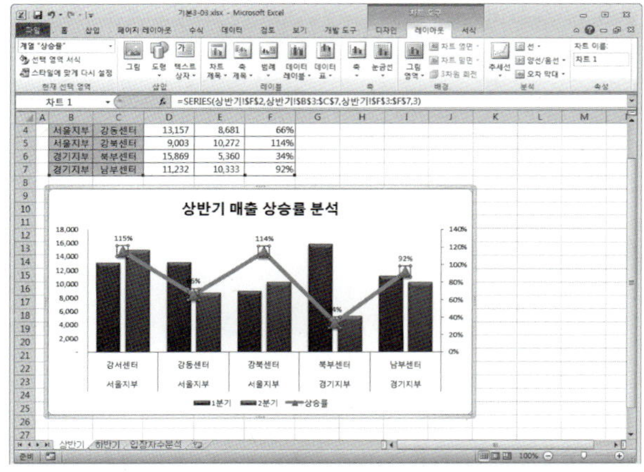

전체 계열에 데이터 레이블 추가하기

차트 영역이 선택된 상태에서 데이터 레이블을 추가하면 전체 계열에 추가된다. 하지만 특정 계열을 선택한 후 데이터 레이블을 추가하면 선택한 계열에만 추가된다.

04 차트 서식 변경

차트의 각 구성 요소에 다양한 서식을 적용하여 시각적으로 보기 좋게 꾸밀 수 있다.
차트에서 서식을 변경할 요소를 선택한 후 서식을 변경한다.

> [상반기] 워크시트의 차트에 있는 차트 영역에 '미세 효과 – 주황, 강조 6' 도형 스타일을
> 설정하고, 그림 영역에 '자주, 강조 4, 60% 더 밝게' 도형 채우기를 추가합니다. 그리고 차트
> 제목에 '그라데이션 채우기 – 주황, 강조 6, 안쪽 그림자' 워드아트 스타일을 적용합니다.

1. 차트의 차트 영역을 선택한다.

2. [**차트 도구**]–[**서식**] 탭–[**도형 스타일**] 그룹에서 [**자세히**] 명령(⩒)을 클릭해
'미세 효과 – 주황, 강조 6'을 선택한다.

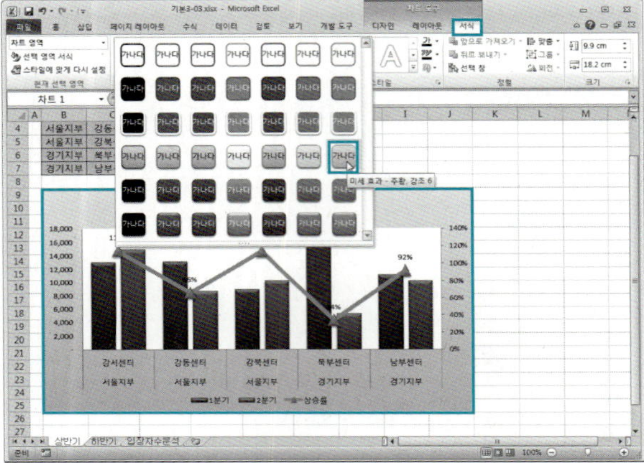

3. 차트의 그림 영역을 선택한다.

4. [**차트 도구**]–[**서식**] 탭–[**도형 스타일**] 그룹–[**도형 채우기**] 명령을 클릭하고
[**테마 색**]에서 '자주, 강조 4, 60% 더 밝게'를 선택한다.

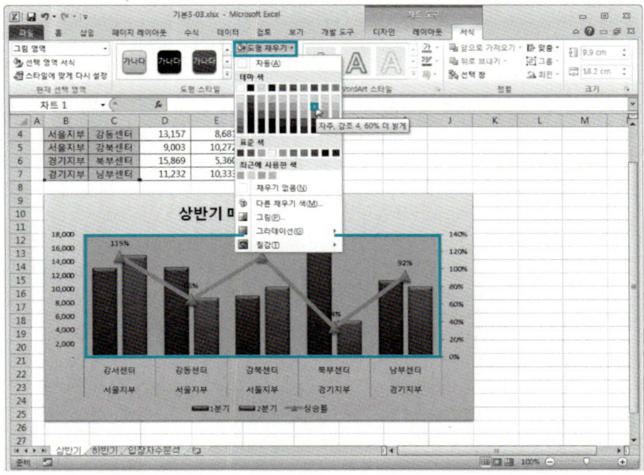

5. 차트의 제목을 선택한다.

6. [**차트 도구**]–[**서식**] 탭–[WordArt 스타일] 그룹에서 [**자세히**] 명령(⟱)을 클릭
해서 '그라데이션 채우기 – 주황, 강조 6, 안쪽 그림자'를 선택한다.

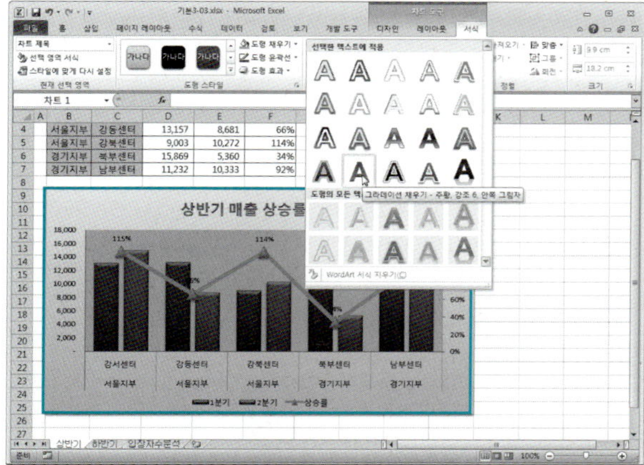

 ## 05 차트 서식 파일 저장

한 번 구성한 차트 디자인을 다른 차트에도 반복적으로 적용해 사용하고 싶다면 차
트 서식을 차트 서식 파일로 저장하면 된다. 차트 서식 파일은 *.crtx 파일 형식으로
차트 템플릿 폴더에 저장된다.

> [상반기] 워크시트의 차트를 <u>상승률분석차트</u> 이름의 차트 서식 파일로 저장합니다. 그러고
> 나서 [하반기] 워크시트의 B2:F7 셀 범위의 데이터를 사용하여 '상승률분석차트' 차트 서식으
> 로 새 차트를 만들어 B9:J25 셀 범위에 배치하고, 차트 제목에 하반기 매출 상승률 분석을 설
> 정합니다.

1. 차트를 선택하고 [**차트 도구**]–[**디자인**] 탭–[**종류**] 그룹–[**서식 파일로 저장**] 명
령을 클릭한다.

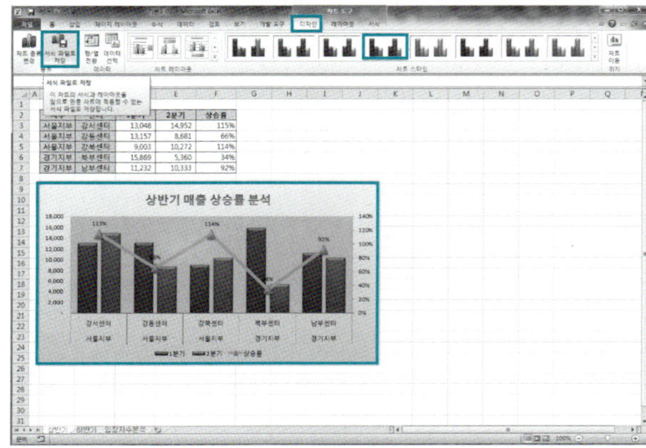

2. [**차트 서식 파일 저장**] 대화 상자에서 [**파일 이름**]에 <u>상승률분석차트</u>를 입력하고 [**저장**] 단추를 클릭한다.

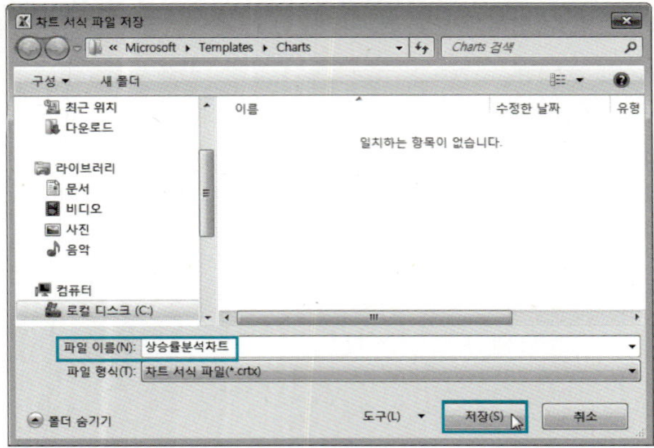

3. [**하반기**] 워크시트의 B2:F7 셀 범위를 드래그해 선택한다.

4. [**삽입**] 탭-[**차트**] 그룹에서 [**차트 만들기**] 명령( )을 클릭한다.

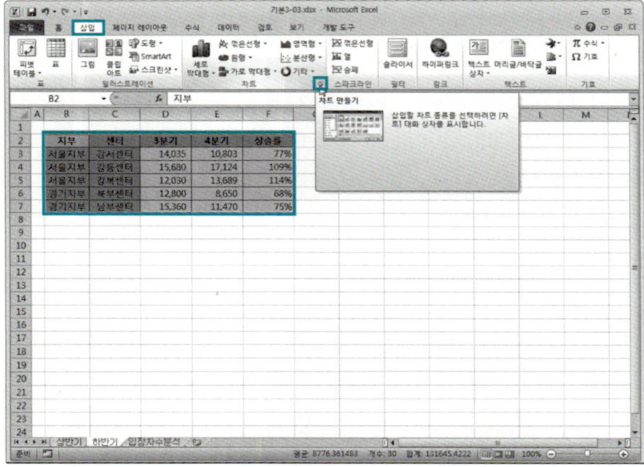

5. [**차트 삽입**] 대화 상자에서 [**서식 파일**] 범주를 클릭하고 '상승률분석차트'를 선택한 후 [**확인**] 단추를 클릭한다

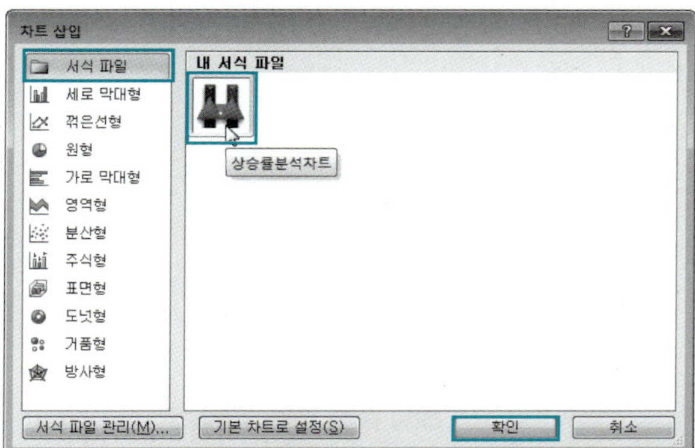

6. 차트가 삽입되면 차트 영역을 B9 셀로 드래그해 이동한 후 오른쪽 하단 모서리의 크기 조정 핸들을 드래그해 J25 셀까지 크기를 조정한다..

7. 차트 제목에 <u>하반기 매출 상승률 분석</u>을 입력한다.

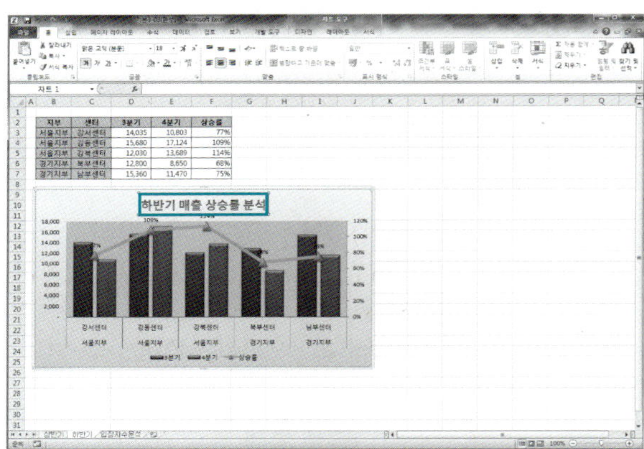

| 확인학습 |

준비파일: 확인3-03.xlsx   완성파일: 확인3-03(완성).xlsx

확인3-03.xlsx를 열어 다음 작업을 완성하시오.

(1) [예산안] 워크시트에서 차트를 '레이아웃 4'와 '차트 스타일 30'으로 변경하시오. 그러고 나서 차트의 데이터 레이블을 제거하시오.

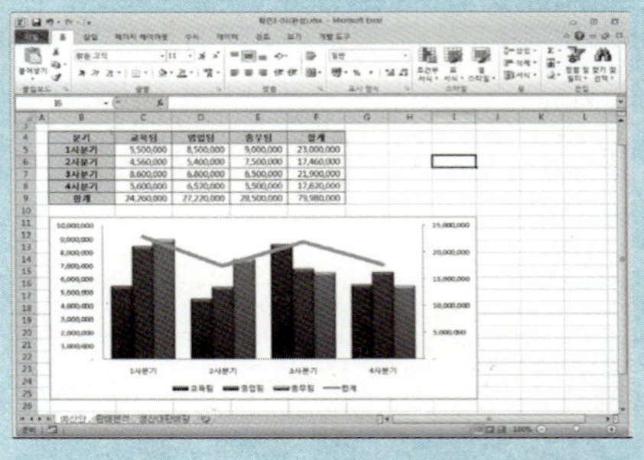

(2) [판매분석] 워크시트에서 차트를 '진한 파랑, 텍스트 2, 80% 더 밝게' 도형 채우기와 '파랑' 도형 윤곽선을 추가하고 범례를 위쪽으로 이동하도록 설정하시오.

(3) [판매분석] 워크시트의 차트를 '판매차트' 이름의 차트 서식 파일로 저장하시오.

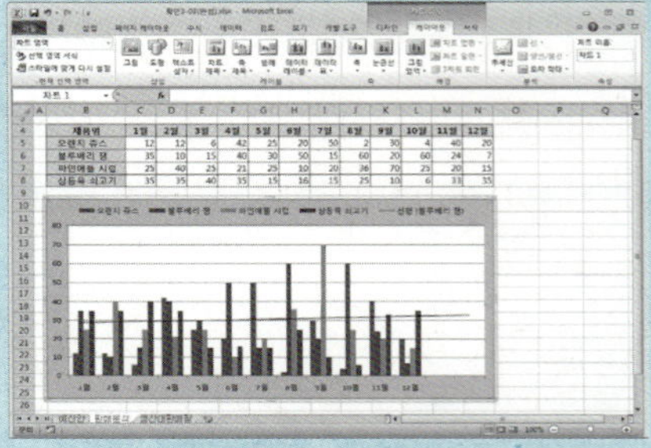

(4) [생산대판매량] 워크시트의 B4:D8 셀 범위의 데이터를 사용하여 판매차트 서식으로 새 차트를 작성하시오.

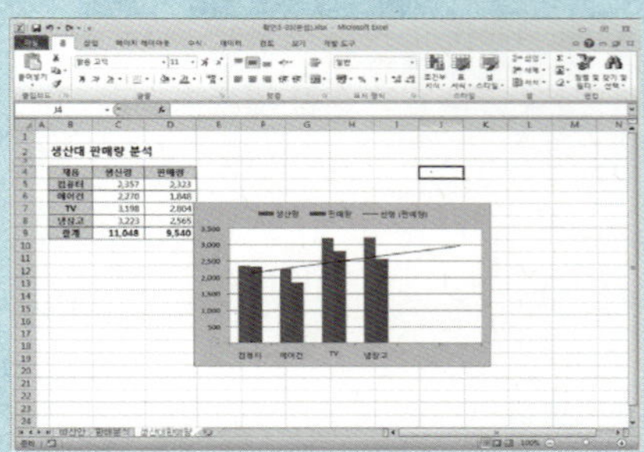

Hint

1. 빠른 차트 레이아웃을 변경하려면 **[차트 도구]–[디자인]** 탭–**[차트 레이아웃]** 그룹을 이용하세요.
2. 빠른 차트 스타일을 변경하려면 **[차트 도구]–[디자인]** 탭–**[차트 스타일]** 그룹을 이용하세요.
3. 차트 구성 요소를 추가 및 제거하려면 **[차트 도구]–[레이아웃]** 탭–**[레이블]** 그룹을 이용하세요.
4. 차트 구성 요소의 서식을 변경하려면 **[차트 도구]–[서식]** 탭을 이용하세요.
5. 차트 서식 파일로 저장하려면 **[차트 도구]–[디자인]** 탭–**[종류]** 그룹–**[서식 파일로 저장]** 명령을 이용하세요.
6. 차트 서식 파일로 새 차트를 작성하려면 **[삽입]** 탭–**[차트]** 그룹에서 **[차트 만들기]** 명령( )을 이용하세요.

3-4 스파크라인 분석

중요 용어 | 스파크라인, 꺾은선형, 열, 승패
출제 포인트 | 스파크라인을 만들고 서식을 변경하는 방법을 묻는 문제

스파크라인은 셀에 포함된 작은 차트를 말한다. 셀에 압축된 형태로 꺾은선형이나 막대 차트, 승패를 표현하여 값의 추세를 강조 표시할 수 있다. 데이터 주변에 작은 공간으로 간결하고 축소된 그래프 형식으로 추세를 표현할 수 있고 원본 데이터 값이 변경되면 스파크라인도 즉시 업데이트된다.

 01 스파크라인 만들기

스파크라인의 종류로는 꺾은선형, 열, 승패가 있다. 꺾은선형과 열 스파크라인은 일반 차트처럼 값의 추세나 비교를 보여 주고, 승패 스파크라인은 판매 기간이나 주식의 수익률 구조를 비교하거나, 한 시즌의 스포츠 팀의 승패 기록을 묘사할 수 있다.

지점별 1분기~4분기의 데이터를 사용해서 G3:G7 셀 범위에 꺾은선형 스파크라인을 만들고, H3:H7 셀 범위에는 열 스파크라인을 만듭니다.

1. G3:G7 셀 범위를 선택하고 **[삽입]** 탭–**[스파크라인]** 그룹–**[꺾은선형]** 명령을 클릭한다.

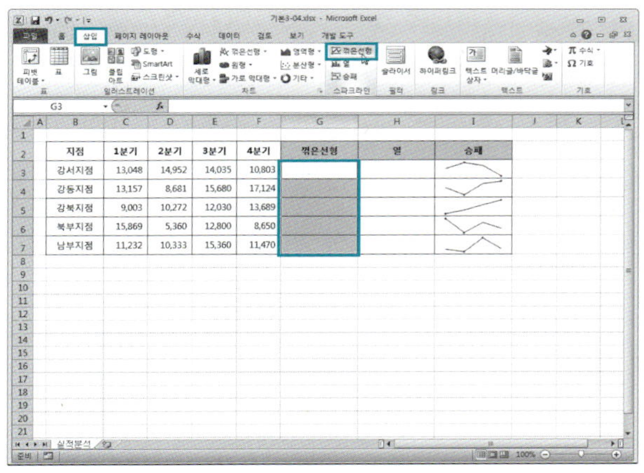

Excel Expert

2. [**스파크라인 만들기**] 대화 상자의 [**데이터 범위**]에 커서를 이동한 후 C3:F7 셀 범위를 드래그하고 [**확인**] 단추를 클릭한다.

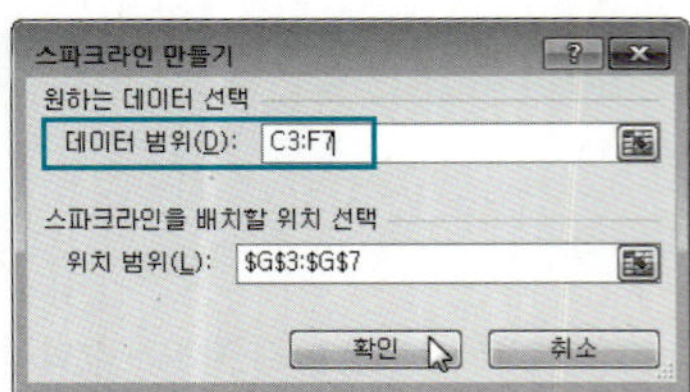

3. 꺾은선 스파크라인이 삽입된다. H3:H7 셀 범위를 선택하고 [**삽입**] 탭–[**스파크라인**] 그룹–[**열**]을 클릭한다.

4. [**스파크라인 만들기**] 대화 상자의 [**데이터 범위**]에 커서를 이동한 후 C3:F7 셀 범위를 드래그하고 [**확인**] 단추를 클릭한다.

5. 열 스파크라인이 삽입된다.

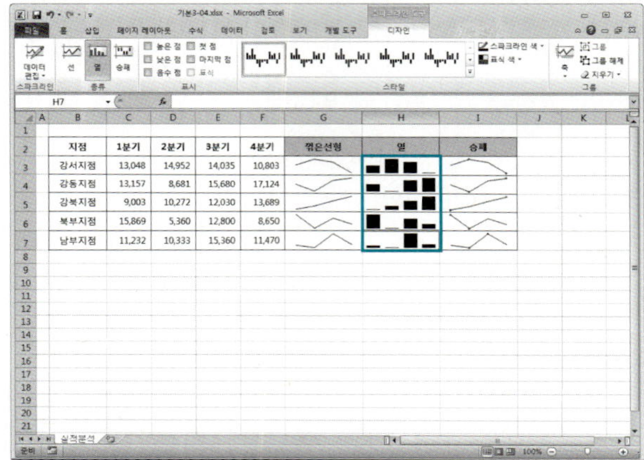

02 스파크라인 서식

삽입된 스파크라인의 종류를 변경하고, 고저 값을 강조하여 데이터를 보다 명확히 표현하고 서식을 자유롭게 변경할 수 있다.

> I3:I7 셀 범위의 스파크라인을 승패 스파크라인으로 변경합니다. 그러고 나서 G3:G7 셀 범위의 스파크라인에 '스타일 색상형 #4' 스파크라인 스타일을 적용하고, 높은 점, 낮은 점, 표식을 표시합니다. H3:H7 셀 범위의 스파크라인의 높은 점 색상을 '진한 빨강'으로 설정합니다.

1. I3:I7 셀 범위를 선택하고 **[스파크라인 도구]-[디자인]** 탭-**[종류]** 그룹에서 **[승패]**를 클릭한다.

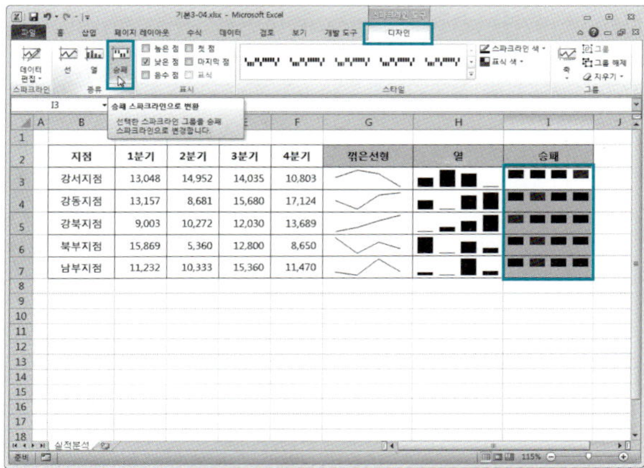

2. G3:G7 셀 범위를 선택하고 **[스파크라인 도구]-[디자인]** 탭-**[스타일]** 그룹에서 '스파크라인 스타일 색상형 #4'를 클릭한다.

3. 계속해서 **[스파크라인 도구]-[디자인]** 탭-**[표시]** 그룹에서 '높은 점', '낮은 점', '표식' 확인란을 선택한다.

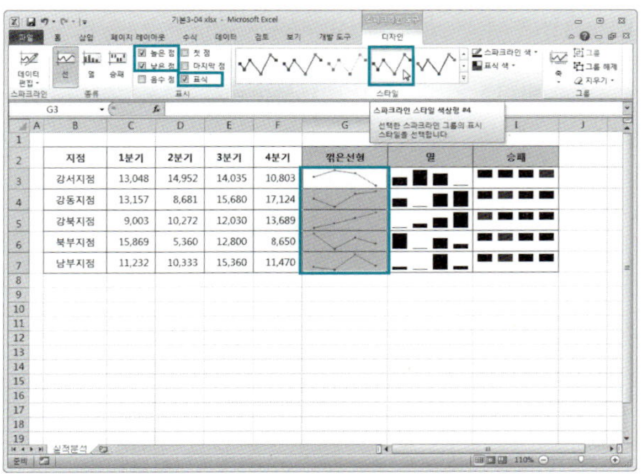

4. H3:H7 셀 범위를 선택하고 **[스파크라인 도구]–[디자인]** 탭–**[스타일]** 그룹–**[표식 색]–[높은 점]**의 **[표준 색]**에서 '진한 빨강'을 클릭한다.

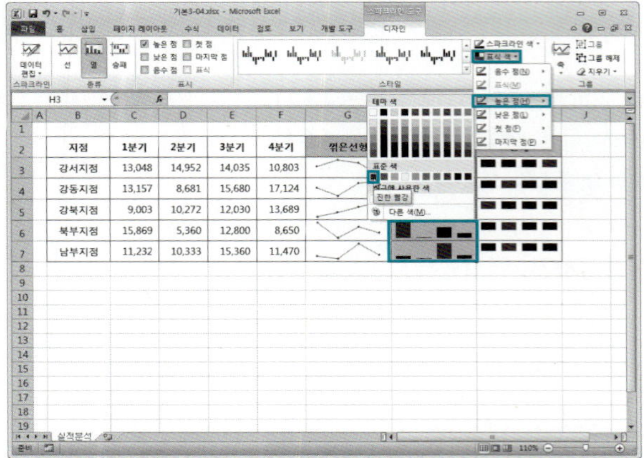

| 확인학습 |

확인3-04.xlsx를 열어 다음 작업을 완성하시오.

(1) O5:O8 셀 범위에 1월~12월 판매량을 열 스파크라인으로 만드시오.

(2) 스파크라인에 '스파크라인 스타일 강조 6, 50% 더 어둡게' 스파크라인 스타일을 적용하시오.

(3) 스파크라인의 높은 점과 낮은 점을 표시하고 낮은 점 색상을 파랑으로 설정하시오.

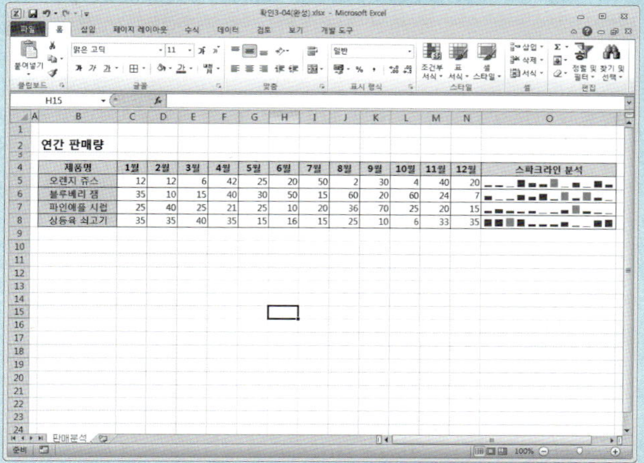

1. 스파크라인은 [삽입] 탭-[스파크라인] 그룹에서 종류를 선택하세요.

2. 스파크라인 스타일은 [스파크라인 도구]-[디자인] 탭-[스타일] 그룹을 이용하세요.

3. 스파크라인 표시 옵션은 [스파크라인 도구]-[디자인] 탭-[표시] 그룹을 이용하세요.

4. 스파크라인 표식 색은 [스파크라인 도구]-[디자인] 탭-[스타일] 그룹-[표식 색] 명령을 이용하세요.

3-5
시나리오

중요 용어	What-if, 시나리오, 시나리오 병합, 시나리오 요약 보고서
출제 포인트	변수에 따른 변화 여부를 시뮬레이션하는 시나리오를 만들고, 시나리오를 표시하고, 요약 보고서를 작성하는 방법을 묻는 문제

시나리오는 What-if 분석 도구 중의 하나로 '만약 ～한다면 어떤 결과가 나올까?'와 같이 질문에 대한 대답을 예측할 수 있도록 데이터 변수에 따른 다양한 수식 결과를 시뮬레이션할 수 있는 기능이다. 여러 개의 변수에 따른 결과를 워크시트에 표시하거나, 별도의 시나리오 요약 보고서 및 피벗 테이블 요약 보고서를 만들 수 있다.

 **01** ## 시나리오 추가

변수가 있는 값을 시나리오에 추가한다. 단, 변수에 따른 결과 값을 도출하려면 값이 변경될 셀과 그 변수에 따라 변화할 결과 값이 있는 셀이 수식으로 연결되어 있어야 한다.

> 마진율을 30%로 인상했을 경우는 '인상'이라는 시나리오 이름과 마진율을 10%로 인하했을 경우의 '인하'라는 이름의 시나리오를 만듭니다.

1. [데이터] 탭-[데이터 도구] 그룹-[가상 분석]-[시나리오 관리자] 명령을 클릭한다.

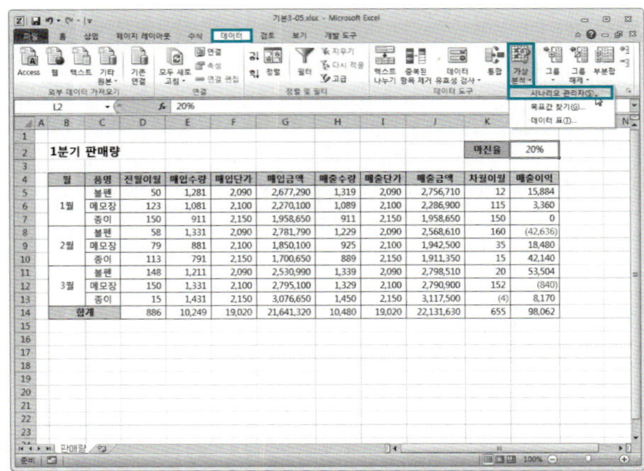

2. [**시나리오 관리자**] 대화 상자에서 마진율이 30% 인상될 때의 시나리오를 추가하기 위해 [**추가**] 단추를 클릭한다.

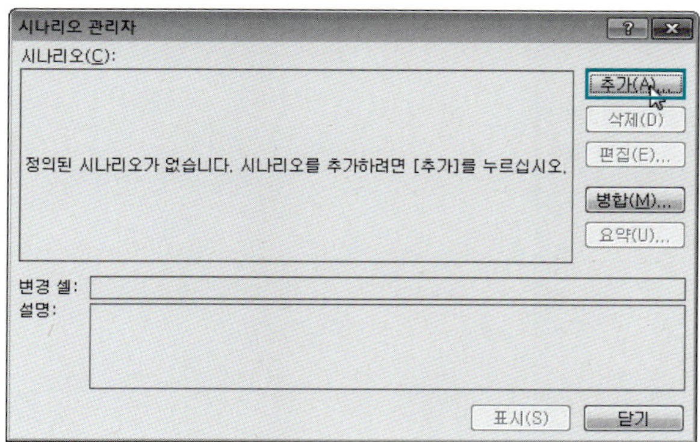

3. [**시나리오 추가**] 대화 상자에서 [**시나리오 이름**]에 인상을 입력한다. [**변경 셀**]은 변수가 될 데이터가 포함된 셀 또는 셀 범위로 L2 셀을 클릭하고 [**확인**] 단추를 클릭한다.

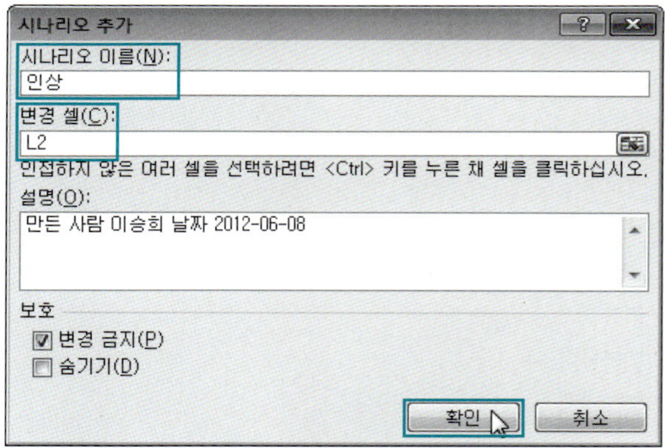

4. [**시나리오 값**] 대화 상자에서 L2 셀의 값을 0.3으로 설정한다. 마진율이 10% 인하될 때의 시나리오를 추가하기 위해 [**추가**] 단추를 클릭한다.

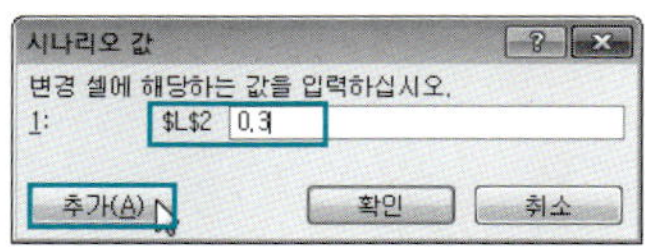

5. [시나리오 추가] 대화 상자에서 [시나리오 이름]에 <u>인하</u>를 입력한다. [변경 셀]
은 L2 셀로 두고 [확인] 단추를 클릭한다.

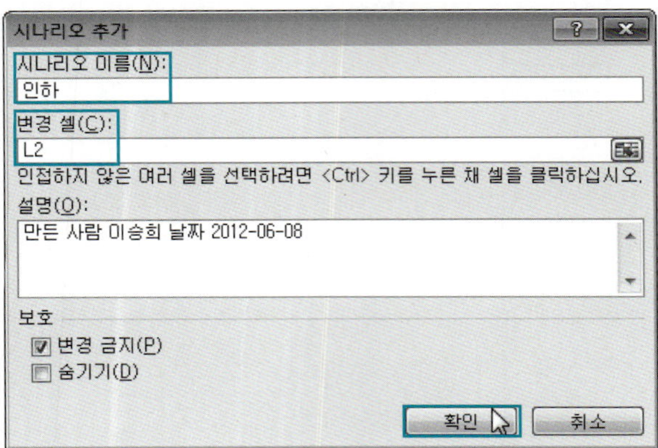

6. [시나리오 값] 대화 상자에 <u>0.1</u>을 입력하고 [확인] 단추를 클릭한다.

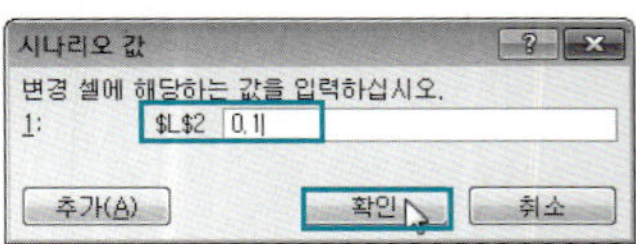

7. [시나리오 관리자] 대화 상자에 '인상' 및 '인하' 시나리오가 추가된다. [닫기] 단
추를 클릭한다.

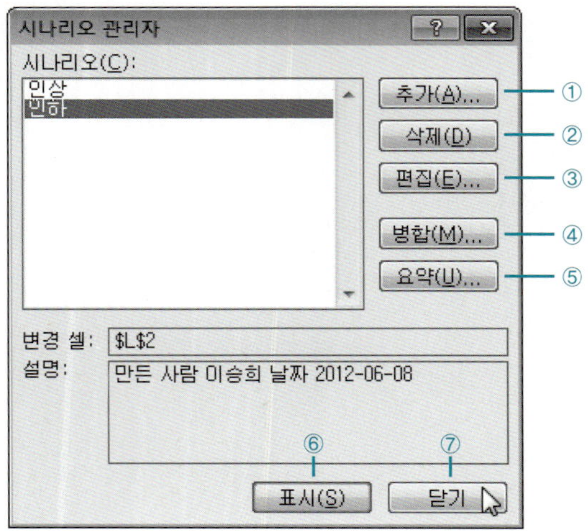

① **추가 :** 새 시나리오를 추가한다.
② **삭제 :** 선택한 시나리오를 삭제한다.
③ **편집 :** 선택한 시나리오를 수정한다.
④ **병합 :** 다른 시나리오와 병합한다.
⑤ **요약 :** 시나리오를 요약 보고서로 만든다.
⑥ **표시 :** 선택한 시나리오의 결과 여부를 표시하여 확인한다.
⑦ **닫기 :** 대화 상자를 종료한다.

 **요약 보고서 작성**

특정 시나리오의 변경 셀과 변경에 따른 결과 상태를 셀에 표시하거나, 포함한 시나리오 정보를 요약하여 보고서 형식으로 만들거나, 시나리오 피벗 테이블 보고서로 만들 수 있다.

'인상' 시나리오를 표시한 다음에 매출이익의 합계가 어떻게 변화하는지를 시나리오 요약 보고서로 만드시오. 새 워크시트의 이름을 판매량 요약보고서로 지정하시오.

1. 시나리오를 표시하기 위해 **[데이터]** 탭–**[데이터 도구]** 그룹–**[가상 분석]**–**[시나리오 관리자]** 명령을 클릭한다.

2. **[시나리오 관리자]** 대화 상자에서 '인상' 시나리오를 선택하고 **[표시]** 단추를 클릭한다.

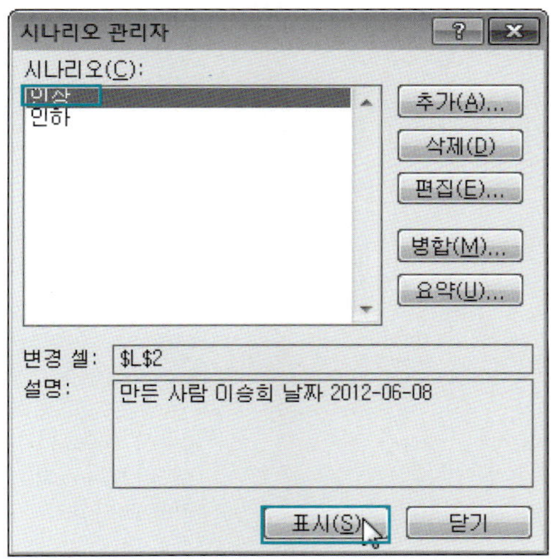

3. '인상' 시나리오에 따른 수식으로 연결된 모든 셀의 결과가 시뮬레이션된다.

4. 시나리오에 대한 요약 보고서를 작성하기 위해 **[시나리오 관리자]** 대화 상자에서 **[요약]** 단추를 클릭한다.

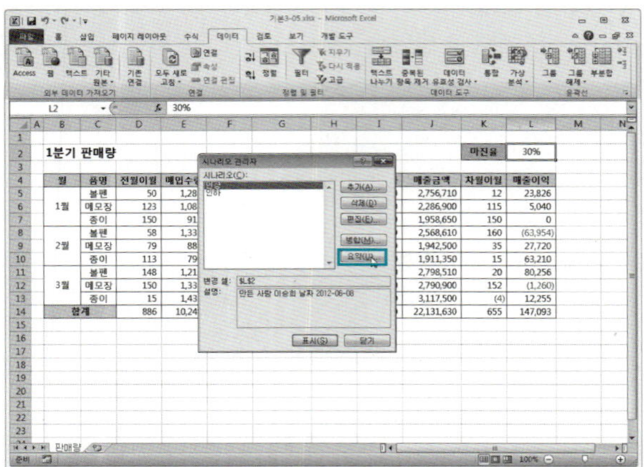

5. **[시나리오 요약]** 대화 상자에서 보고서 종류를 '시나리오 요약'으로 두고, **[결과 셀]**에 커서를 이동한 후 워크시트에서 L14 셀을 클릭하고 **[확인]** 단추를 클릭한다.

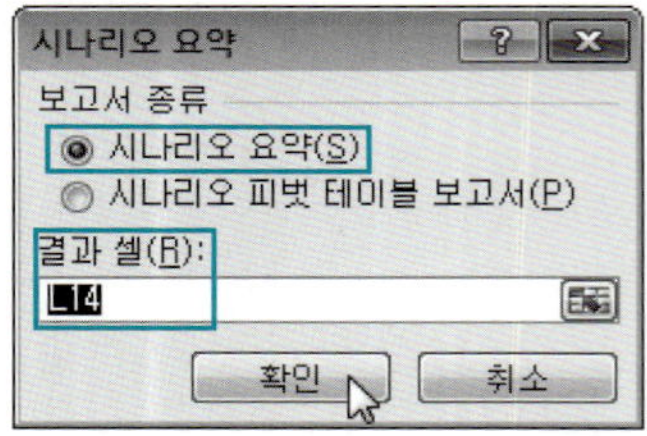

6. **[시나리오 요약]** 워크시트가 삽입되고 보고서 내용이 요약되어 표시된다.

7. 시트 탭을 더블 클릭한 후 <u>판매량 요약보고서</u>를 입력하고 〈Enter〉 키를 누른다.

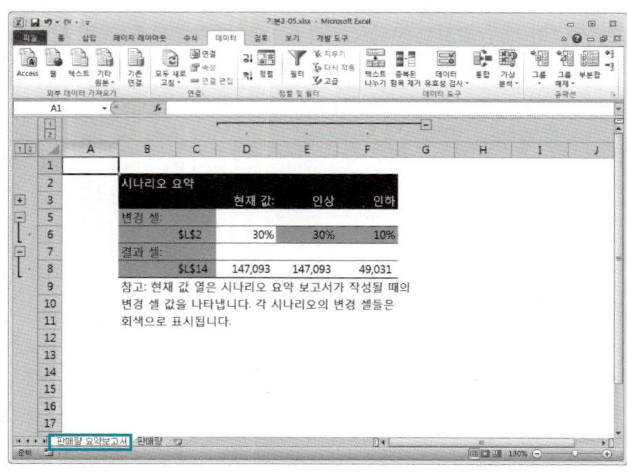

tip

이름 정의 및 활용

[시나리오 요약] 워크시트의 변경 셀과 결과 셀에 셀 주소가 표시된다. 각 셀의 내용이 무엇인지 쉽게 파악하고자 한다면 각 셀에 이름을 정의한 후 시나리오를 추가하면 된다. 즉, L2 셀에 '마진율'을, L14 셀에는 '매출이익합계'와 같이 이름을 정의하면 **[시나리오 값]** 대화 상자와 **[시나리오 요약]** 워크시트에 셀 주소 대신 정의한 이름이 표시된다. 셀이나 셀 범위에 이름을 정의하려면 범위를 지정한 후 이름 상자를 클릭하고 알아보기 쉬운 명칭을 입력하고 〈Enter〉 키를 누르면 된다.

Check

시나리오 문제에 있어서는 시나리오를 추가만 하는지, 표시까지 해야 하는지, 요약 보고서까지 만들어야 하는지를 확실히 구분하여 주어진 것만 수행한다.

| 확인학습 |

준비파일 : 확인3-05.xlsx   완성파일 : 확인3-05(완성).xlsx

확인3-05.xlsx를 열어 다음의 작업을 완성하시오.

(1) B4 셀은 '필기', C4 셀은 '실기', D4 셀은 '면접' F15 셀은 '점수합계'로 각각 이름을 정의하시오.

(2) 필기는 40%, 실기는 40%, 면접은 20%로 변경할 수 있는 '반영비율' 이름의 시나리오를 만들고 표시하시오.

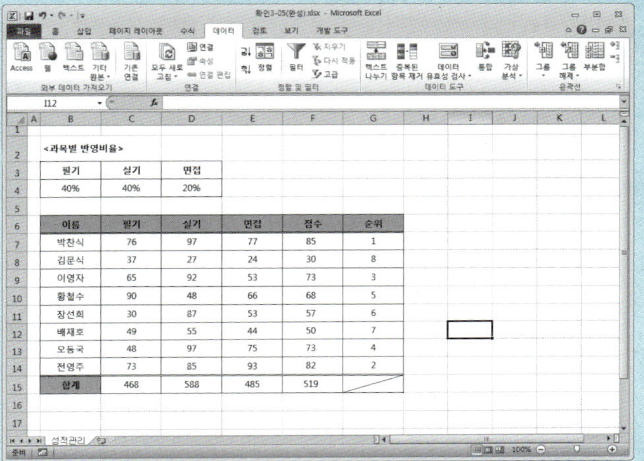

1. 각 셀을 선택한 후 이름 상자를 이용하여 이름을 정의하세요.
2. 새 시나리오를 추가하고 표시하려면 [데이터] 탭-[데이터 도구] 그룹-[가상 분석]-[시나리오 관리자] 명령을 이용하세요.

3-6
목표값 찾기

중요 용어 | What-if, 목표값 찾기
출제 포인트 | 목표 값에 따른 변수를 찾는 방법을 묻는 문제

목표값 찾기도 What-if 분석 도구 중의 하나로 원하는 결과 값을 위해 특정 데이터의 입력 값을 찾는 기능이다. 예를 들어, 연봉이 3천만원이 되려면 월 급여가 얼마여야 하는가와 이벤트 비용이 5백만원을 넘지 않게 하려면 인건비를 얼마로 책정해야 할지 등을 예측할 수 있다. 목표 값과 변경될 값은 반드시 서로 수식으로 참조되어 있어야 한다.

> 2013년 계획 매출합계가 3천만원이 되려면 예상 성장률이 얼마가 돼야 하는지 구합니다.

1. 찾을 값이 입력되어 있는 F14 셀을 선택한다.

2. [**데이터**] 탭-[**데이터 도구**] 그룹-[**가상 분석**]-[**목표값 찾기**] 명령을 클릭한다.

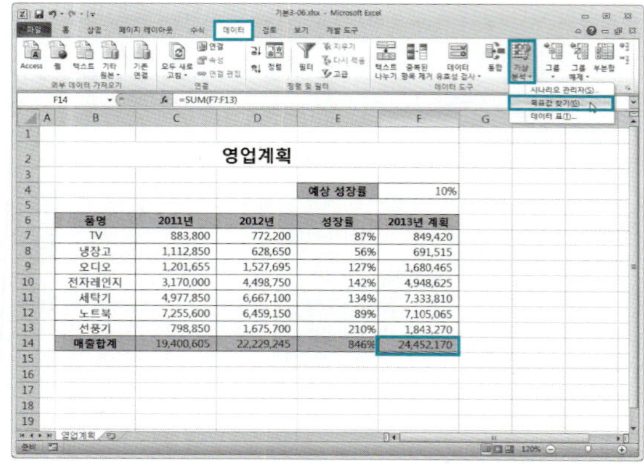

3. [**목표값 찾기**] 대화 상자의 [**수식 셀**]에 'F14' 셀 주소가 나타난다. [**찾는 값**]에 <u>30000000</u>을 입력하고 [**값을 바꿀 셀**]에 커서를 이동한 후 F4 셀을 클릭하여 주소를 입력하고 [**확인**] 단추를 클릭한다.

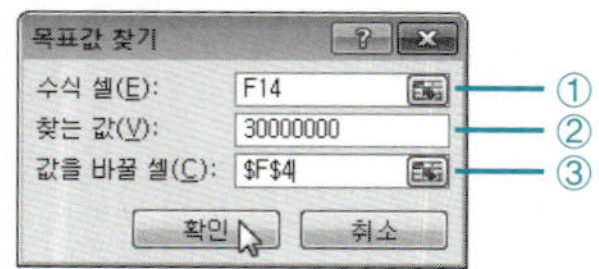

① **수식 셀** : 목표 값을 찾을 수식이 입력된 셀 주소를 설정한다. 1단계에서 선택한 셀 주소가 자동으로 표시된다.
② **찾는 값** : 수식 셀의 목표 값을 입력한다.
③ **값을 바꿀 셀** : 목표 값의 변동에 따라 변화 여부를 알아볼 예상 값을 구할 셀을 클릭하여 입력한다.

4. **[목표값 찾기 상태]** 대화 상자에 목표 값에 따른 답이 산출된다. 결과를 적용시키
려면 **[확인]** 단추를, 적용을 취소시키려면 **[취소]** 단추를 클릭한다.

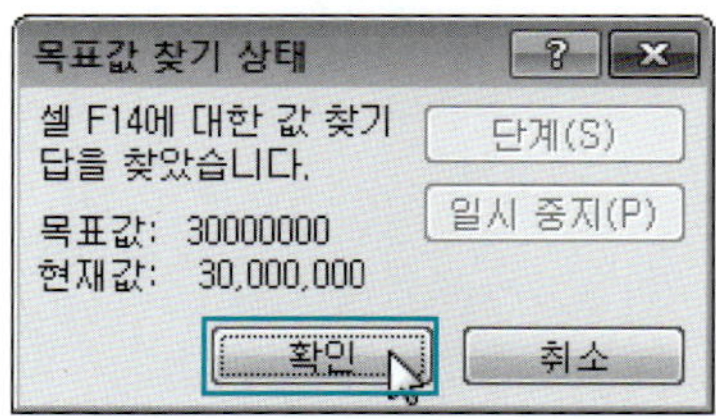

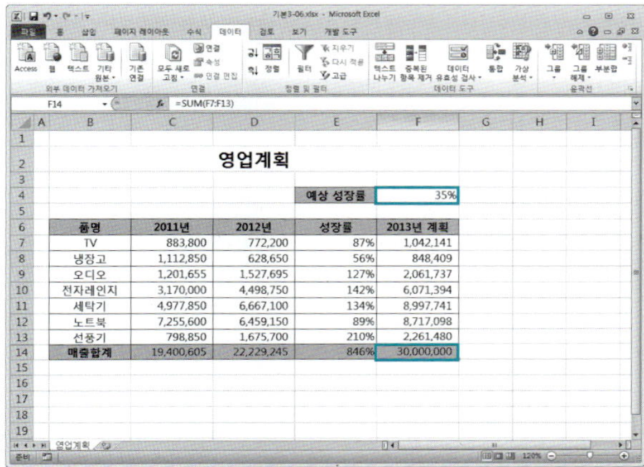

| 확인학습 |

준비파일 : 확인3-06.xlsx   완성파일 : 확인3-06(완성).xlsx

확인3-06.xlsx를 열어 다음의 작업을 완성하시오.

(1) [지출] 워크시트에서 총지출을 100만원으로 줄이기 위해 필요한 교육비의 조정 값을 표시하시오.

(2) [급여] 워크시트에서 연봉이 4,000만원이 되려면 기본급이 얼마가 돼야 하는지 표시하시오.

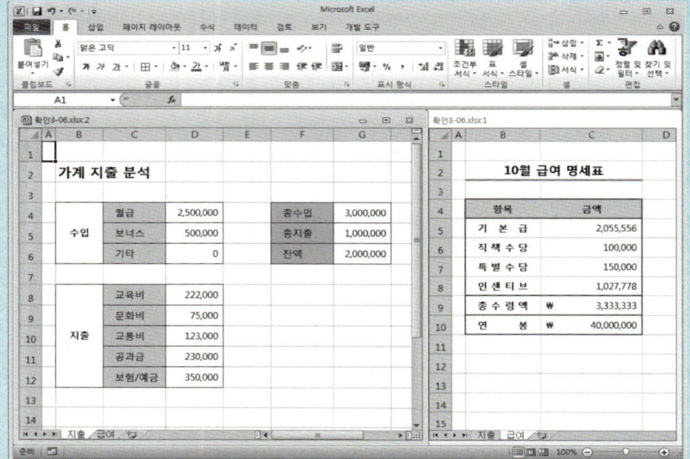

Hint

1. 목표값을 찾으려면 수식 셀을 선택하고 [데이터] 탭–[데이터 도구] 그룹–[가상 분석]–[목표값 찾기] 명령을 이용하세요.

3-7
데이터 표

중요 용어 | 데이터 표, 행 입력 값, 열 입력 값
출제 포인트 | 다양한 변수에 따른 변화 여부를 하나의 표로 만드는 방법을 묻는 문제

데이터 표는 특정 값들의 변화에 따른 다양한 결과 값의 변화를 표 형식으로 표시하는 기능이다. 월분할상환회수(1회부터 36회)와 차량가격(2,500, 2,800, 3,000)의 변동에 따른 월지급액의 변수를 파악하여 여러 가지 경우의 수에 따른 월지급액을 계산하여 한 표에 모두 표시해 본다.
보유달러와 환율에 따른 환산을 구하는 수식이 E4 셀에 작성되어 있다. 이와 같이 결과를 계산하는 수식이 표의 왼쪽 상단에 입력되어 있어야 한다.

> F3:L8 셀 범위에 변수 두 개의 데이터 표를 만듭니다. 행 입력 셀을 C4 셀로, 열 입력 셀을 C3 셀로 설정합니다.

1. 데이터 표를 적용할 F3:L8 셀 범위를 선택한다.

2. [데이터] 탭–[데이터 도구] 그룹–[가상 분석]–[데이터 표] 명령을 클릭한다.

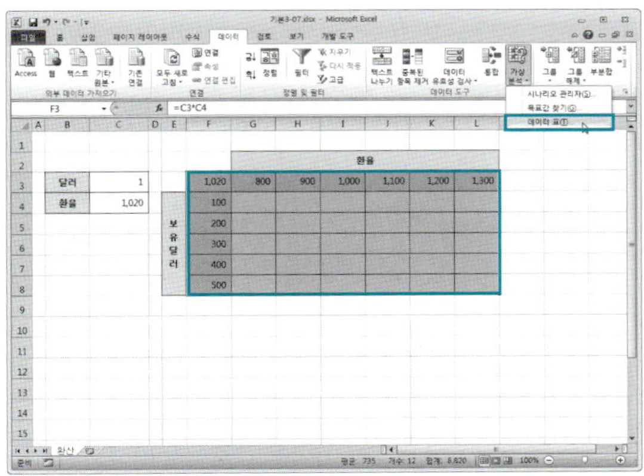

3. [데이터 표] 대화 상자에서 [행 입력 셀]은 환율 C4 셀을, [열 입력 셀]은 달러 C3 셀을 선택하여 입력한 후 [확인] 단추를 클릭한다.

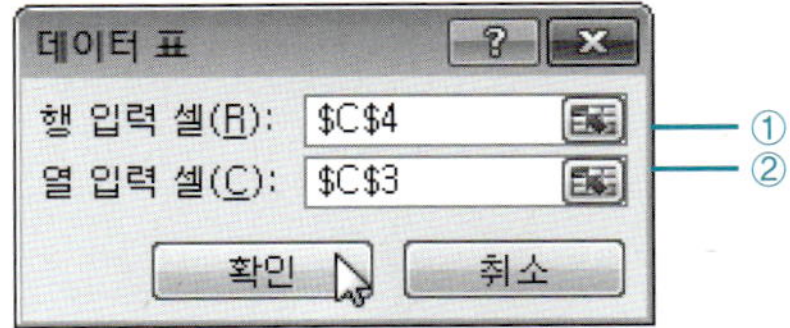

① **행 입력 셀** : 변화되는 값이 행에 있는 경우로 행 값에 따라 변화 여부를 결정할 참조 값이 온다.
② **열 입력 셀** : 변화되는 값이 열에 있는 경우로 열 값에 따라 변화 여부를 결정할 참조 값이 온다.

Excel Expert

4. 각 행 값인 환율과 열 값인 보유달러에 따른 환산 결과가 표에 모두 표시된다. G4:L8 셀 범위의 계산 결과는 F3 셀의 수식을 이용하여 계산된다.

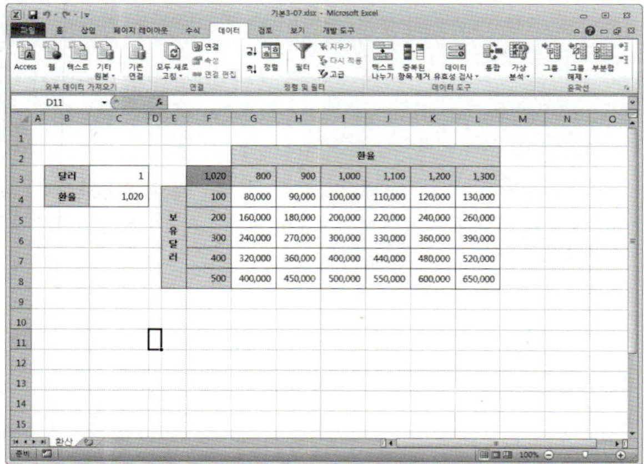

보유달러	1,020	800	900	1,000	1,100	1,200	1,300
	100	80,000	90,000	100,000	110,000	120,000	130,000
	200	160,000	180,000	200,000	220,000	240,000	260,000
	300	240,000	270,000	300,000	330,000	360,000	390,000
	400	320,000	360,000	400,000	440,000	480,000	520,000
	500	400,000	450,000	500,000	550,000	600,000	650,000

| 확인학습 |

준비파일: 확인3-07.xlsx   완성파일: 확인3-07(완성).xlsx

확인3-07.xlsx를 열어 다음의 작업을 완성하시오.

(1) [표준체중] 워크시트에서 B6:K8 셀 범위에 두 개의 변수에 따른 데이터 표를 만드시오. 행 입력 셀은 키(G2), 열 입력 셀은 성별(G3)로 설정하시오.

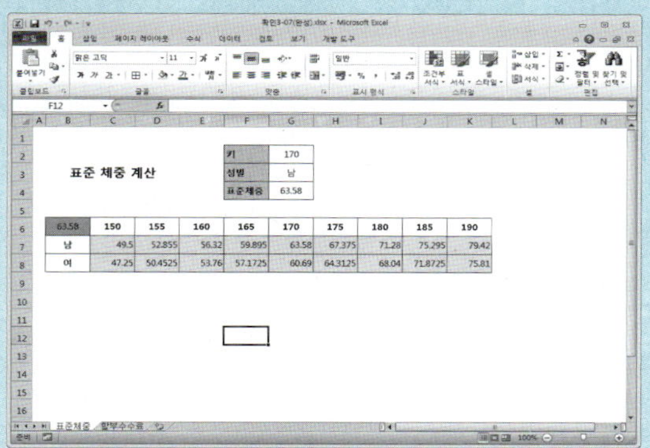

표준 체중 계산

키	170
성별	남
표준체중	63.58

63.58	150	155	160	165	170	175	180	185	190
남	49.5	52.855	56.32	59.895	63.58	67.375	71.28	75.295	79.42
여	47.25	50.4525	53.76	57.1725	60.69	64.3125	68.04	71.8725	75.81

(2) [할부수수료] 워크시트에서 E4:M16 셀 범위에 두 개의 변수에 따른 데이터 표를 만드시오. 행 입력 셀은 수수료율(C4), 열 입력 셀은 개월수(C5)로 설정하시오.

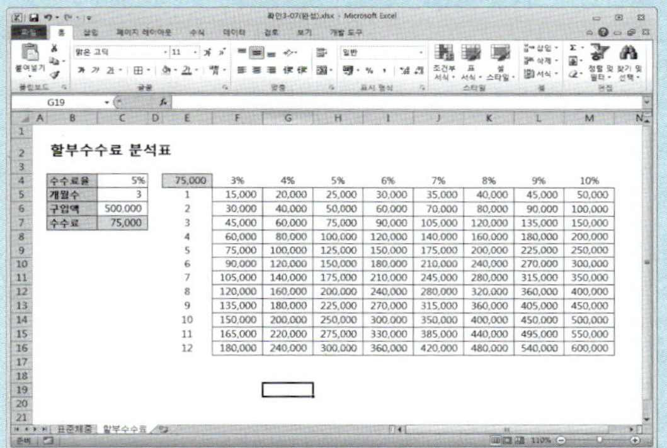

할부수수료 분석표

수수료율	5%
개월수	3
구입액	500,000
수수료	75,000

75,000	3%	4%	5%	6%	7%	8%	9%	10%
1	15,000	20,000	25,000	30,000	35,000	40,000	45,000	50,000
2	30,000	40,000	50,000	60,000	70,000	80,000	90,000	100,000
3	45,000	60,000	75,000	90,000	105,000	120,000	135,000	150,000
4	60,000	80,000	100,000	120,000	140,000	160,000	180,000	200,000
5	75,000	100,000	125,000	150,000	175,000	200,000	225,000	250,000
6	90,000	120,000	150,000	180,000	210,000	240,000	270,000	300,000
7	105,000	140,000	175,000	210,000	245,000	280,000	315,000	350,000
8	120,000	160,000	200,000	240,000	280,000	320,000	360,000	400,000
9	135,000	180,000	225,000	270,000	315,000	360,000	405,000	450,000
10	150,000	200,000	250,000	300,000	350,000	400,000	450,000	500,000
11	165,000	220,000	275,000	330,000	385,000	440,000	495,000	550,000
12	180,000	240,000	300,000	360,000	420,000	480,000	540,000	600,000

Hint

1. 데이터 표를 만들려면 수식이 있는 셀부터 셀 범위를 지정하고 **[데이터]** 탭–**[데이터 도구]** 그룹–**[가상 분석]**–**[데이터 표]** 명령을 이용하세요.

3-8
데이터 통합

중요 용어	통합, 레이블, 원본 데이터 연결
출제 포인트	다른 워크시트에 있는 데이터를 한 위치로 통합하는 방법을 묻는 문제

데이터 통합은 다른 시트 또는 다른 통합 문서에 있는 데이터를 한곳으로 통합해 주는 기능이다. 데이터를 통합하면서 합계, 평균, 최대값 및 최소값 등의 다양한 함수식 계산 결과를 표시할 수 있다. 데이터 값만을 사용하여 통합하거나, 행 및 열 레이블을 참조하여 통합하는 방법이 있다. 또한 원본과 연결하여 항상 최신의 데이터로 유지시킬 수도 있다.

 **위치 통합**

여러 워크시트에 분산되어 있는 데이터의 위치를 참고하여 한 워크시트로 통합하는 방법으로 데이터 표의 크기가 모두 동일해야 한다.

> [강북], [강남], [강서] 워크시트의 데이터의 합계를 내어 [지역통합] 워크시트의 B4 셀로 통합합니다.

1. [**지역통합**] 워크시트의 B4 셀을 선택한다.

2. [**데이터**] 탭–[**데이터 도구**] 그룹–[**통합**] 명령을 클릭한다.

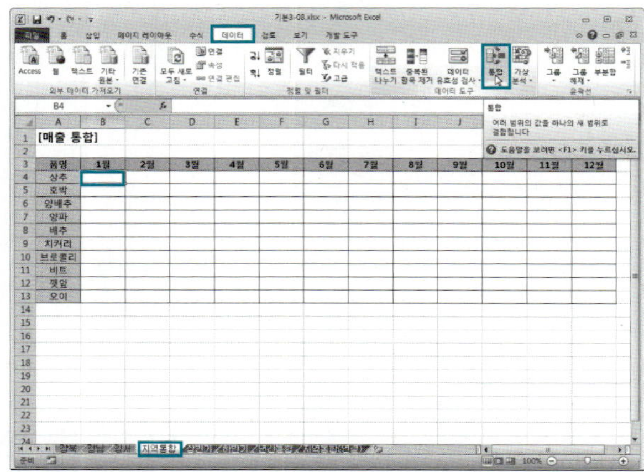

3. [**통합**] 대화 상자가 실행되면 [**함수**]를 '합계'로 선택한다. [**참조**]에 커서를 이동한 후 [**강북**] 시트 탭을 클릭하고 B4:M13 셀 범위를 드래그하여 선택한 후 [**추가**] 단추를 클릭한다.

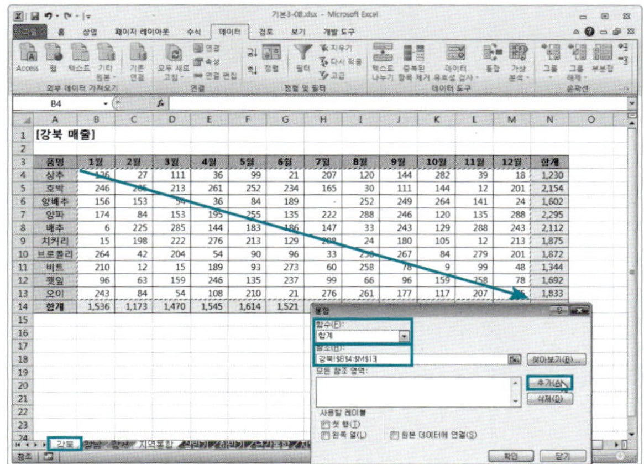

4. [**모든 참조 영역**]에 참조 주소가 추가되면 [**강남**] 시트 탭을 클릭한다. [**참조**]에 강남 시트 이름과 동일한 셀 주소(강남!$B$4:$M$13)가 나타나면 [**추가**] 단추를 클릭한다.

5. 마지막으로 [**강서**] 시트 탭을 클릭하고 [**추가**] 단추를 클릭한다. 3개 지역의 모든 참조 범위가 추가되면 [**사용할 레이블**]에서 모든 확인란의 선택을 해제하고 [**확인**] 단추를 클릭한다.

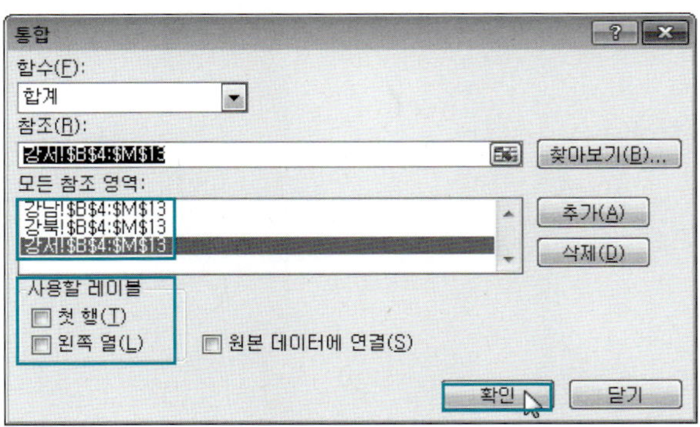

6. [지역통합] 워크시트에 통합 결과가 나타난다.

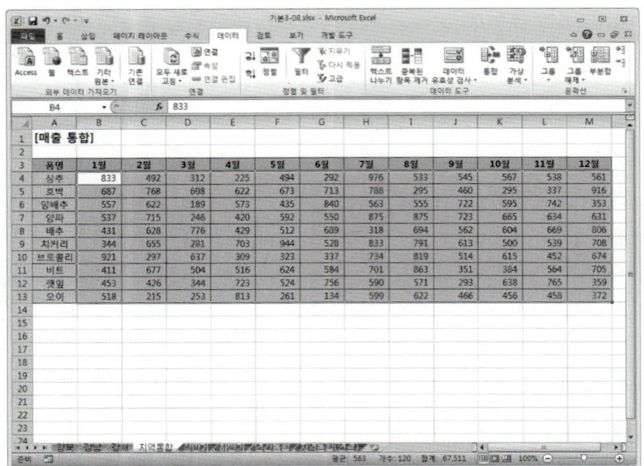

 ## 레이블 통합

대부분 도표에는 행과 열의 레이블(제목)이 포함되어 있다. 다른 워크시트에 크기가 다른 데이터 표가 있다면 레이블을 사용하여 병합을 수행할 수 있다.

[상반기]와 [하반기] 워크시트의 데이터를 사용하여 [년간통합] 워크시트의 B4 셀로 시작하여 통합합니다. 첫 행인 월과 왼쪽 열인 지점명의 레이블을 사용하여 표시합니다.

1. [**년간통합**] 시트의 B4 셀을 선택한다.

2. [**데이터**] 탭–[**데이터 도구**] 그룹–[**통합**] 명령을 클릭한다.

3. [**통합**] 대화 상자에서 [**함수**]를 '합계'로 선택한다. [**참조**]에 커서를 이동한 후 [**상반기**] 시트 탭을 클릭한다. B4:H15 셀 범위를 드래그하여 선택한 후 [**추가**] 단추를 클릭한다.

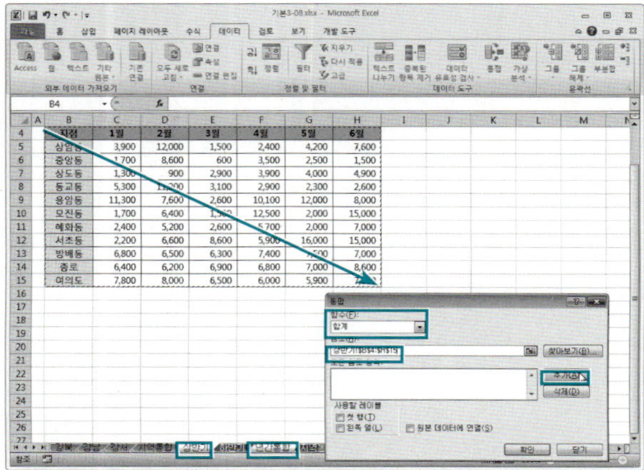

4. [모든 참조 영역]에 참조 주소가 추가되면 두 번째 [하반기] 시트 탭을 클릭하고 [참조]에 '하반기!$B$4:$H$15' 참조 주소가 나타나면 [추가] 단추를 클릭한다.

5. [사용할 레이블]에서 '첫 행'과 '왼쪽 열'의 확인란을 모두 선택하고, '원본 데이터에 연결'의 선택은 해제되어 있는 상태에서 [확인] 단추를 클릭한다.

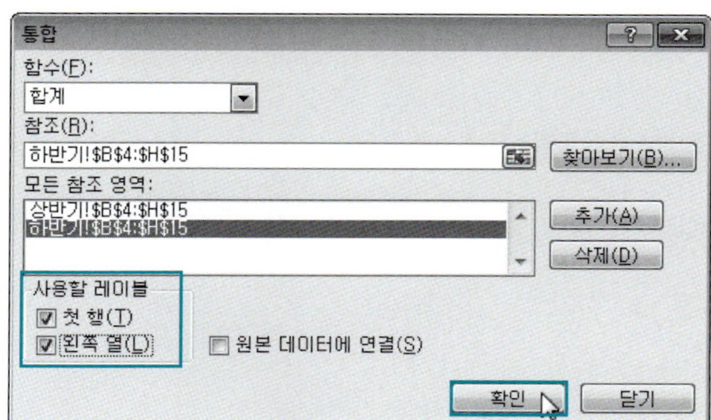

6. 참조 영역의 첫 행과 왼쪽 열을 레이블을 사용하여 통합 결과가 나타난다.

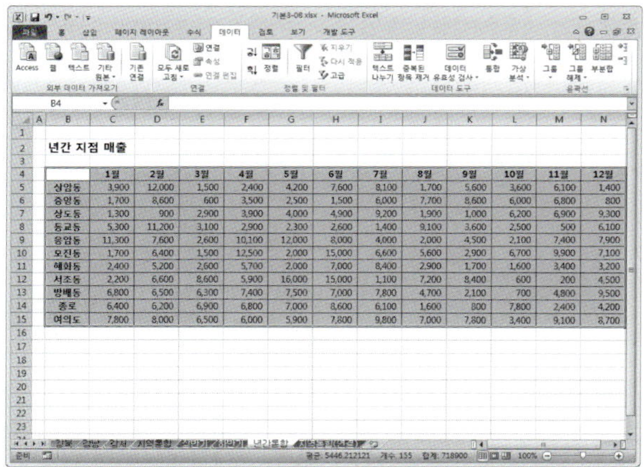

 03 원본과 연결

다른 워크시트의 데이터를 한 워크시트로 통합할 때 원본과 연결하여 가져올 수 있다. 원본과 연결하면 원본 값이 변경된 경우 통합 데이터가 업데이트되어 항상 최신의 데이터를 유지할 수 있다. 원본과 연결하여 통합하면 일반 숫자 데이터가 아닌 '=강남!$B$4'와 같이 특정 시트의 특정 셀을 참조하는 주소가 나타난다.

> [강북], [강남], [강서] 워크시트의 데이터를 평균 내어 [지역통합(연결)] 워크시트의 B4 셀로 통합합니다. 첫 행인 월과 왼쪽 열인 품명의 레이블을 사용하여 표시하고 원본과 연결합니다.

1. **[지역통합(연결)]** 워크시트에서 B4 셀을 선택한다.

2. **[데이터]** 탭–**[데이터 도구]** 그룹–**[통합]** 명령을 클릭한다.

3. **[통합]** 대화 상자에서 **[함수]**를 '평균'으로 선택한다.

4. **[참조]**에 커서를 이동한 후 **[강북]** 시트 탭을 클릭한다. A3:N14 셀 범위를 드래그하여 선택한 후 **[추가]** 단추를 클릭한다.

5. **[강남]** 시트 탭을 클릭하고 **[추가]** 단추를 클릭한다.

6. **[강서]** 시트 탭을 클릭하고 **[추가]** 단추를 클릭한다.

7. **[모든 참조 영역]**에 참조 주소가 모두 추가되면 **[사용할 레이블]**에서 '첫 행', '왼쪽 열'과 '원본 데이터에 연결'의 확인란을 모두 선택하고 **[확인]** 단추를 클릭한다.

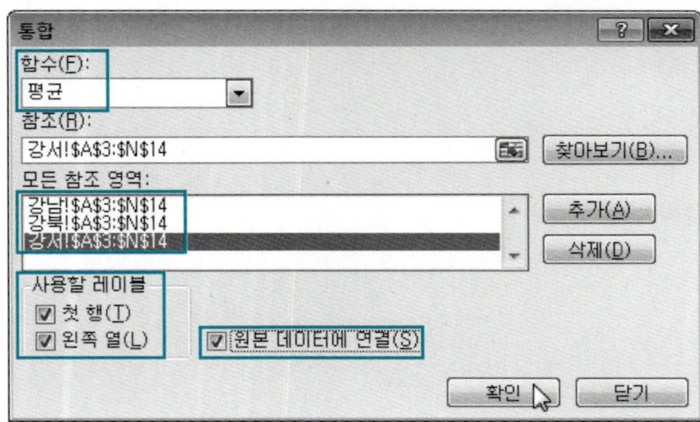

8. 원본과 연결되어 데이터가 통합되고 왼쪽에 윤곽 단추가 생성되어 [+]를 클릭하면 각 지점별 원본 데이터를 확인할 수 있다. 각 품명 행에는 '=AVERAGE(D9:D11)'와 같이 3개 지역의 데이터를 계산하는 함수식으로 표시된다.

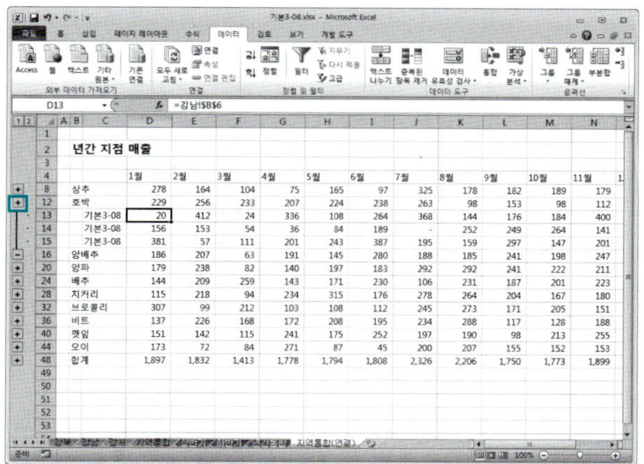

| 확인학습 |

확인3-08.xlsx를 열어 다음의 작업을 완성하시오.

(1) [영업1팀] 및 [영업2팀] 워크시트의 계획금액
   과 판매금액 데이터에서 최대값을 연결하여
   [실적통합] 워크시트의 계획금액과 판매금액
   범위(D6:E13)에 통합하시오.

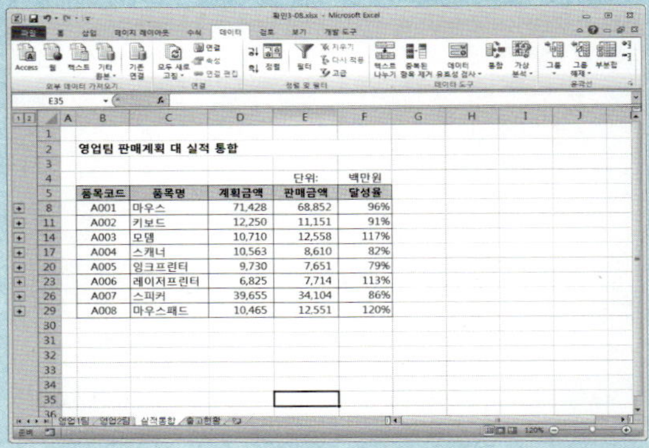

(2) [출고현황] 워크시트의 서울지점 및 도쿄지점
   의 제품별 출고량 데이터를 평균 내어 새 워
   크시트의 B2 셀에서 시작하여 통합하시오.
   첫 행 및 왼쪽 열인 제품을 레이블로 표시하
   고 새 워크시트의 이름을 <u>지점통합</u>으로 설
   정하시오.

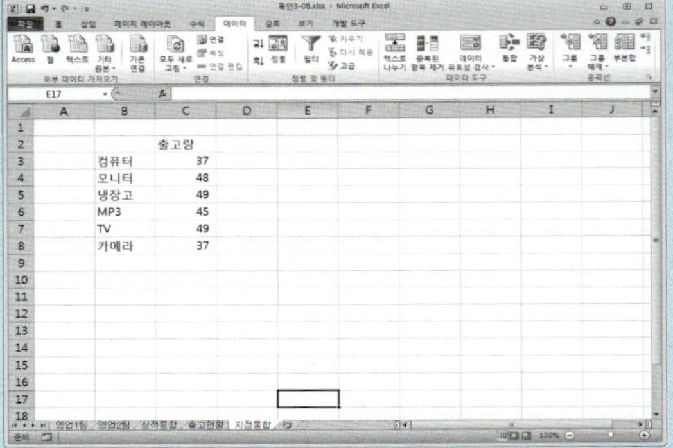

1. 데이터를 통합하려면 **[데이터]** 탭-**[데이터 도구]** 그룹-**[통합]** 명령을 사용하세요.
2. 원본 데이터와 연결하려면 '원본 데이터에 연결' 옵션을 설정하세요.
3. 레이블을 사용하여 통합하려면 **[사용할 레이블]** 옵션을 설정하세요.

3-9
피벗 테이블 및 피벗 차트 작성

중요 용어 | 피벗 테이블, 피벗 차트
출제 포인트 | 피벗 테이블 및 피벗 차트를 새 워크시트나 기존 워크시트에 삽입하여 필드 레이아웃을 구성하고, 데이터를 필터하고 함수를 변경하는 방법을 묻는 문제

피벗 테이블 및 피벗 차트는 기존에 있는 대량의 데이터를 원하는 레이아웃으로 빠르게 재배치시켜 요약하고 데이터의 보기 형식을 자유롭게 변경하여 쉽게 분석할 수 있는 대화형 기능이다. 정렬, 부분합, 필터 기능을 모두 이용하여 원하는 형태의 표를 재구성할 수 있다.

 **피벗 테이블 작성**

피벗 테이블은 보고서 필터, 열, 행, 값 영역으로 구성되며 이 레이아웃에 데이터베이스의 각 필드를 자유롭게 재배치하고 필요한 자료들만 추출하여 요약하고 분석할 수 있다.

> [매출] 워크시트에서 데이터를 사용하여 새 워크시트에 보고서 필터는 '회원코드', 열 레이블은 '단지', 행 레이블은 '소분류', 가격의 합계를 표시하는 피벗 테이블을 만듭니다. 새 워크시트의 이름을 피벗분석으로 지정합니다.

1. [매출] 워크시트의 데이터베이스 목록에 셀 포인터를 두고 **[삽입]** 탭–**[표]** 그룹–**[피벗 테이블]** 명령을 클릭한다.

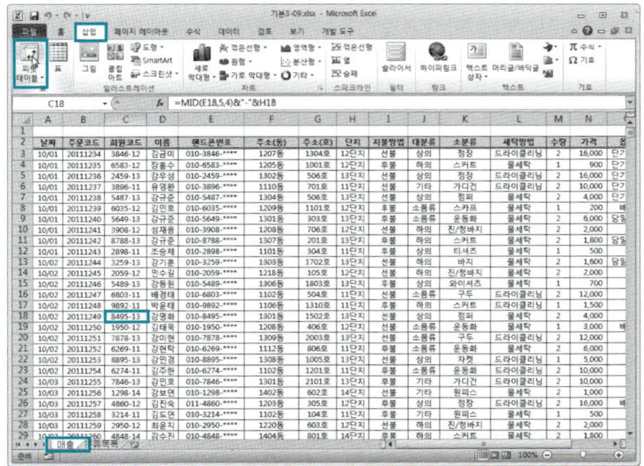

Excel Expert

2. **[피벗 테이블 만들기]** 대화 상자에서 분석할 데이터를 '표 또는 범위 선택'의 **[표/범위]**에 데이터베이스 범위가 자동으로 참조된다. 피벗 테이블 보고서를 넣을 위치를 '새 워크시트'로 두고 **[확인]** 단추를 클릭한다.

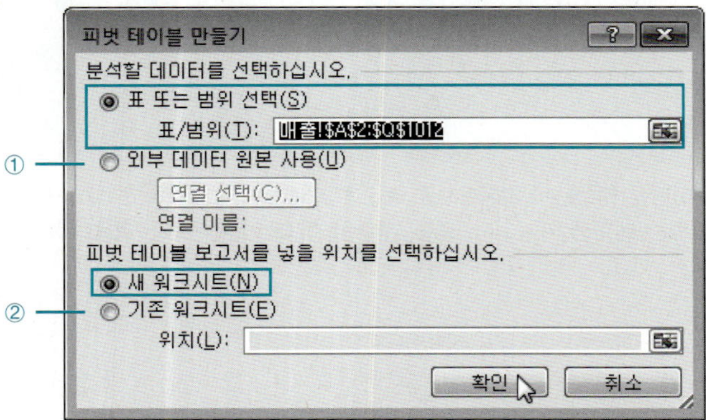

① **외부 데이터 원본 사용** : 다른 Excel 목록이나 데이터베이스, Excel 이외의 외부 데이터, 기존의 다른 피벗 테이블 보고서 또는 피벗 차트 보고서를 기초로 피벗 테이블을 구성하여 분석할 데이터를 선택한다.

② **기존 워크시트** : 피벗 테이블 보고서를 기존 워크시트에 만든다. **[위치]**에 커서를 이동한 후 피벗 테이블을 삽입할 시작 셀을 클릭한다.

3. 새 워크시트에 피벗 테이블 레이아웃과 **[피벗 테이블 필드 목록]** 작업창이 나타난다. **[보고서에 추가할 필드 선택]**에서 '회원코드' 필드를 **[보고서 필터]** 위치로 드래그한다.

4. '단지' 필드를 **[열 레이블]**로 드래그한다.

5. '소분류' 필드를 **[행 레이블]**로 드래그한다.

6. '가격' 필드를 **[값]**으로 드래그하여 피벗 테이블 레이아웃을 구성한다.

7. 새 시트 탭을 더블 클릭하고 <u>피벗분석</u>을 입력한 다음 〈Enter〉 키를 누른다.

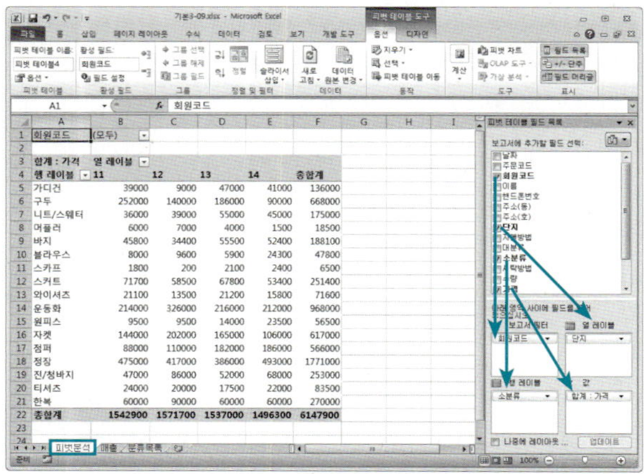

 **피벗 테이블 레이아웃 변경**

피벗 테이블의 필드를 이동, 추가 및 제거하여 레이아웃을 간단히 변경할 수 있다.

> [피벗분석] 워크시트의 피벗 테이블에서 보고서 필터를 '단지'로 변경하고, 열 레이블은 '날짜', 행 레이블의 '소분류' 위쪽에 '대분류'를 재배치합니다.

1. [보고서 필터]의 '회원코드' 필드를 제거하기 위해 다음 중 하나의 명령을 실행한다.
   - [값]에 있는 '회원코드' 필드를 작업창 바깥쪽으로 드래그하여 제거한다.
   - [값]에 있는 '회원코드' 필드의 목록 단추를 클릭하여 [필드 제거] 명령을 선택한다.

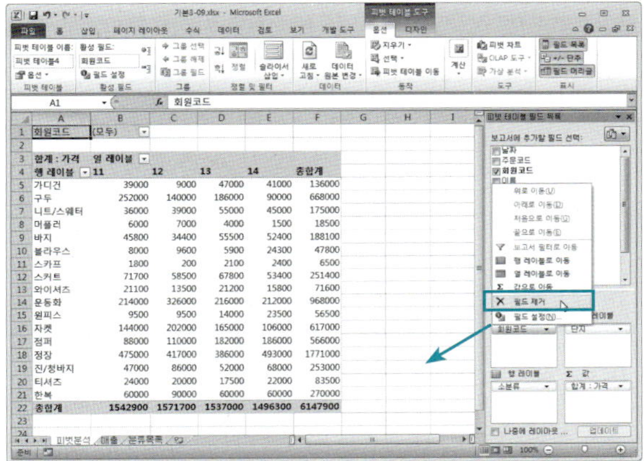

2. [열 레이블]의 '단지' 필드를 [보고서 필터]로 드래그하여 필드를 이동한다.

3. [보고서에 추가할 필드 선택]에서 '날짜' 필드를 [열 레이블]로 드래그해 추가한다.

4. '대분류' 필드를 [행 레이블]의 '소분류' 위쪽으로 드래그한다.

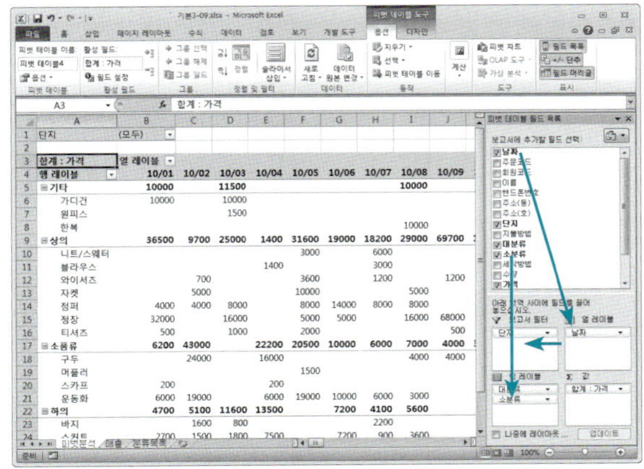

Check

[피벗 테이블 필드 목록] 작업창은 피벗 테이블 레이아웃 안쪽에 셀 포인터가 있어야 표시된다. 즉, 피벗 테이블 레이아웃 이외의 셀을 선택하면 작업창이 숨겨진다. 수동으로 작업창을 닫았거나 다시 자동으로 표시되지 않는다면 **[피벗 테이블 도구]–[옵션]** 탭–**[표시/숨기기]** 그룹–**[필드 목록]** 명령을 클릭하여 표시한다.

03 피벗 차트 작성

피벗 테이블 보고서처럼 차트에 필드 레이아웃을 자유롭게 재배치할 수 있는 것을 피벗 차트라 한다. 피벗 차트는 차트 기능과 더불어 피벗 테이블의 기능이 혼합되어 있어 차트 종류와 차트 옵션을 변경하거나, 필드마다 필터 단추가 있어 데이터와 차트 구조를 동적인 구조로 배치할 수 있다. 피벗 차트를 작성하면 피벗 테이블과 함께 만들어지며 피벗 차트의 데이터는 피벗 테이블과 연동되므로 어느 한쪽에서 레이아웃을 변경하면 다른 한쪽도 동일한 레이아웃으로 자동 변동된다.

> [매출] 워크시트에서 단지별 지불방법에 대한 개수 값을 표시하는 피벗 차트를 새 워크시트에 만듭니다. 새 워크시트의 이름을 <u>피벗차트분석</u>으로 지정합니다.

1. [매출] 워크시트에서 데이터베이스 목록에 셀 포인터를 두고 [삽입] 탭–[표] 그룹–[피벗 테이블]–[피벗 차트] 명령을 클릭한다.

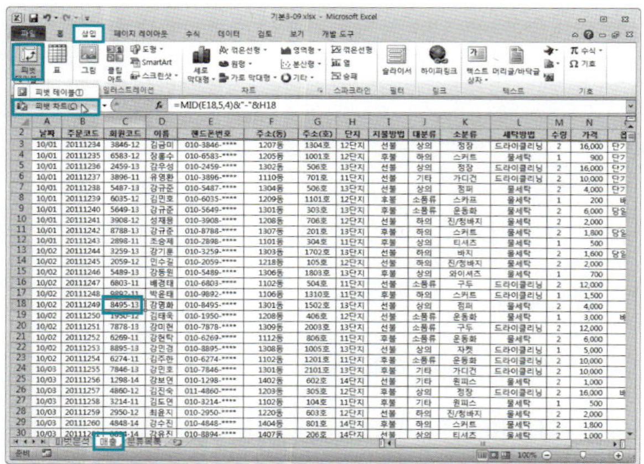

2. [피벗 테이블 및 피벗 차트 만들기] 대화 상자에서 분석할 데이터를 '표 또는 범위 선택'의 [표/범위]에 데이터베이스 범위가 자동으로 참조된다. 피벗 차트 보고서를 넣을 위치를 '새 워크시트'로 두고 [확인] 단추를 클릭한다.

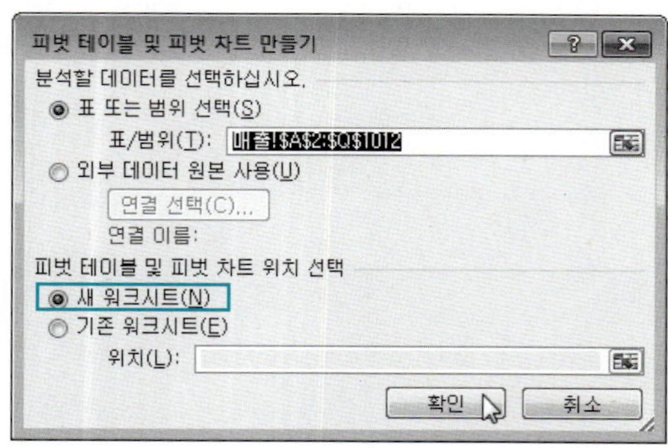

tip

피벗 테이블에서 피벗 차트 만들기

만들어진 피벗 테이블을 기초로 피벗 차트를 추가로 만들 수도 있다. 피벗 테이블 레이아웃에 셀 포인터가 있는 상태에서 [피벗 테이블 도구]–[옵션] 탭–[도구] 그룹–[피벗 차트] 명령을 클릭한다. [차트 종류] 대화 상자에서 차트 종류를 선택하고 [확인] 단추를 클릭하면 피벗 차트가 삽입된다.

3. 새 워크시트에 피벗 테이블과 피벗 차트가 삽입된다. **[피벗 테이블 필드 목록]** 작업창에서 **[보고서에 추가할 필드 선택]**에서 '단지' 필드를 **[축 필드(항목)]**으로 드래그한다.

4. '지불방법' 필드를 **[범례 필드(계열)]**로 드래그한다.

5. '수량' 필드를 **[값]**으로 드래그하여 피벗 테이블과 피벗 차트 레이아웃을 구성한다.

6. 새 시트 탭을 더블 클릭하고 피벗차트분석을 입력한 다음 〈Enter〉 키를 누른다.

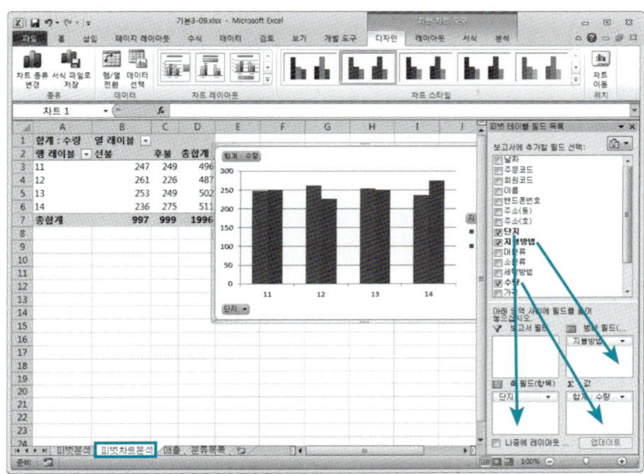

04 그룹 묶기

열 레이블이나 행 레이블이 날짜 데이터이면 월, 일, 분기, 연도로 단위를 묶어 요약해 표시하거나, 숫자 데이터를 사용자가 원하는 단위로 묶어 표시할 수 있다.

[피벗분석] 워크시트의 피벗 테이블에서 열 레이블인 날짜를 월 단위로 그룹을 묶습니다.

1. **[피벗분석]** 워크시트 피벗 테이블에서 열 레이블의 값이 있는 임의의 셀을 선택하고 다음 중 하나의 명령을 실행한다.

- **[피벗 테이블 도구]**–**[옵션]** 탭–**[그룹]** 그룹–**[그룹 필드]** 명령을 클릭한다.
- 선택한 셀 위에서 마우스 오른쪽 단추를 눌러 **[그룹]** 명령을 클릭한다.

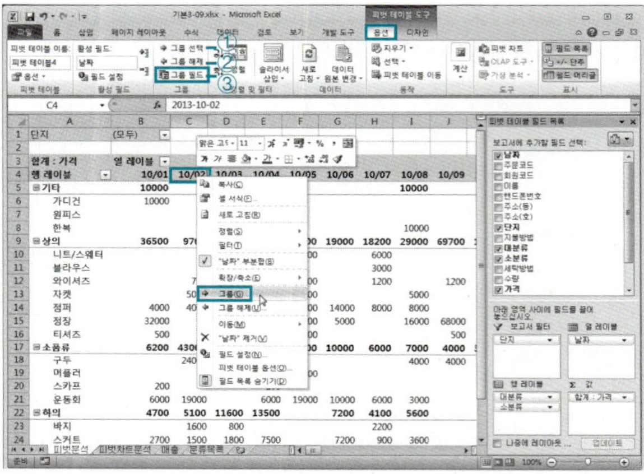

① **그룹 선택 :** 열 레이블이나 행 레이블에서 드래그하거나 〈Ctrl〉 키를 눌러 여러 개의 항목을 동시에 선택한 후 그룹 선택을 하면 선택한 항목이 별도의 새 그룹으로 묶인다.

② **그룹 해제 :** 그룹을 해제한다.

③ **그룹 필드 :** 특정 단위로 항목을 그룹으로 묶는다.

2. **[그룹화]** 대화 상자에서 **[시작]** 날짜는 그대로 두고 **[끝]** 날짜는 '2013–12–31'로 수정하고, **[단위]**는 '월'인 상태에서 **[확인]** 단추를 클릭한다.

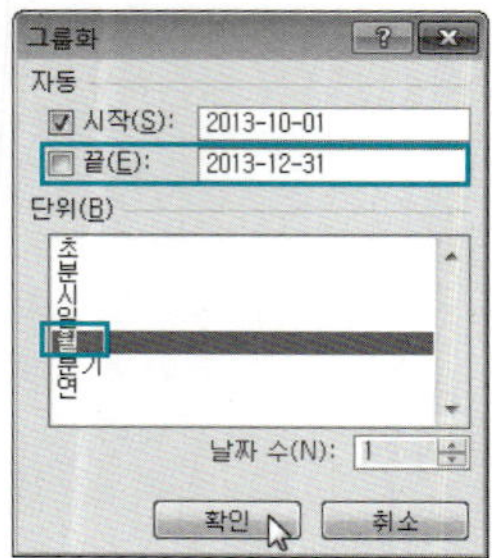

3. 열 레이블이 월 단위로 그룹이 묶인다.

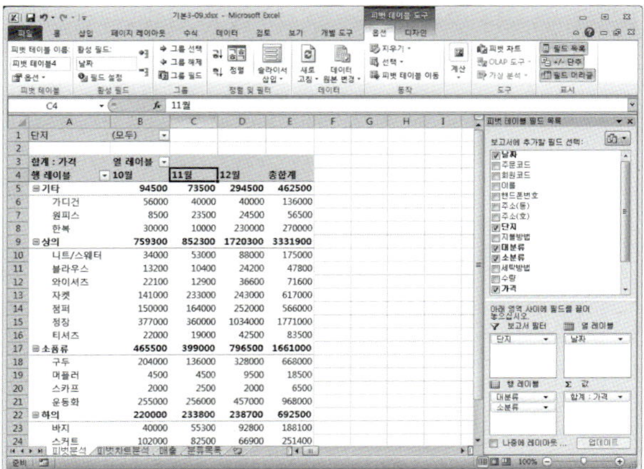

05 함수 변경

값 필드의 데이터 형식이 문자라면 개수가, 숫자라면 합계가 자동으로 구해진다. 개수나 합계 외에 다른 함수로 변경하고 데이터의 표시 형식을 보기 쉽게 설정할 수 있다.

 [피벗분석] 워크시트의 피벗 테이블에서 가격의 합계를 평균으로 변경하고 회계 표시 형식을 설정합니다.

1. 값 필드 설정을 변경하기 위해 다음 중 하나의 명령을 실행한다.

- 피벗 테이블 레이아웃에서 '가격' 값 영역의 임의의 셀을 선택하고 **[피벗 테이블 도구]–[옵션]** 탭–**[활성 필드]** 그룹–**[필드 설정]** 명령을 클릭한다.
- 피벗 테이블 레이아웃에서 '가격' 값 영역의 임의의 셀 위에서 마우스 오른쪽 단추를 눌러 **[값 필드 설정]** 명령을 클릭한다.
- **[피벗 테이블 필드 목록]** 작업창의 **[값]** 영역에서 '합계 : 가격' 필드의 목록 단추를 클릭하여 **[값 필드 설정]** 명령을 클릭한다.

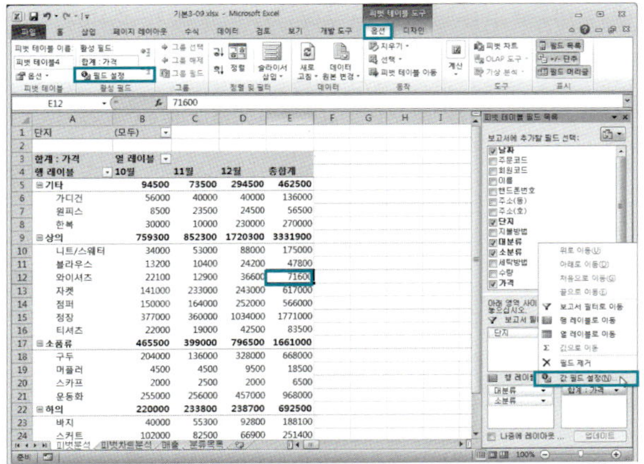

2. **[값 필드 설정]** 대화 상자의 **[값 요약 기준]** 탭에서 '평균'을 선택하면 **[사용자 지정 이름]**이 '평균 : 가격'으로 수정된다. **[표시 형식]** 단추를 클릭한다.

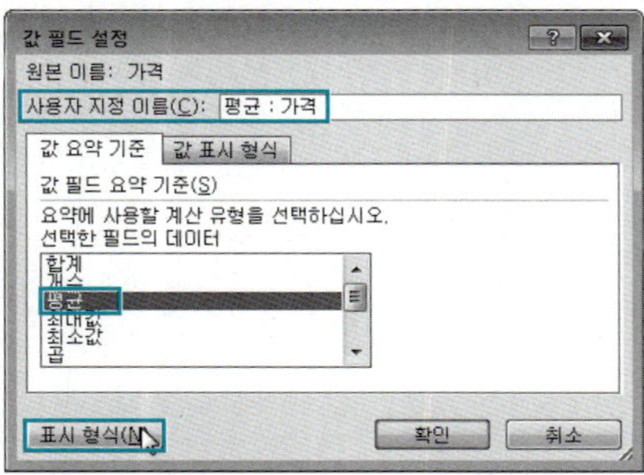

3. **[셀 서식]** 대화 상자에서 **[범주]**를 '회계'로 선택한 후 **[확인]** 단추를 클릭한다.

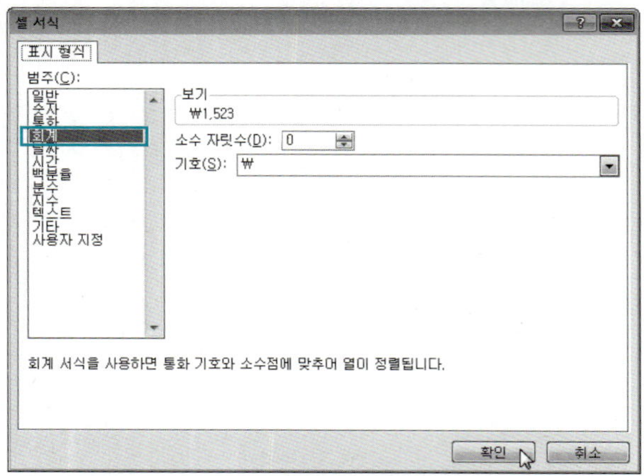

4. **[값 필드 설정]** 대화 상자에서 **[확인]** 단추를 클릭한다.

5. 가격의 평균과 회계 표시 형식이 변경된다.

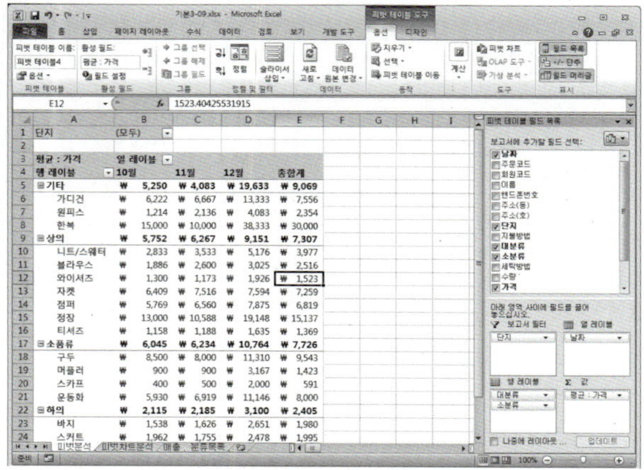

06 데이터 필터

피벗 테이블 레이아웃의 페이지, 행, 열 위치의 필드 명에 표시되는 필터 목록 단추를 클릭하여 필요한 데이터만 레이아웃에 추출하여 요약할 수 있다. 단, 값 필드의 경우에는 필터링이 아니라 필드가 값 영역에서 제거된다.

[피벗분석] 워크시트의 피벗 테이블에서 '13'과 '14' 단지의 소품류 값을 표시합니다.

1. **[피벗분석]** 워크시트에서 '단지' 필드인 보고서 필터의 필터 목록 단추를 클릭하여 '여러 항목 선택' 확인란을 선택한다. '11'과 '12'의 확인란의 선택을 해제하고 **[확인]** 단추를 클릭한다.

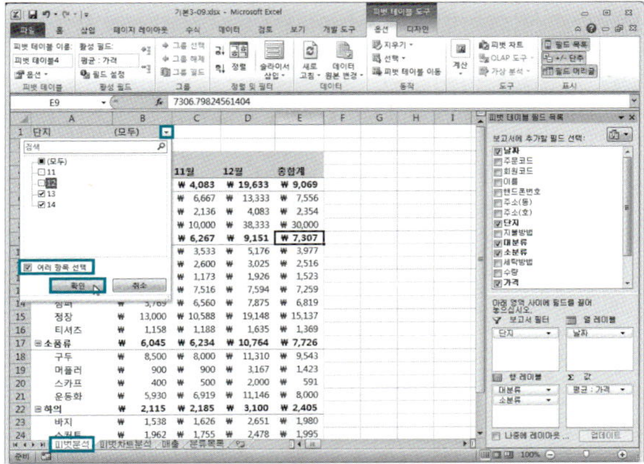

2. 두 단지의 데이터만 필터링되어 요약된다.

3. 행 레이블의 필터 목록 단추를 클릭해서 '(모두 선택)' 확인란을 선택 해제한 후 '소품류' 확인란만 선택하고 **[확인]** 단추를 클릭한다.

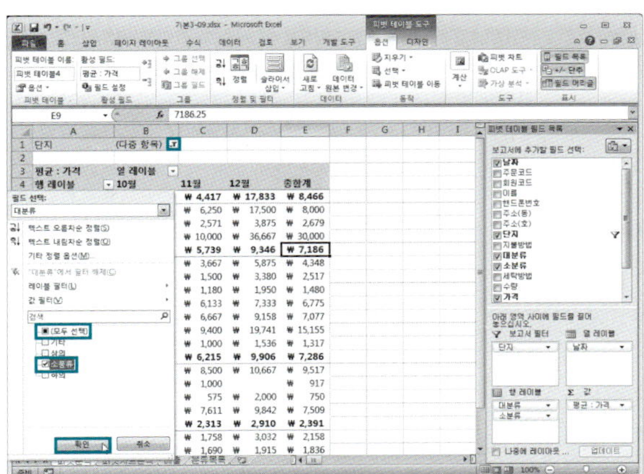

4. 대분류가 소품류인 데이터만 요약된다.

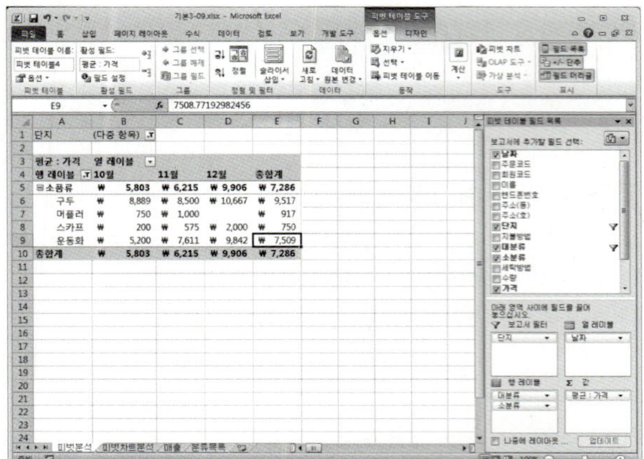

필터 해제하기

보고서 필터에서는 필터 목록 단추를 클릭해 '(모두)'를 체크하고, 필터링된 행과 열 필드의 필터 목록 단추를 클릭해 [~에서 필터 해제] 명령을 선택한다.

| 확인학습 |

확인3-09.xlsx를 열어 다음의 작업을 완성하시오.

(1) [전표] 워크시트의 데이터를 사용하여 새 워크시트에 피벗 테이블을 만드시오. '지불확인'은 열 레이블로, '담당자'는 행 레이블로, '청구액'의 최대값으로 설정하시오.

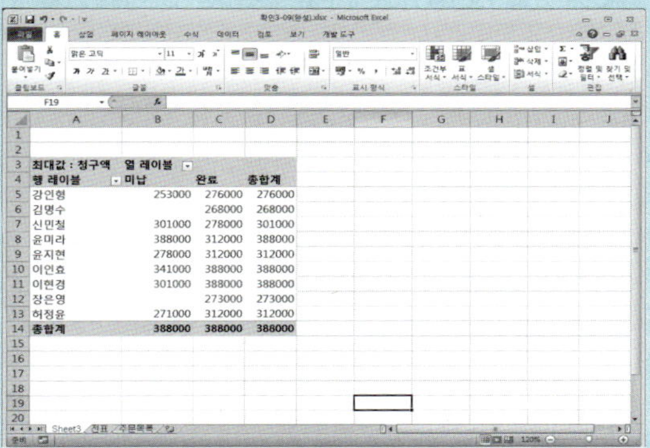

(2) [주문목록] 워크시트의 데이터를 사용하여 제품분류를 범례에 넣고 '세일상사', '장성교역'과 '한국무역' 공급업체의 수량 값을 표시하는 피벗 차트를 새 워크시트에 만드시오.

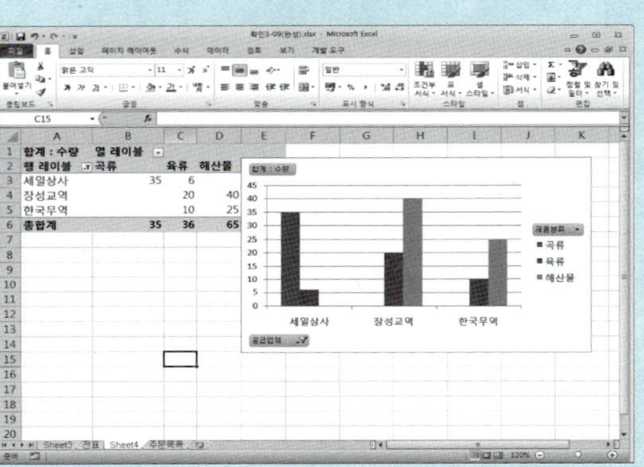

Hint

1. 피벗 테이블 및 피벗 차트를 만들려면 **[삽입]** 탭-**[표]** 그룹-**[피벗 테이블]** 명령을 이용하세요.

2. 피벗 테이블에서 필터링하려면 피벗 테이블 레이아웃의 각 필드 이름의 필터 목록 단추를 이용하세요.

3. 피벗 차트에서 필터링하려면 피벗 차트의 범례 필드나 축 필드의 목록 단추를 이용하세요.

4. 값 필드의 함수와 표시 형식을 변경하려면 피벗 테이블 레이아웃에서 값 영역의 임의의 셀을 선택하고 **[피벗 테이블 도구]**-**[옵션]** 탭-**[활성 필드]** 그룹-**[필드 설정]** 명령이나, 값 영역의 임의의 셀 위에서 마우스 오른쪽 단추를 눌러 **[필드 설정]** 메뉴나, **[피벗 테이블 필드 목록]** 작업창의 **[값]** 영역의 필드 목록 단추를 클릭하여 **[값 필드 설정]** 메뉴를 이용하세요.

3-10 슬라이서

중요 용어 | 슬라이서

출제 포인트 | 피벗 테이블 및 피벗 차트에 슬라이서를 삽입하고 필터하는 방법을 묻는 문제

슬라이서는 Excel 2010의 피벗 테이블에 새롭게 추가된 기능으로 데이터를 더욱 쉽게 필터링할 수 있다. 슬라이서 창에는 필터할 항목이 단추로 제공되어 한 번의 클릭으로 피벗 테이블 데이터를 필터링하게 된다. 더불어 현재 필터링된 피벗 테이블 보고서의 필터링 상태를 확인할 수 있다.

> [피벗분석] 워크시트의 피벗 테이블이 대분류가 '상의' 및 '하의'인 데이터를 표시하도록 슬라이서를 삽입합니다. 그러고 나서 슬라이서를 사용하여 '단지' 필터를 해제합니다.

1. **[피벗 분석]** 워크시트에서 피벗 테이블 레이아웃 내에 셀 포인터를 이동하고 다음 중 하나의 명령을 실행한다.

- **[삽입]** 탭–**[필터]** 그룹–**[슬라이서]** 명령을 클릭한다.
- **[피벗 테이블 도구]**–**[옵션]** 탭–**[정렬 및 필터]** 그룹–**[슬라이서 삽입]** 명령을 클릭한다.

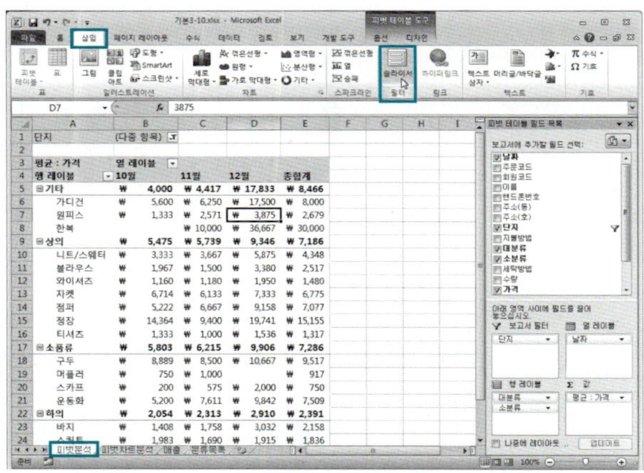

2. [슬라이서 삽입] 창에 데이터베이스의 모든 필드가 표시된다. 이 중에서 '대분류'와 '단지' 필드의 확인란을 선택하고 [확인] 단추를 클릭한다.

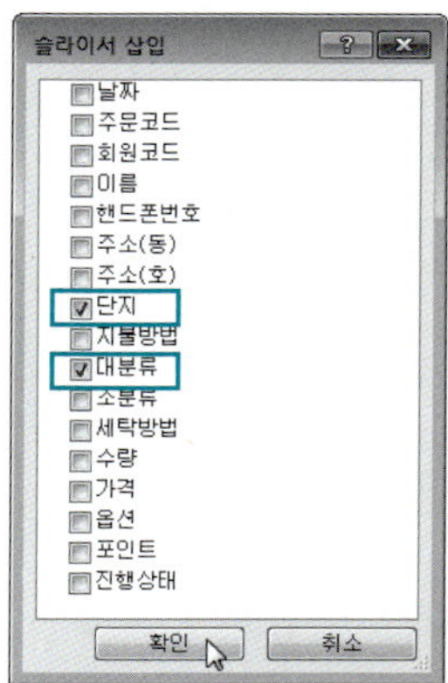

3. [대분류] 및 [단지] 슬라이서 창과 [슬라이서 도구] 상황별 도구가 나타난다. [대분류] 슬라이 창에서 '상의'를 클릭하고 〈Ctrl〉 키를 누른 채 '하의'를 클릭한다.

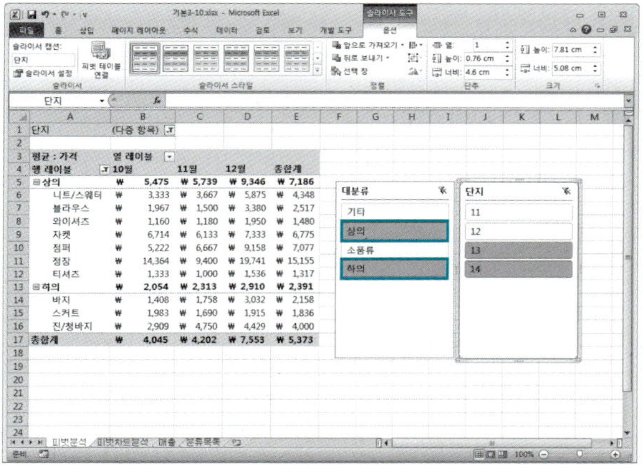

4. 필터를 해제하기 위해 다음 중 하나의 명령을 실행한다.
- [단지] 슬라이서 창에서 [필터 지우기] 아이콘()을 클릭한다.
- 〈Alt+C〉 단축키를 누른다.

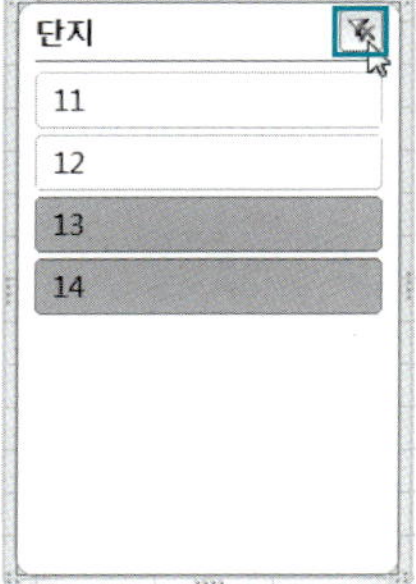

5. 피벗 테이블의 보고서 필터가 해제된다.

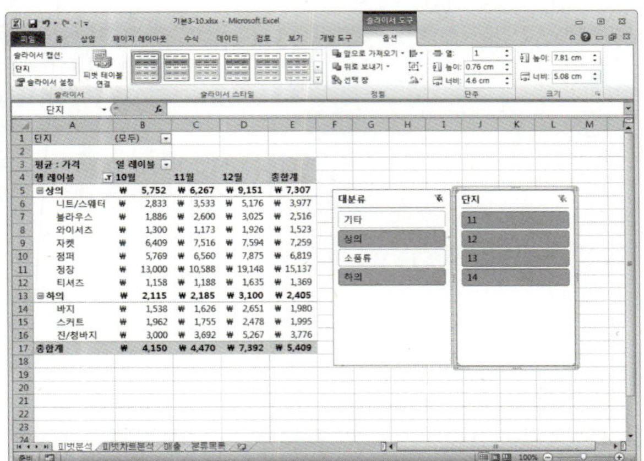

슬라이서 스타일 및 크기 조정

슬라이서 창을 선택하고 **[슬라이서 도구] – [옵션]** 탭–**[슬라이서 스타일]** 그룹에서 슬라이서 스타일을 선택할 수 있다. 슬라이서 창의 단추 크기를 변경하려면 **[슬라이서 도구] – [옵션]** 탭–**[단추]** 그룹의 **[열]**과 **[높이]**에서 값을 입력하거나, 테두리의 크기 조정 핸들을 드래그해 조정한다.

| 확인학습 |

준비파일 : 확인3-10.xlsx　　완성파일 : 확인3-10(완성).xlsx

확인3-10.xlsx를 열어 다음의 작업을 완성하시오.

⑴ [전표피벗] 워크시트의 피벗 테이블에 '윤미라', '윤지현' 및 '이인효' 담당자를 표시하도록 슬라이서를 삽입하시오.

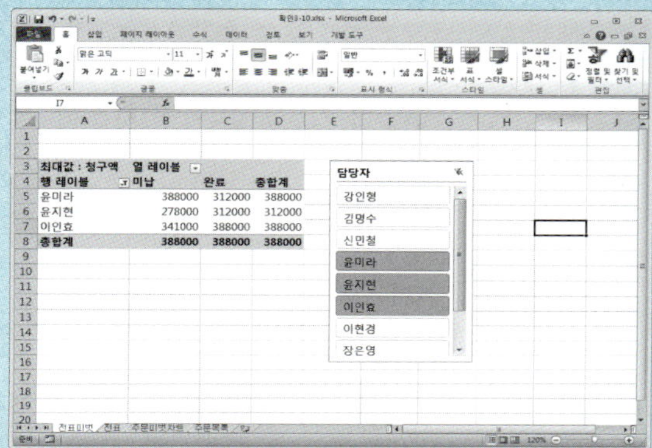

Hint

1. 슬라이서 창을 표시하려면 **[피벗 테이블 도구]**–**[옵션]** 탭–**[정렬 및 필터]** 그룹–**[슬라이서 삽입]** 명령을 이용하세요.
2. 연속적인 범위의 항목을 선택하려면 **〈Shift〉** 키를 이용하세요.

3-1 차트 작성 및 편집

- 차트를 만들려면 표를 선택하고 [삽입] 탭–[차트] 그룹에서 차트 종류를 선택한다.
- 차트의 데이터 범위를 변경하려면 [차트 도구]–[디자인] 탭–[데이터] 그룹–[데이터 선택] 명령을 클릭하고 [데이터 원본 선택] 대화 상자에서 [차트 데이터 범위]의 참조 주소를 변경한다.
- 차트에 특정 계열을 추가하려면 [데이터 원본 선택] 대화 상자에서 [범례 항목(계열)]의 [추가] 단추를 클릭한다. [계열 편집] 대화 상자에서 [계열 이름]과 [계열 값]을 변경한다.

3-2 고급 차트 기능 적용

- 차트 전체의 종류를 변경하려면 차트 영역을 선택한 후 ⑴ [차트 도구]–[디자인] 탭–[종류] 그룹–[차트 종류 변경] 명령이나, ⑵ 차트 영역 위에서 마우스 오른쪽 단추를 눌러 [차트 종류 변경] 명령을 클릭한다.
- 특정 계열만 차트 종류를 변경하려면 해당 계열을 정확하게 선택한 후 ⑴ [차트 도구]–[디자인] 탭–[종류] 그룹–[차트 종류 변경] 명령이나, ⑵ 데이터 계열 위에서 마우스 오른쪽 단추를 눌러 [계열 차트 종류 변경] 명령을 클릭한다.
- 차트의 특정 계열을 보조 Y축에 표시하려면 해당 계열을 선택하고 ⑴ [차트 도구]–[레이아웃] 탭–[현재 선택 영역] 그룹–[선택 영역 서식] 명령이나, ⑵ 데이터 계열 위에서 마우스 오른쪽 단추를 눌러 [데이터 계열 서식] 명령을 클릭한다. [데이터 계열 서식] 대화 상자의 [계열 옵션]에서 ‘보조 축’을 선택한다.
- 차트에 추세선을 추가하려면 데이터 계열을 선택하고 ⑴ [차트 도구]–[레이아웃] 탭–[분석] 그룹–[추세선]–[기타 추세선 옵션] 명령이나, ⑵ 데이터 계열 위에서 마우스 오른쪽 단추를 클릭하여 [추세선 추가] 명령을 클릭한다. [추세선 서식] 대화 상자의 [추세선 옵션] 탭에서 추세/회귀 유형, 추세선 이름, 예측 구간 등 옵션을 설정한다.

3-3 차트 서식

- 빠른 차트 레이아웃을 변경하려면 [**차트 도구**]–[**디자인**] 탭–[**차트 레이아웃**] 그룹–[**자세히**] 명령(▼)을 클릭하여 레이아웃을 선택한다.
- 빠른 차트 스타일을 변경하려면 [**차트 도구**]–[**디자인**] 탭–[**차트 스타일**] 그룹–[**자세히**] 명령(▼)을 클릭하여 스타일을 선택한다.
- 차트의 구성 요소를 개별적으로 추가 및 제거하려면 [**차트 도구**]–[**레이아웃**] 탭–[**레이블**] 그룹에서 차트 제목, 축 제목, 범례, 데이터 레이블, 데이터 표 옵션을 설정한다.
- [**차트 도구**]–[**레이아웃**] 탭–[**축**] 그룹–[**눈금선**]에서는 기본 가로/세로 축의 눈금선을 표시하거나 숨긴다.
- 차트 구성 요소의 개별적인 서식을 변경하려면 해당 요소를 선택하고 [**차트 도구**]–[**서식**] 탭–[**도형 스타일**] 그룹에서 도형 스타일, 도형 채우기, 도형 윤곽선, 도형 효과를 설정한다.
- [**차트 도구**]–[**서식**] 탭–[**WordArt 스타일**] 그룹에서는 텍스트에 워드아트 스타일을 설정한다.
- 차트를 차트 서식 파일로 저장하려면 [**차트 도구**]–[**디자인**] 탭–[**종류**] 그룹–[**서식 파일로 저장**] 명령을 클릭한다. [**차트 서식 파일 저장**] 대화 상자에서 [**파일 이름**]을 입력하고 [**저장**] 단추를 클릭한다.
- 저장된 차트 서식 파일을 워크시트 차트에 적용하려면 [**삽입**] 탭–[**차트**] 그룹–[**차트 만들기**] 명령(▼)을 클릭한다. [**차트 삽입**] 대화 상자의 [**서식 파일**] 범주에서 차트 서식 파일을 선택한 후 [**확인**] 단추를 클릭한다.

3-4 스파크라인 분석

- 스파크라인은 셀에 포함된 작은 차트를 의미하며 셀에 압축된 형태로 꺾은선형이나 막대 차트, 승패를 표현하여 값의 추세를 강조 표시할 수 있다.
- 데이터 범위를 선택하고 [**삽입**] 탭–[**스파크라인**] 그룹에서 스파크라인 종류를 선택한다. [**스파크라인 만들기**] 대화 상자의 [**데이터 범위**]에 데이터 셀 범위를 드래그하고 [**확인**] 단추를 클릭한다.
- 스파크라인의 종류를 변경하려면 [**스파크라인 도구**]–[**디자인**] 탭–[**종류**] 그룹에서 다른 종류를 선택한다.
- 스파크라인에 스타일을 적용하고 표시 옵션과 서식을 변경하려면 [**스파크라인 도구**]–[**디자인**] 탭–[**스타일**] 그룹과 [**표시**] 그룹에서 설정한다.

3-5 시나리오

- 시나리오는 What–if 분석 도구 중의 하나로 여러 개의 데이터 변수에 따른 다양한 수식 결과를 시뮬레이션할 수 있는 기능이다.
- 새 시나리오를 추가하려면 [**데이터**] 탭–[**데이터 도구**] 그룹–[**가상 분석**]–[**시나리오 관리자**] 명령을 클릭하여 [**시나리오 관리자**] 대화 상자에서 [**추가**] 단추를 클릭한다.
- [**시나리오 추가**] 대화 상자에서 [**시나리오 이름**] 및 [**변경 셀**]을 설정하고 [**확인**] 단추를 클릭한다. [**시나리오 값**] 대화 상자에서 변경 값을 설정한다.
- [**시나리오 관리자**] 대화 상자에서 시나리오 결과를 표시하려면 [**표시**] 단추를, 시나리오에 대한 요약 보고서를 작성하려면 [**요약**] 단추를 클릭한다.
- [**시나리오 요약**] 대화 상자에서 보고서 종류와 결과 셀을 설정하면 새 워크시트에 요약 보고서가 만들어진다.

3-6 목표값 찾기

- What-if 분석 도구 중의 하나로 원하는 결과 값을 구하기 위한 특정 데이터의 입력 값을 찾는 기능으로 목표 값과 변경될 값은 반드시 서로 수식으로 참조되어 있어야 한다.
- 목표 값이 있는 셀을 선택한 후 **[데이터]** 탭–**[데이터 도구]** 그룹–**[가상 분석]**–**[목표값 찾기]** 명령을 클릭한다.
- **[목표값 찾기]** 대화 상자에서 수식 셀, 찾는 값, 값을 바꿀 셀을 설정하고 **[확인]** 단추를 클릭한다.

3-7 데이터 표

- 데이터 표는 특정 값들의 변화에 따른 다양한 결과 값의 변화를 표 형식으로 표시한다.
- 데이터 표를 적용할 셀 범위를 선택하고 **[데이터]** 탭–**[데이터 도구]** 그룹–**[가상 분석]**–**[데이터 표]** 명령을 클릭한다.
- **[데이터 표]** 대화 상자에서 **[행 입력 셀]**과 **[열 입력 셀]**의 값을 설정한다.

3-8 데이터 통합

- 여러 워크시트에 분산되어 있는 데이터의 위치나 레이블을 참고하여 한 워크시트로 통합할 수 있다.
- 데이터 통합을 하려면 **[데이터]** 탭–**[데이터 도구]** 그룹–**[통합]** 명령을 클릭하고 **[통합]** 대화 상자에서 함수를 선택하고 참조 영역을 추가한다.
- 레이블로 통합하려면 **[사용할 레이블]**에서 '첫 행'과 '왼쪽 열'의 확인란을 모두 선택한다.
- 원본 데이터와 통합 데이터를 연결하려면 '원본 데이터에 연결'을 선택한다.

3-9 피벗 테이블 및 피벗 차트 작성

- 피벗 테이블과 피벗 차트란 기존에 있는 대량의 데이터를 원하는 표 구조로 빠르게 재배치시켜 요약하고 데이터의 보기 형식을 자유롭게 변경하여 쉽게 분석할 수 있는 대화형 기능이다.
- 피벗 테이블을 만들려면 데이터베이스 목록에 셀 포인터를 두고 **[삽입]** 탭–**[표]** 그룹–**[피벗 테이블]** 명령을 클릭한다.
- 피벗 차트를 만들려면 데이터베이스 목록에 셀 포인터를 두고 **[삽입]** 탭–**[표]** 그룹–**[피벗 테이블]**–**[피벗 차트]** 명령을 클릭한다.
- **[피벗 테이블 만들기]** 대화 상자에서 분석할 데이터와 피벗 테이블/차트 보고서를 넣을 위치를 설정한다.
- **[피벗 테이블 필드 목록]** 작업창에서 필드를 드래그하여 피벗 테이블 레이아웃에 보고서 필터, 열, 행, 값 영역에 배치한다.
- 열 레이블이나 행 레이블이 날짜 데이터이면 월, 일, 분기, 연도로 단위를 묶어 요약해 표시하거나, 숫자 데이터를 사용자가 원하는 단위로 묶어 표시할 수 있다.
- 피벗 테이블에서 열 레이블의 값이 있는 임의의 셀을 선택하고 (1) **[피벗 테이블 도구]**–**[옵션]** 탭–**[그룹]** 그룹–**[그룹 필드]** 명령이나, (2) 선택한 셀 위에서 마우스 오른쪽 단추를 눌러 **[그룹]** 명령을 클릭한다. **[그룹화]** 대화 상자에서 시작, 끝, 단위를 설정한다.
- 값 필드의 데이터 형식이 문자라면 개수가, 숫자라면 합계가 자동으로 구해진다. 개수나 합계 외에 다른 함수로 변경하고 데이터의 표시 형식을 변경할 수 있다.
- (1) 피벗 테이블 레이아웃에서 값 영역의 임의의 셀을 선택하고 **[피벗 테이블 도구]**–**[옵션]** 탭–**[활성 필드]** 그룹–**[필드 설정]** 명령이나, (2) 값 영역의 임의의 셀 위에서 마우스 오른쪽 단추를 눌러 **[값 필드 설정]** 메뉴나, (3) **[피벗 테이블 필드 목록]** 작업창의 **[값]** 영역의 필드 목록 단추를 클릭하여 **[값 필드 설정]** 명령을 클릭한다.
- **[값 필드 설정]** 대화 상자의 **[사용할 함수]** 탭에서 사용할 함수와 필드 이름을 변경하고, **[표시 형식]** 단추를 클릭하여 데이터 표시 형식을 변경한다.
- 피벗 테이블 레이아웃의 페이지, 행, 열 위치의 필드 명에 표시되는 필터 목록 단추를 클릭하여 필요한 데이터만 레이아웃에 추출하여 요약할 수 있다.

3-10 슬라이서

- 슬라이서는 피벗 테이블 및 피벗 차트에서 전체 데이터 목록을 확인하고 필터링할 수 있는 기능이다.
- **[피벗 테이블 도구]**–**[옵션]** 탭–**[정렬 및 필터]** 그룹–**[슬라이서 삽입]** 명령을 클릭한다.
- **[슬라이서 삽입]** 창에서 표시할 필드를 선택하고 **[확인]** 단추를 클릭한다.
- 표시된 슬라이서 창에서 표시할 데이터 항목을 클릭하면 피벗 테이블 및 피벗 차트에 필터 결과가 표시된다.

STEP UP MOS 2010
EXCEL EXPERT

PART 04

매크로 및 양식 사용

반복적으로 수행해야 일련의 작업을 매크로로 기록해 두면
간단히 일괄 처리할 수 있다. 새 매크로를 기록하고 사용하는 방법과
확인란, 옵션 단추, 실행 단추 등의 양식 도구를
워크시트에서 사용하는 방법에 대해 살펴본다.

4-1 매크로 기록 및 실행

중요 용어 | 매크로, 매크로 기록, 매크로 실행
출제 포인트 | 새 매크로를 기록하고 다양한 방법으로 매크로를 실행하는 방법을 묻는 문제

매크로란 여러 명령어들의 모음으로 자주 반복되는 일련의 작업을 매크로로 기록해 두어 필요할 때마다 실행할 수 있는 기능이다. 매크로의 종류에는 마우스나 키보드를 사용하여 필요한 작업을 차례로 수행한 과정을 기록하는 자동 매크로와 VBE(Visual Basic Editor)에서 VBA(Visual Basic for Application) 언어로 직접 프로그램을 제작하는 매크로가 있다. 자동 매크로를 기록한 후 매크로를 실행하는 방법을 익힌다.

01 매크로 기록

어떤 일련의 과정을 매크로 기록하면 잘못 실행된 명령도 기록되므로 먼저 기록할 매크로를 예행 연습해두는 것이 좋다. 실제로 매크로를 기록할 때 발생할 수 있는 실수를 줄일 수 있다. 필요한 과정을 실수 없이 기록해야 하며 모든 매크로 과정을 기록했다면 매크로 기록을 중지한다.

> 워크시트를 오른쪽으로 복사하고 B3:D10 셀 범위의 내용을 지우는 매크로를 현재 통합 문서에 만듭니다. 매크로 실행 단축키는 〈Ctrl+q〉로 지정하고 매크로 이름은 '시트복사'로 지정합니다.

1. 새 매크로를 기록하기 위해 다음 중 하나의 명령을 실행한다.

- [개발 도구] 탭–[코드] 그룹–[매크로 기록] 명령을 클릭한다.
- 상태 표시줄에서 [매크로 기록] 아이콘( )을 클릭한다.

Check

매크로 관련 명령은 [개발 도구] 탭에 있으므로 리본 메뉴에 [개발 도구] 탭이 없다면 표시해야 한다. [파일] 탭–[옵션] 명령을 클릭하고, [Excel 옵션] 대화 상자에서 [리본 사용자 지정] 범주의 [리본 메뉴 사용자 지정] 목록 중 '개발 도구' 확인란을 선택해 표시한다.

Check

새 매크로를 기록하면 현재 셀 포인터에 매크로 기록 시 수행한 작업이 적용되므로 특별한 지시사항이 없는 한 셀 포인터를 이동하지 않도록 한다.

tip

상태 표시줄에서 [매크로 기록] 아이콘( )은 리본 메뉴에 [개발 도구] 탭이 있는 경우에만 표시된다.

2. [**매크로 기록**] 대화 상자에서 [**매크로 이름**]에 <u>시트복사</u>를 입력하고, [**바로 가기 키**]로 커서를 이동하고 〈q〉 키를 누른다. [**매크로 저장 위치**]는 '현재 통합 문서'로 두고 [**확인**] 단추를 클릭한다.

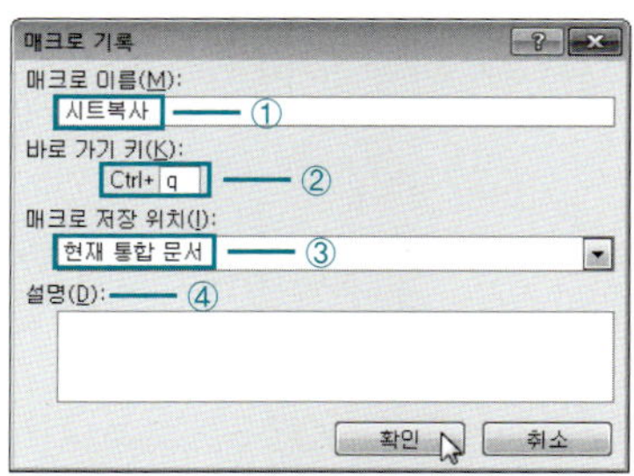

① **매크로 이름** : 매크로의 정의를 알 수 있는 이름을 입력한다. 문자와 숫자, 밑줄(_) 등을 조합하여 64글자(영문 기준)까지 지정할 수 있으며 공백은 포함할 수 없다.

② **바로 가기 키** : 매크로를 실행할 수 있는 단축키를 의미하며, 〈r〉 키를 입력하면 〈Ctrl+r〉 키가 바로 가기 키가 된다. 영문 대문자를 바로 가기 키로 지정하려면 〈Shift〉 키를 누르고 영문 키를 입력한다. 〈Shift〉 키를 누른 채 〈r〉 키를 누르면 영문 대문자 'R'로 입력되어 〈Shift+Ctrl+R〉 키가 바로 가기 키가 된다. 또한 자주 사용하는 Excel 단축키를 매크로 바로 가기 키로 사용했다면 매크로가 우선적으로 실행되므로 자주 사용하지 않는 키를 매크로 키로 지정하는 것이 좋다.

③ **매크로 저장 위치** : 매크로 모듈이 기록되는 위치를 선택한다. '현재 통합 문서'는 현재 작업 중인 통합 문서의 모듈 시트에 저장되어 현재 통합 문서가 열려 있을 때만 매크로를 사용할 수 있다. '새 통합 문서'는 새 통합 문서의 모듈 시트에 저장되고, '개인용 매크로 통합 문서'는 Excel의 시작 폴더에 'PERSONAL.xlsm' 이름의 파일로 저장된다. Excel을 시작할 때마다 매크로도 자동 시작되므로 모든 통합 문서에 매크로를 사용할 경우에 선택한다.

④ **설명** : 매크로에 대한 설명을 기록한다.

3. [1분기] 시트 탭을 〈Ctrl〉 키를 누른 채 오른쪽 방향으로 드래그한다.

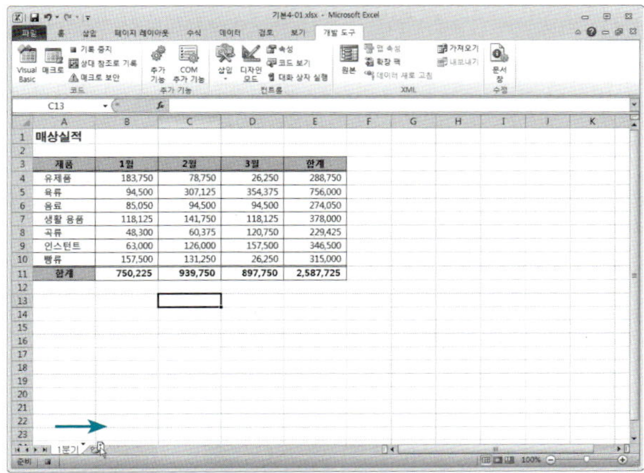

4. 복사된 시트에서 B3:D10 셀 범위를 드래그하고 〈Delete〉 키를 누른다.

Check

매크로로 기록하는 과정은 주로 셀 서식, 조건부 서식 그리고 행 및 열 서식을 변경하는 과정이 출제되고 있으므로 기본적인 셀 편집 기능을 반드시 숙지하고 있어야 한다.

5. 모든 매크로 기록이 완료되면 매크로 기록을 중지하기 위해 다음 중 하나의 명령을 실행한다.

- [개발 도구] 탭–[코드] 그룹–[기록 중지] 명령을 클릭한다.
- 상태 표시줄에서 [기록 중지] 아이콘(■)을 클릭한다.

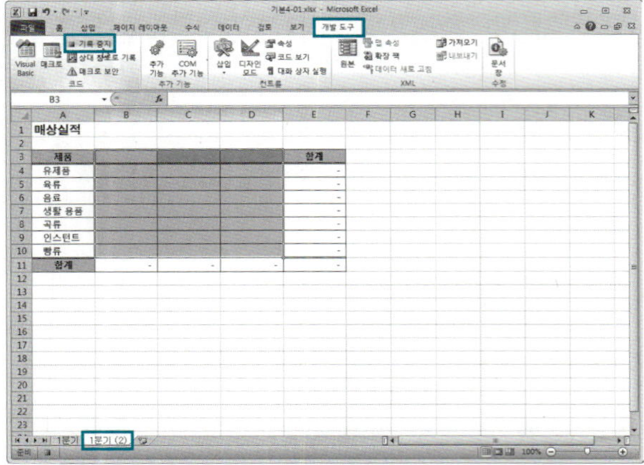

02 매크로 실행

다양한 방법으로 기록한 매크로를 실행할 수 있다. 매크로를 기록할 때 바로 가기 키를 지정했다면 단축키를 사용하여 매크로를 실행하고, 그렇지 않다면 [매크로] 대화 상자를 이용한다.

> [1분기] 워크시트에서 단축키와 [매크로] 대화 상자를 사용하여 '시트복사' 매크로를 실행합니다.

1. [1분기] 시트 탭을 선택하고 〈Ctrl+q〉 키를 누른다.

2. 매크로가 실행된다. 다시 [1분기] 시트 탭을 선택하고 [개발 도구] 탭–[코드] 그룹–[매크로] 명령을 클릭한다.

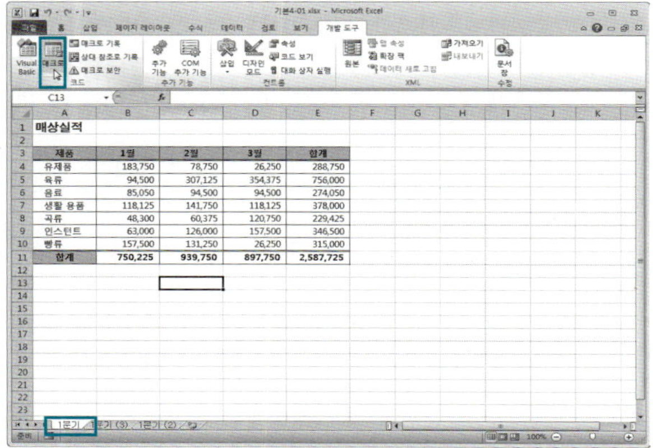

3. [**매크로**] 대화 상자에서 '시트복사' 매크로 이름을 선택하고 [**실행**] 단추를 클릭하면 매크로가 실행된다.

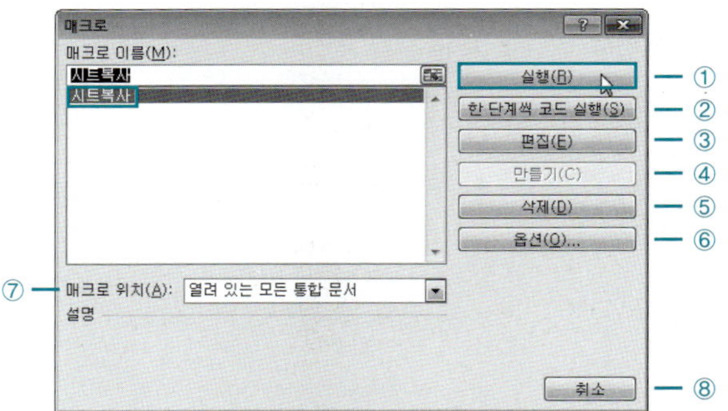

① **실행** : 매크로 이름 목록에서 선택한 매크로를 실행한다.

② **한 단계씩 코드 실행** : Visual Basic Editor가 실행되고 매크로 실행 시 오류가 어디에서 발생했는지를 단계별로 실행하여 검토할 수 있다.

③ **편집** : Visual Basic Editor가 실행되어 매크로 기록 내용을 확인하고 편집한다.

④ **만들기** : 새 매크로를 기록한다.

⑤ **삭제** : 매크로 이름 목록에서 선택한 매크로를 삭제한다.

⑥ **옵션** : [**매크로 옵션**] 대화 상자가 실행되어 바로 가기 키와 설명을 확인하거나 수정한다.

⑦ **매크로 위치** : 열려 있는 모든 통합 문서의 매크로를 표시하거나, 열러 있는 통합 문서 중에서 특정 통합 문서의 매크로만 표시한다.

⑧ **취소** : [**매크로**] 대화 상자를 종료한다.

4. 매크로가 실행된다.

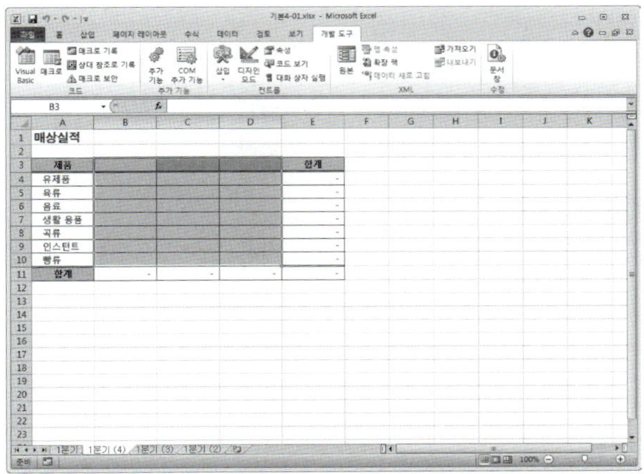

03 매크로 사용 통합 문서로 저장

일반 통합 문서에 의도되지 않은 코드가 포함되는 것을 방지하기 위해 일반 통합 문서(.xlsx)에 매크로를 저장할 수 없고, 별도로 매크로가 포함된 매크로 사용 통합 문서(.xlsm)로 저장해야 한다. 매크로 사용 통합 문서(.xlsm)에는 Excel 기능과 매크로 코드가 모두 포함된다. 또한 매크로 사용 통합 문서를 열면 기본적으로 매크로를 사용할 수 없도록 보안이 설정되어 있다. 매크로를 사용하려면 콘텐츠를 사용할 수 있도록 허용 옵션을 설정해야 한다.

> 현재 통합 문서를 매상실적 이름의 매크로 사용 통합 문서로 저장합니다.

1. [파일] 탭–[저장/보내기] 명령을 클릭하고 [파일 형식 변경]에서 '매크로 사용 통합 문서(*.xlsm)'를 더블 클릭한다.

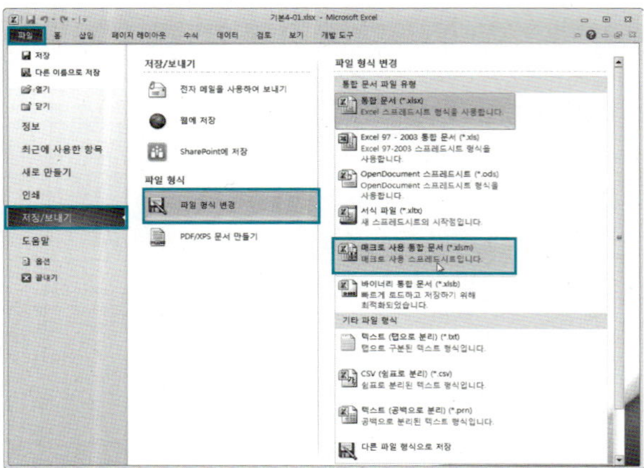

2. [다른 이름으로 저장] 대화 상자의 [파일 형식]에 기본적으로 'Excel 매크로 사용 통합 문서(*.xlsm)'가 나타난다. [파일 이름]에 매상실적을 입력하고 [저장] 단추를 클릭한다.

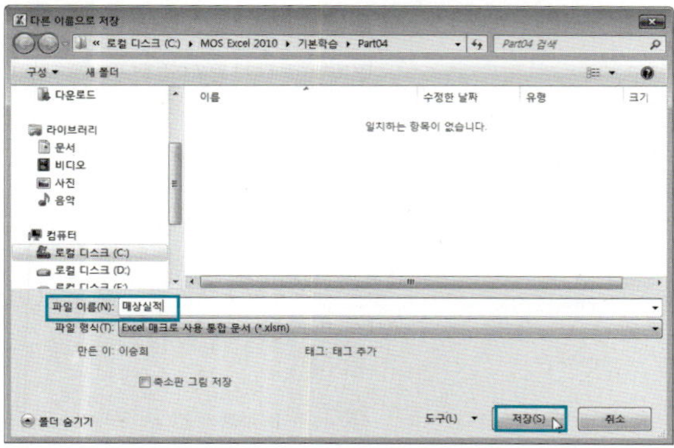

3. 매크로 사용 통합 문서를 닫기 위해 **[파일]**–**[닫기]** 명령을 클릭한다.

4. 매크로 사용 통합 문서를 열기 위해 **[파일]**–**[최근에 사용한 항목]** 명령을 클릭하고 **[최근 통합 문서]**에서 '매상실적.xlsm'을 클릭한다.

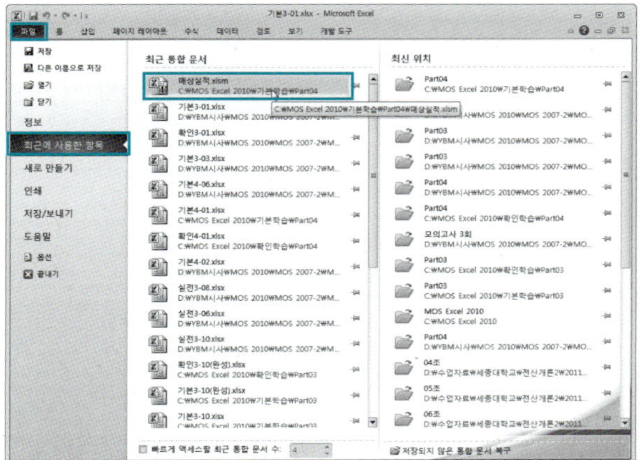

5. 보안 경고 메시지 표시줄이 나타나면 **[콘텐츠 사용]** 단추를 클릭한다.

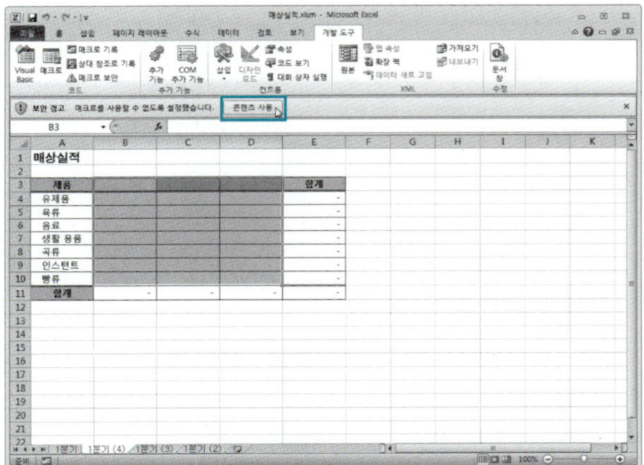

6. 이제 현재 매크로 사용 통합 문서에서 저장해둔 매크로를 사용할 수 있다.

| 확인학습 |

확인4-01.xlsx를 열어 다음의 작업을 완성하시오.

(1) 셀 내용을 가운데 맞춤 및 기울임꼴 서식을 적용하는 매크로를 기록하시오. 매크로 이름은 'ID'로 지정하여 현재 통합 문서에만 저장하시오.

(2) '2001년 3월 14일' 날짜 표시 형식과 열 너비를 '15'로 변경하는 매크로를 기록하시오. 매크로 이름은 '날짜서식'으로 지정하여 현재 통합 문서에만 저장하시오.

(3) 회원등급이 'A'와 같은 경우에 셀 강조 규칙을 적용하는 매크로를 기록하시오. 매크로 이름은 '등급', 바로 가기 키는 〈Ctrl+w〉로 지정하여 현재 통합 문서에만 저장하시오.

(4) 회원ID 열의 값에 'ID' 매크로를, 생년월일 및 출발날짜 열의 값에 '날짜서식' 매크로를, 회원등급 열의 값에는 '등급' 매크로를 적용하시오.

(5) 현재 통합 문서를 '예약' 파일 이름의 매크로 사용 통합 문서로 저장하시오.

예약리스트

순번	성명	회원ID	여권번호	생년월일	출발날짜	편명	누적이용횟수	회원등급
1	김차순	*Kathy*	EP0027982	1959년 7월 24일	2010년 12월 7일	KE 701	30	A
2	정용래	*albert*	SA4823644	1965년 5월 30일	2010년 12월 10일	KE 705	7	C
3	모두현	*Biber*	BR1555687	1995년 8월 13일	2010년 12월 9일	KE 703	5	C
4	곽희나	*Slayer*	AC1126485	2001년 1월 1일	2010년 12월 11일	KE 711	0	C
5	장희수	*Slaveee*	FT4564456	1992년 3월 17일	2010년 12월 11일	KE 712	5	C
6	정한욱	*kwangsoo*	NC122648	1990년 9월 19일	2010년 12월 11일	KE 713	10	B
7	오승철	*Tony115*	IR1578945	1980년 11월 22일	2010년 12월 9일	KE 702	11	B
8	정진호	*SuperM*	WR157963	2002년 6월 4일	2010년 12월 10일	KE 705	6	C
9	최유나	*wlwltheo*	RH487998	1956년 12월 30일	2010년 12월 5일	KE 714	8	C
10	안진선	*dhdlshdtk*	CG154789	1979년 5월 16일	2010년 12월 9일	KE 703	4	C
11	양유빈	*Whatbecomes*	JO0269071	1946년 6월 6일	2010년 12월 11일	KE 712	25	A
12	김해랑	*ttlqq*	GH187832	1977년 3월 21일	2010년 12월 8일	KE 708	6	C
13	박지윤	*poohhcuk*	UI2268726	1975년 1월 19일	2010년 12월 5일	KE 714	7	C
14	김다해	*ASSk*	ER0365087	1984년 7월 5일	2010년 12월 6일	KE 715	5	C
15	박종철	*Shoema*	HY2235612	1959년 2월 14일	2010년 12월 6일	KE 715	5	C
16	김만득	*Pumak*	OV1047115	1966년 12월 9일	2010년 12월 7일	KE 701	6	C
17	이성모	*stirkle*	GF02055687	1995년 11월 23일	2010년 12월 7일	KE 716	9	C
18	황유진	*kid*	QT0568723	1978년 4월 28일	2010년 12월 8일	KE 708	14	B
19	장유진	*pathe*	KJ1235698	1974년 2월 28일	2010년 12월 9일	KE 703	16	B
20	김희라	*qocnshdtk*	EC1011315	1970년 7월 22일	2010년 12월 7일	KE 716	20	A

Hint

1. 새 매크로를 기록하려면 [개발 도구] 탭–[코드] 그룹–[매크로 기록] 명령이나, 상태 표시줄에서 [매크로 기록] 아이콘(▣)을 이용하고, 기록이 완료되면 꼭 매크로 기록을 중지하세요.

2. 셀 가운데 맞춤 변경은 [홈] 탭–[맞춤] 그룹–[가운데 맞춤] 아이콘(≣)을 이용하세요.

3. 기울임꼴 변경은 [홈] 탭–[글꼴] 그룹–[기울임꼴] 아이콘(*가*)을 이용하세요.

4. 날짜 표시 형식을 설정하려면 [홈] 탭–[표시 형식] 그룹–[셀 서식: 표시 형식] 아이콘(▣)을 이용하세요.

5. 열 너비 변경은 [홈] 탭–[셀] 그룹–[서식]–[열 너비] 명령을 이용하세요.

6. 셀 강조 규칙은 [홈] 탭–[스타일] 그룹–[조건부 서식] 명령을 이용하세요.

7. 매크로를 실행하려면 [개발 도구] 탭–[코드] 그룹–[매크로] 명령이나, 바로 가기 키를 이용하세요.

8. 매크로 사용 통합 문서로 저장하려면 [파일] 탭–[저장/보내기] 명령을 클릭하고, [파일 형식 변경] 을 이용하세요.

4-2

양식 컨트롤 도구

준비파일 : 기본4-02.xlsm   완성파일 : 기본4-02(완성).xlsm

중요 용어 | 개발 도구, 양식 컨트롤, 확인란, 콤보 상자, 스핀 단추, 목록 상자, 옵션 단추, 그룹 상자, 레이블
출제 포인트 | 양식 컨트롤을 만들고 셀과 연결하고 다양한 컨트롤 옵션을 변경하는 방법을 묻는 문제

워크시트에 사용자가 실제 데이터를 입력하는 부분에 양식 컨트롤로 만들어 입력을 대체할 수 있다. 양식 컨트롤을 사용한다면 누구나 동일한 양식 문서에 일관성 있는 데이터를 작성할 수 있게 된다. 또한 양식 컨트롤을 셀과 연결하거나, 매크로와 연동하여 동적인 구현도 가능해진다. 양식 컨트롤 도구를 사용하려면 리본 메뉴에 개발 도구가 있어야 한다.

> C12 셀에 콤보 상자를 만들어 제품명 목록(L7:L15)을 입력 범위로 설정하고 목록 표시 줄 수를 '5'로 설정합니다. 그리고 E12 셀에 스핀 단추를 만들어 D12 셀의 값이 1~100 사이의 값으로 1씩 증가하도록 변경합니다.

1. [**개발 도구**] 탭–[**컨트롤**] 그룹–[**삽입**]을 클릭하여 [**양식 컨트롤**]의 [**콤보 상자**] 양식 컨트롤(　)을 클릭한다.

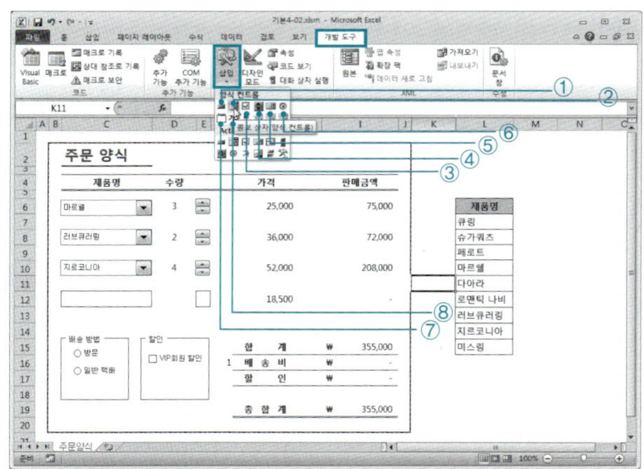

① **단추** : [확인], [취소]와 같은 명령을 실행한다.

② **콤보 상자** : 드롭다운 단추를 눌러 목록에서 값을 선택할 수 있다.

③ **확인란** : 여러 개의 값 중에 다중 항목을 선택할 수 있다.

④ **스핀 단추** : 증가 값과 감소 값을 설정할 수 있다.

⑤ **목록 상자** : 여러 개의 항목이 표시되는 상자로 단일 항목을 선택할 수 있다.

⑥ **옵션 단추** : 여러 개의 값 중에 단일 항목만 선택할 수 있다.

⑦ **그룹 상자** : 관련된 항목끼리 그룹으로 묶을 수 있는 상자이다.

⑧ **레이블** : 항목의 제목, 캡션, 간단한 설명을 텍스트로 표시할 수 있는 양식 컨트롤이다.

Excel Expert

2. C12 셀 위에서 드래그하여 그린다. 콤보 상자 양식 컨트롤이 선택되어 있는 상태에서 속성을 변경하기 위해 양식 컨트롤 위에서 마우스 오른쪽 단추를 눌러 **[컨트롤 서식]** 명령을 클릭한다.

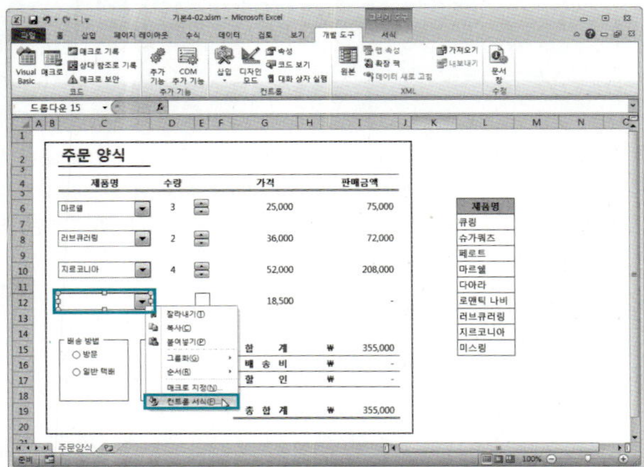

3. **[컨트롤 서식]** 대화 상자의 **[컨트롤]** 탭에서 **[입력 범위]**에 커서를 이동한 후 L7:L15 셀 범위를 드래그한다. **[목록 표시 줄 수]**는 '5'로 설정하고 **[확인]** 단추를 클릭한다. **[컨트롤]** 탭의 화면은 양식 컨트롤에 따라 다른 옵션이 제공된다.

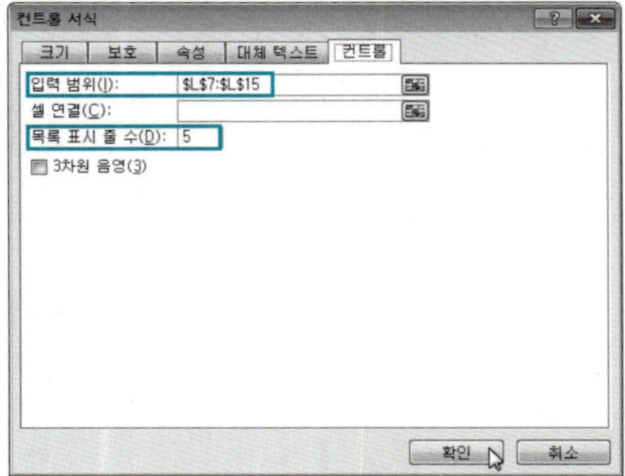

4. **[개발 도구]** 탭–**[컨트롤]** 그룹–**[삽입]**을 클릭 하여 **[양식 컨트롤]**의 **[스핀 단추]** 양식 컨트롤( )을 클릭한다.

5. E12 셀 위에서 드래그하여 그린다. 스핀 단추 양식 컨트롤이 선택되어 있는 상태에서 속성을 변경하기 위해 양식 컨트롤 위에서 마우스 오른쪽 단추를 눌러 **[컨트롤 서식]** 명령을 클릭한다.

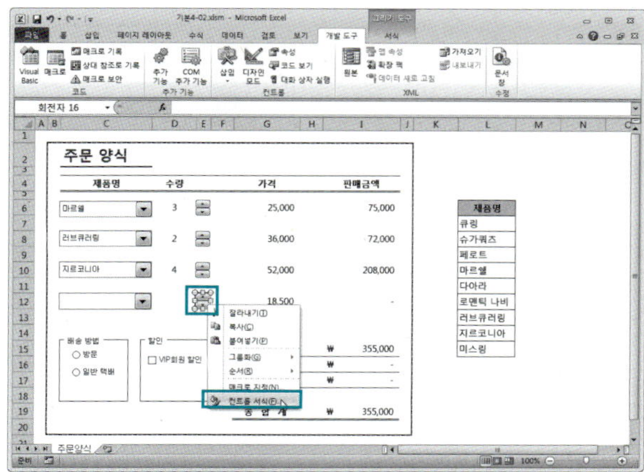

6. **[컨트롤 서식]** 대화 상자의 **[컨트롤]** 탭에서 **[최소값]**은 '1', **[최대값]**은 '100', **[증분 변경]**은 '1'로 설정하고 **[셀 연결]**에 커서를 이동한 후 D12 셀을 클릭한다. **[확인]** 단추를 클릭한다.

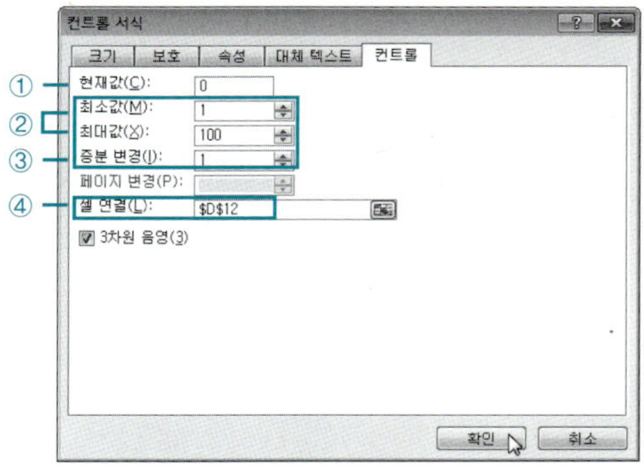

① **현재값** : 현재 스핀 단추와 연결된 셀에 표시될 값이다.

② **최소값/최대값** : 스핀 단추로 설정할 수 있는 최소값과 최대값을 설정한다.

③ **증분 변경** : 스핀 단추를 클릭했을 때 증가되고 감소할 단계 값을 설정한다.

④ **셀 연결** : 양식 컨트롤과 연결할 셀이나 정의된 이름을 설정한다.

7. 콤보 상자 목록 단추를 클릭해 제품명을 선택하고 수량의 스핀 단추를 클릭해 수량 열에 값을 입력할 수 있게 된다.

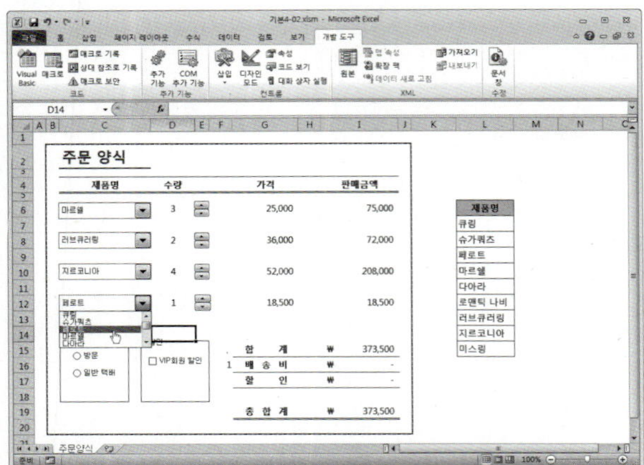

tip

양식 컨트롤 개체 선택 하기

양식 컨트롤을 추가한 후에는 양식의 항목을 선택할 수 있도록 모드가 변경된다. 양식 컨트롤을 편집하기 위해 선택하려면 마우스 오른쪽 단추를 사용하거나, [홈] 탭─[편집] 그룹─[찾기 및 선택]─[개체 선택]을 클릭한다. 개체 선택 모드를 해제하려면 임의의 셀을 더블 클릭한다.

| 확인학습 |

준비파일 : 확인4-02.xlsm   완성파일 : 확인4-02(완성).xlsm

확인4-02.xlsm을 열어 다음의 작업을 완성하시오.

(1) [배송 방법] 그룹 상자 안에 '당일 택배' 텍스트를 표시하는 옵션 단추 양식 컨트롤을 삽입하고 F16 셀에 값이 표시되도록 설정하시오.

(2) [할인] 그룹 상자 안에 '단체 할인' 텍스트를 표시하는 확인란 양식 컨트롤을 삽입하고 F18 셀에 값이 표시되도록 설정하시오.

(3) 주문 양식 왼쪽 하단에 '주문인쇄'라는 이름의 단추 양식 컨트롤을 삽입하고 이 단추에 '인쇄' 매크로를 할당하시오.

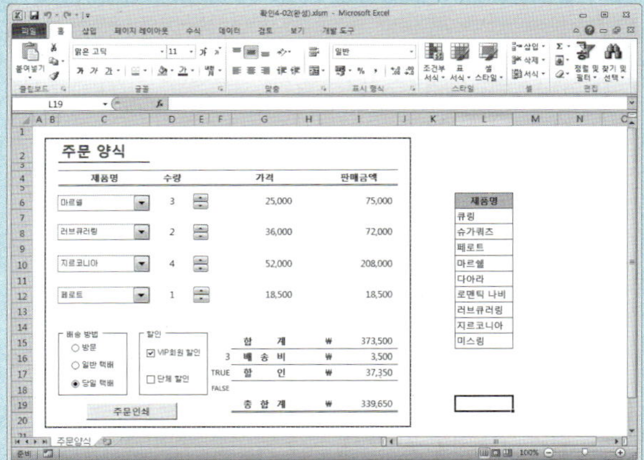

Hint

1. 양식 컨트롤을 추가하려면 **[개발 도구]** 탭–**[컨트롤]** 그룹–**[삽입]** 명령을 이용하세요.

2. 양식 컨트롤의 옵션을 변경하려면 컨트롤 위에서 마우스 오른쪽 단추를 눌러 **[컨트롤 서식]** 명령을 이용하세요.

3. 옵션 단추를 한 셀에 연결하고 선택하면 차례로 연결된 셀에 1, 2, 3… 일련번호가 표시돼요.

4. 확인란 단추를 각 셀에 연결하고 선택하면 TRUE, 선택을 해제하면 FALSE 논리 값이 나타나요.

5. 단추를 만들면 기록된 매크로를 실행할 수 있도록 **[매크로 지정]** 대화 상자가 나타나요.

04 매크로 및 양식 사용 족보 공개

4-1 매크로 기록 및 실행

- 매크로란 여러 명령어들의 모음으로 자주 반복되는 일련의 작업을 매크로로 기록해두어 필요할 때마다 실행할 수 있는 기능이다.
- 매크로에는 마우스나 키보드를 사용하여 필요한 작업을 차례로 수행한 과정을 기록하는 자동 매크로와 VBE(Visual Basic Editor)에서 VBA(Visual Basic for Application) 언어로 직접 프로그램을 제작하는 매크로가 있다.
- 새 매크로를 기록하려면 (1) **[개발 도구]** 탭–**[코드]** 그룹–**[매크로 기록]** 명령이나 (2) 상태 표시줄에서 **[매크로 기록]** 아이콘(　)을 클릭한다.
- **[매크로 기록]** 대화 상자에서 매크로 이름, 바로 가기 키, 매크로 저장 위치를 설정하고 **[확인]** 단추를 클릭한 후 작업을 수행한다.
- 매크로 기록을 중지하려면 (1) **[개발 도구]** 탭–**[코드]** 그룹에서 **[기록 중지]** 명령이나, (2) 상태 표시줄에서 **[기록 중지]** 아이콘(　)을 클릭한다.
- 매크로를 실행하려면 (1) 기록 시 지정한 바로 가기 키를 누르거나, (2) **[개발 도구]** 탭–**[코드]** 그룹에서 **[매크로]** 명령을 클릭하고 **[매크로]** 대화 상자에서 매크로 이름을 선택하고 **[실행]** 단추를 클릭한다.
- 매크로 사용 통합 문서(.xlsm)로 저장하려면 **[파일]** 탭–**[저장/보내기]** 명령을 클릭하고 **[파일 형식 변경]**에서 '매크로 사용 통합 문서(*.xlsm)'를 더블 클릭한다.

4-2 양식 컨트롤 도구

- 양식 컨트롤 도구는 워크시트에 사용자가 실제 데이터를 입력하는 부분에 양식 컨트롤로 만들어 입력을 대체할 수 있다.
- 양식 컨트롤을 셀과 연결하거나 매크로와 연동하여 동적인 구현도 가능해진다. 양식 컨트롤 도구는 **[개발 도구]** 탭에서 제공된다.
- 양식 컨트롤 도구를 삽입하려면 **[개발 도구]** 탭–**[컨트롤]** 그룹–**[삽입]** 명령에서 확인란, 콤보 상자, 스핀 단추, 목록 상자, 옵션 단추, 그룹 상자, 레이블 양식 컨트롤을 선택하고 워크시트 위에 드래그하여 그린다.
- 양식 컨트롤 도구의 옵션을 변경하려면 양식 컨트롤 위에서 마우스 오른쪽 단추를 눌러 **[컨트롤 서식]** 명령을 클릭한다.
- 단추 양식 컨트롤을 셀 위에서 드래그하여 그리면 **[매크로 지정]** 대화 상자에서 매크로를 할당할 수 있다.

실전모의고사 문제집

실전모의고사 1회

01 실전1-01.xlsx를 열어 다음 작업을 완료하시오.

준비파일_ 실전1-01.xlsx

완성파일_ 실전1-01(완성).xlsx, 수량비교차트(완성).crtx

차트를 '레이아웃 11'과 '차트 스타일 32'로 변경하고 '주황, 강조 6, 60% 더 밝게' 도형 채우기를 설정하시오. 그러고 나서 이 차트를 수량비교차트라는 이름의 차트 서식 파일로 저장하시오.

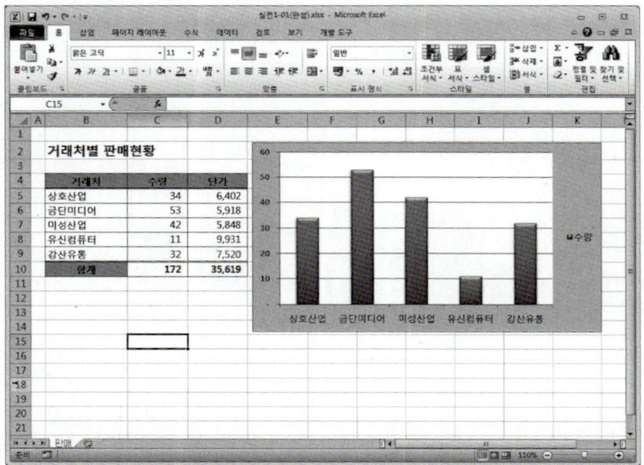

차트 레이아웃, 차트 스타일, 차트 서식, 차트 서식 파일 저장

02 실전1-02.xlsx를 열어 다음 작업을 완료하시오.

준비파일_ 실전1-02.xlsx 완성파일_ 실전1-02(완성).xlsx

[강북], [강남] 및 [강서] 범위의 데이터 합계를 새 워크시트의 A3 셀에서 시작하여 통합하시오. 첫 행과 왼쪽 열의 레이블을 표시하고 새 워크시트의 이름을 지역합계로 지정하시오.

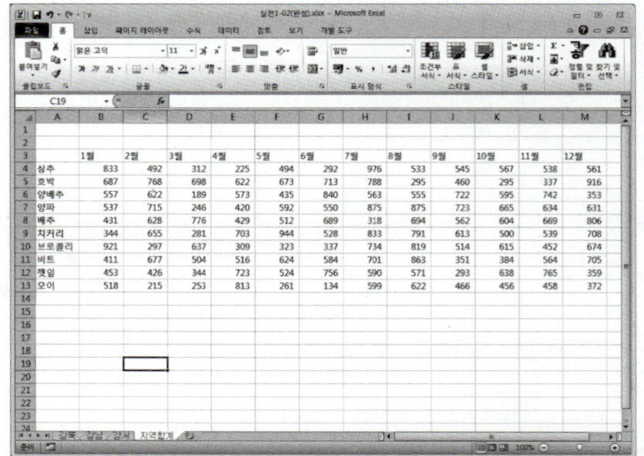

데이터 레이블 통합

03 실전1-03.xlsx를 열어 다음 작업을 완료하시오.

준비파일_ 실전1-03.xlsx 완성파일_ 실전1-03(완성).xlsx

G3 셀에 AVERAGEIFS 함수를 사용하여 차량유지의 카드 평균 사용 금액을 찾으시오.

AVERAGEIFS 함수

04 실전1-04.xlsx를 열어 다음 작업을 완료하시오.

준비파일_ 실전1-04.xlsx, 주문목록.xsd, 주문목록.xml

완성파일_ 실전1-04(완성).xlsx, 하반기 주문(완성).xml

주문목록.xsd 스키마 맵을 사용하여 XML 요소를 현재 통합 문서에 매핑하고, 주문목록.xml 데이터 파일을 가져오시오. 그러고 나서 현재 워크시트를 하반기 주문이라는 XML 데이터 파일로 문서 폴더에 내보내시오.

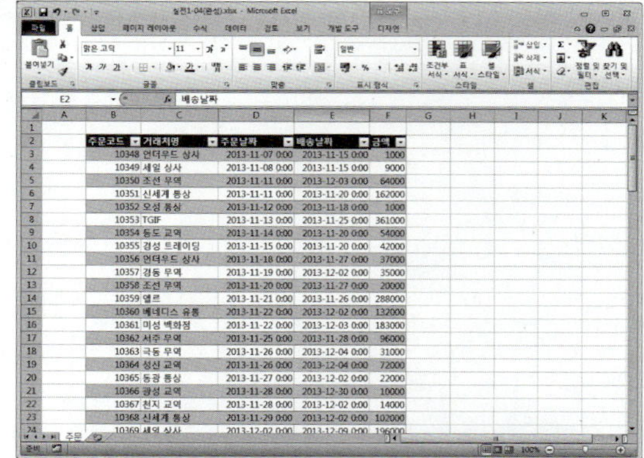

XML 스키마 맵 추가, XML 데이터 가져오기, XML 데이터 내보내기

05 실전1-05.xlsx를 열어 다음 작업을 완료하시오.

준비파일_ 실전1-05.xlsx 완성파일_ 실전1-05(완성).xlsx

새 워크시트에 공사명을 행 레이블로, 자재등급은 열 레이블로, 출고량의 합계 값을 표시하는 피벗 테이블 을 만드시오.

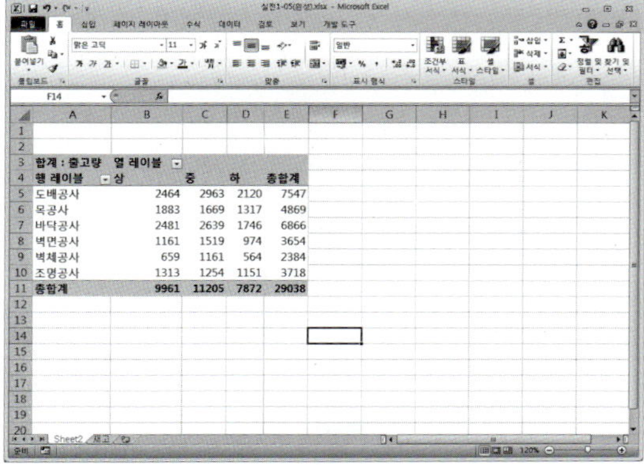

피벗 테이블

06 실전1-06.xlsx를 열어 다음 작업을 완료하시오.

준비파일_ 실전1-06.xlsx 완성파일_ 실전1-06(완성).xlsx

F3:H20 셀 범위만 선택할 수 있고 다른 모든 셀은 선택 할 수 없도록 시트를 보호하시오.

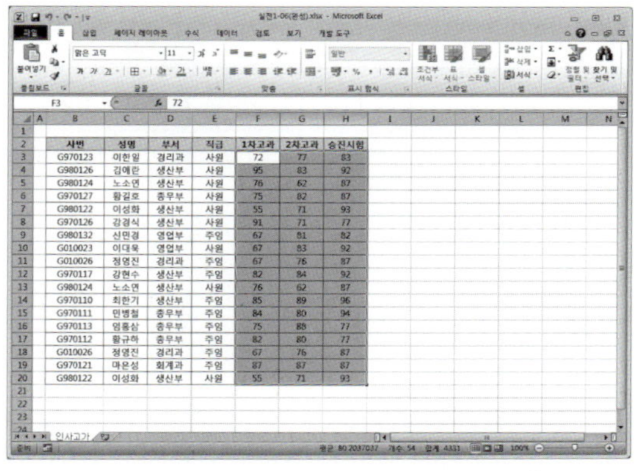

셀 잠금 해제, 시트 보호

07 실전1-07.xlsx를 열어 다음 작업을 완료하시오.

준비파일_ 실전1-07.xlsx 완성파일_ 없음

반복 계산되고 최대 반복 횟수가 30이 되도록 설정하 시오.

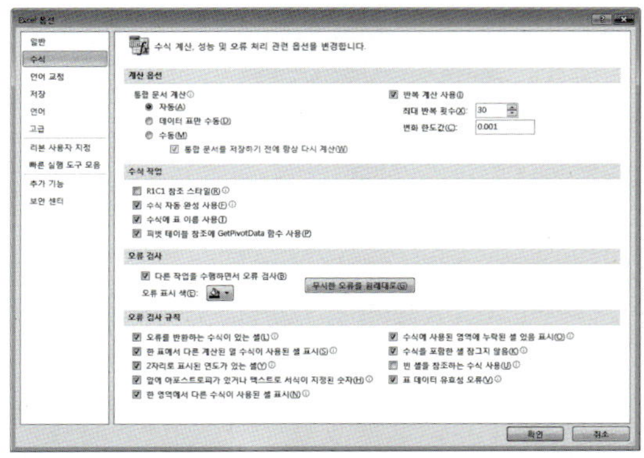

수식 계산 옵션

08 실전1-08.xlsx를 열어 다음 작업을 완료하시오.

준비파일_ 실전1-08.xlsx 완성파일_ 실전1-08(완성).xlsx

변경 내용이 100일 동안 저장되도록 현재 통합 문서를 공유하시오.

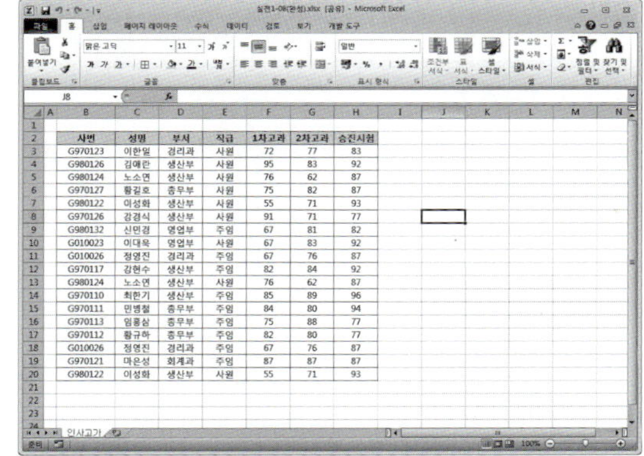

통합 문서 공유

09 실전1-09.xlsx를 열어 다음 작업을 완료하시오.

준비파일_ 실전1-09.xlsx 완성파일_ 실전1-09(완성).xlsx

지역 열(D3:D22) 셀 범위에 접수코드의 마지막 1글자를 참조하여 S면 서울을 아니면 경기를 반환하는 수식을 구하시오.

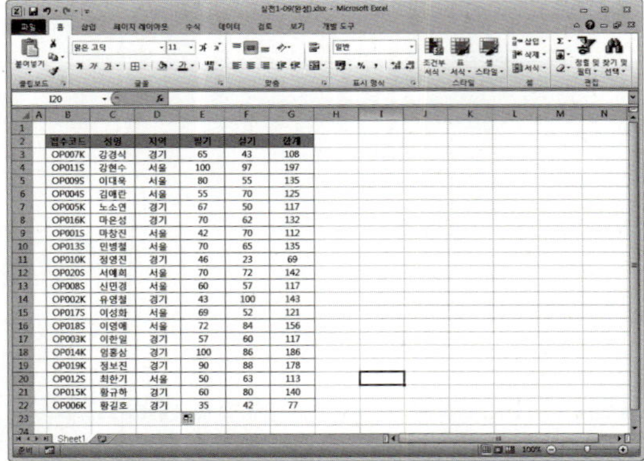

RIGHT 함수, IF 함수

10 실전1-10.xlsx를 열어 다음 작업을 완료하시오.

준비파일_ 실전1-10.xlsx 완성파일_ 실전1-10(완성).xlsm

소수점 이하 2자리까지 표시하고 상위 20%인 상위/하위 규칙을 적용하는 매크로를 현재 통합 문서에 만드시오. 매크로 이름은 상위평균으로 지정하고 평균 열의 값에 이 매크로를 적용하시오. (참고: 다른 기본 설정은 모두 그대로 적용하시오.)

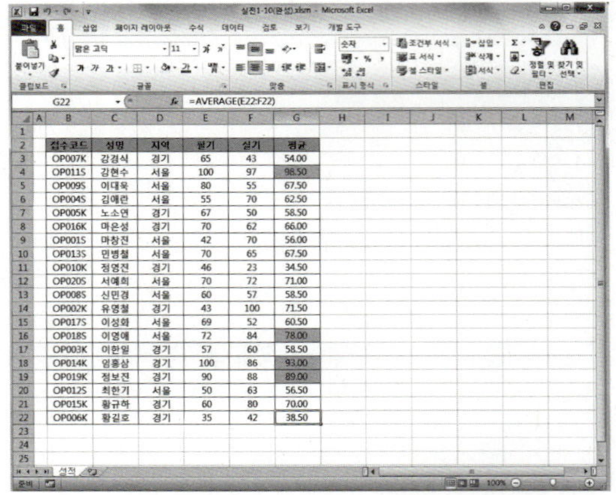

매크로 기록, 표시 형식, 조건부 서식 매크로 실행

11 실전1-11.xlsx를 열어 다음 작업을 완료하시오.

준비파일_ 실전1-11.xlsx 완성파일_ 실전1-11(완성).xlsx

할인율을 20%로 변경하는 20퍼센트할인 이름의 시나리오를 만들고 표시하시오.

시나리오 추가, 시나리오 표시

12 실전1-12.xlsx를 열어 다음 작업을 완료하시오.

준비파일_ 실전1-12.xlsx 완성파일_ 실전1-12(완성).xlsx

값이 336655인 숫자 서식인 구매번호라는 이름의 사용자 지정 문서 속성을 설정하시오.

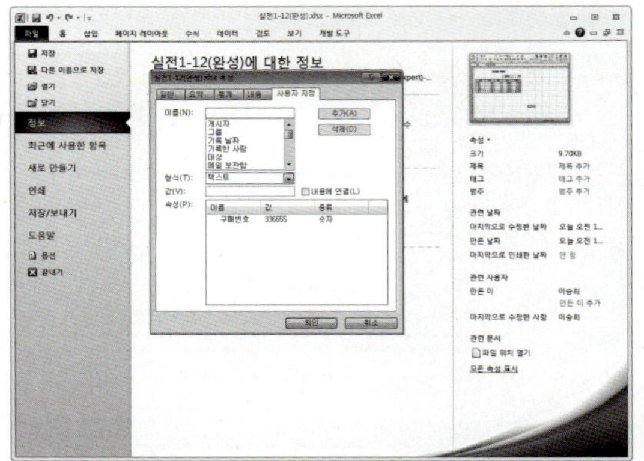

통합 문서 속성

13 실전1-13.xlsx를 열어 다음 작업을 완료하시오.

준비파일_ 실전1-13.xlsx 완성파일_ 실전1-13(완성).xlsx

I3:I12 셀 범위에 1월~6월 실적을 꺾은선 스파크라인으로 만드시오. 그러고 나서 스파크라인에 '스파크라인 스타일 색상형 #2' 스파크라인 스타일을 적용하고, 높은 점과 낮은 점을 표시하시오.

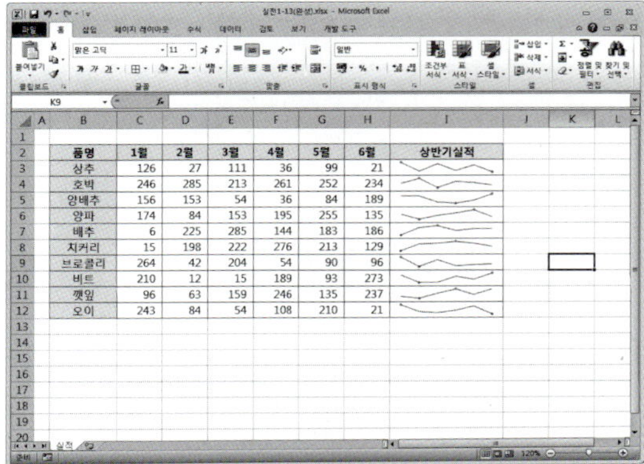

스파크라인

14 실전1-14.xlsx를 열어 다음 작업을 완료하시오.

준비파일_ 실전1-14.xlsx 완성파일_ 1-14(완성).xlsx

워크시트에서 일치하지 않는 수식이 참조되는 모든 셀을 추적하시오.

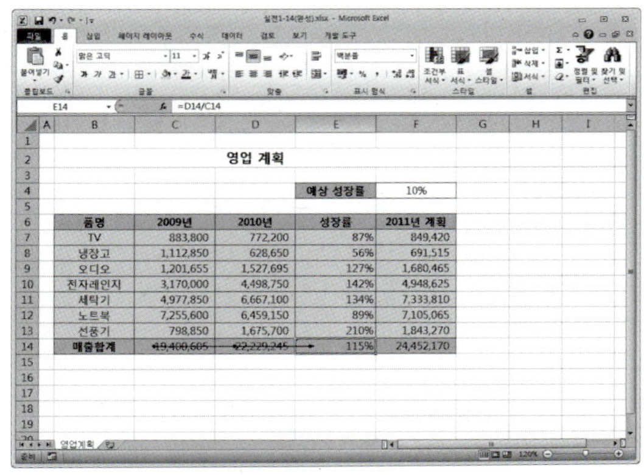

오류 검사, 참조되는 셀 추적

15 실전1-15.xlsx를 열어 다음 작업을 완료하시오.

준비파일_ 실전1-15.xlsx 완성파일_ 실전1-15(완성).xlsx

F3 셀 왼쪽에 스핀 단추를 만들고 F3 셀의 값이 1 ~ 31 사이의 수로 1씩 증가하도록 변경하시오. (참고: 다른 기본 설정은 모두 그대로 적용하시오.)

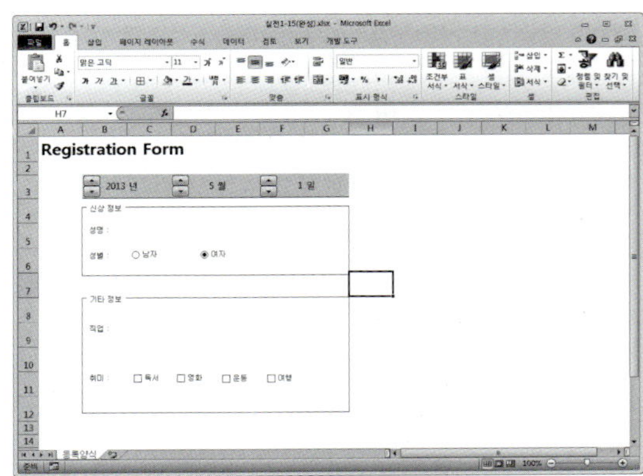

양식 컨트롤

16 실전1-16.xlsx를 열어 다음 작업을 완료하시오.

준비파일_ 실전1-16.xlsx 완성파일_ 실전1-16(완성).xlsx

H3 셀에 단가가 50000을 초과하고 색상이 B로 시작하는 제품 수를 계산하는 함수를 작성하시오.

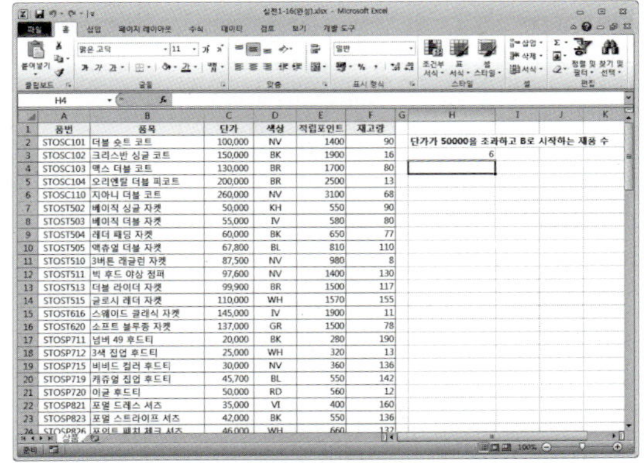

COUNTIFS 함수

실전모의고사 1회

17 실전1-17.xlsx를 열어 다음 작업을 완료하시오.

준비파일_ 실전1-17.xlsx 완성파일_ 실전1-17.xlsx

56789라는 암호로 통합 문서를 암호화하고 최종본으로 표시하시오.

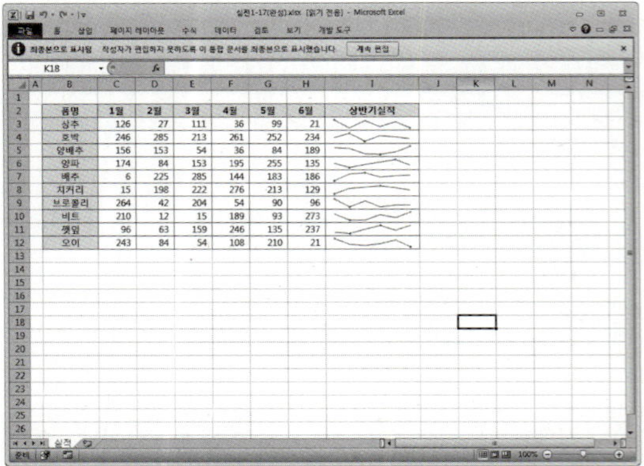

통합 문서 보호, 최종본 표시

18 실전1-18.xlsx를 열고 다음 작업을 완료하시오.

준비파일_ 실전1-18.xlsx 완성파일_ 실전1-18(완성).xlsx

성장률 차트에 차수 2를 사용하고 앞으로 2구간을 예측하는 다항식 추세선을 추가하시오.

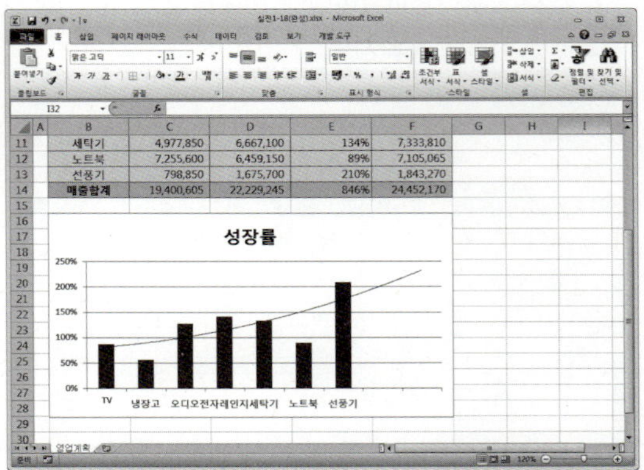

추세선

19 실전1-19.xlsx를 열어 다음 작업을 완료하시오.

준비파일_ 실전1-19.xlsx 완성파일_ 실전1-19(완성).xlsx

E4:F11 셀 범위에 변수 한 개의 데이터 표를 만드시오. 열 입력 셀은 C6 셀로 설정하시오.

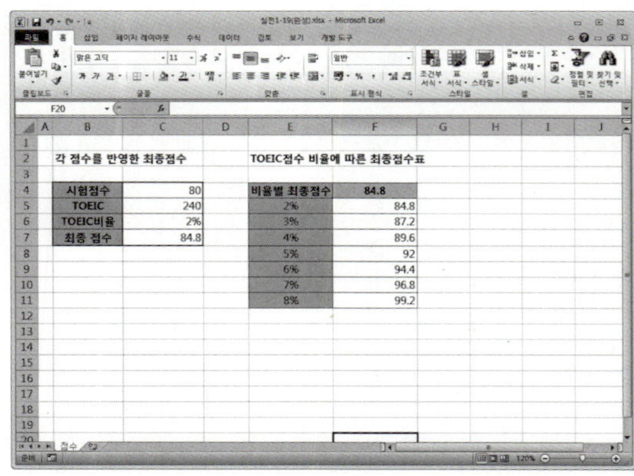

데이터 표

20 실전1-20.xlsx를 열어 다음 작업을 완료하시오.

준비파일_ 실전1-20.xlsx 완성파일_ 실전1-20(완성).xlsx

해외영업부에 대한 상기실적을 영업사원별로 표시하는 피벗 차트를 새 워크시트에 만드시오.

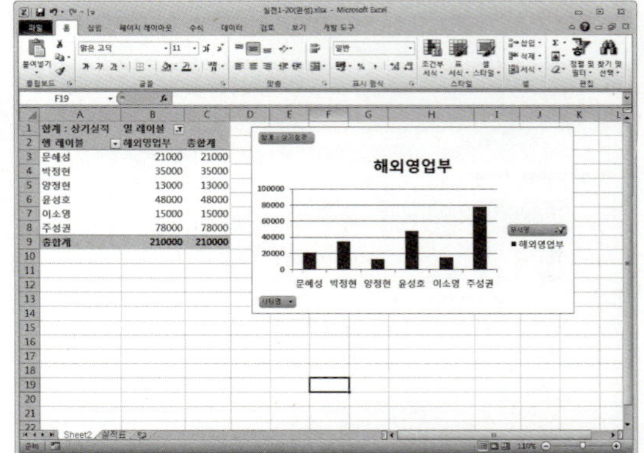

피벗 차트

21 실전1-21.xlsx를 열어 다음 작업을 완료하시오.

준비파일_ 실전1-21.xlsx 완성파일_ 실전1-21(완성).xlsx

현재 공유 문서에서 모든 사용자가 수행한 변경 내용을 새 워크시트에 모두 표시하시오. (참고: 다른 기본 설정은 모두 그대로 적용하시오.)

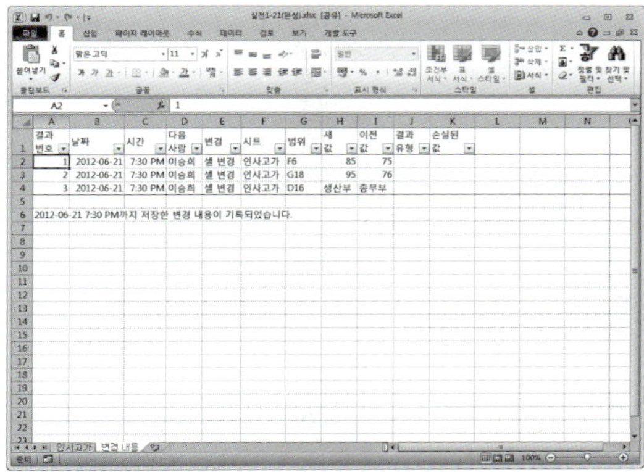

변경 내용 표시

22 실전1-22.xlsx를 열어 다음 작업을 완료하시오.

준비파일_ 실전1-22.xlsx 완성파일_ 실전1-22(완성).xlsx

수식 계산 도구를 사용하여 F7 셀의 수식 오류를 정정하시오.

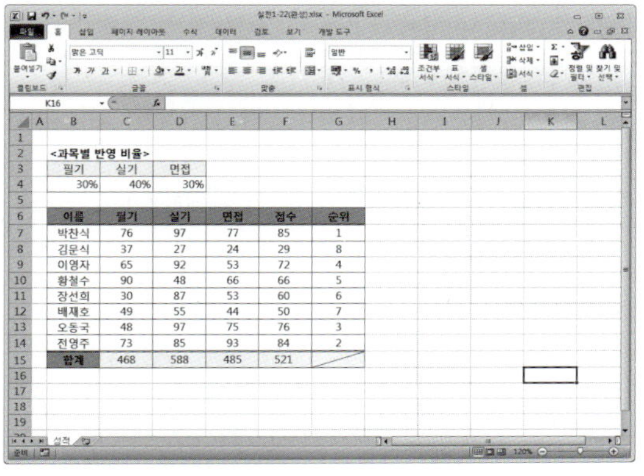

수식 계산

23 실전1-23.xlsx를 열어 다음 작업을 완료하시오.

준비파일_ 실전1-23.xlsx 완성파일_ 실전1-23(완성).xlsx

[재고분석] 워크시트에서 피벗 테이블에 공사명 및 자재등급을 표시하도록 슬라이서를 삽입하시오. 그러고 나서 도배공사 및 조명공사인 공사명을 표시하시오.

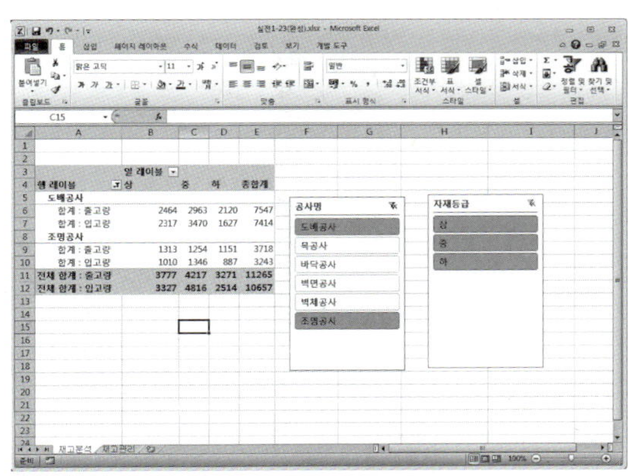

슬라이서

24 실전1-24.xlsx를 열어 다음 작업을 완료하시오.

준비파일_ 실전1-24.xlsx 완성파일_ 실전1-24(완성).xlsx

영업 계획 차트에 2013년 계획 열의 값이 막대 차트에 포함되도록 데이터 원본을 수정하시오.

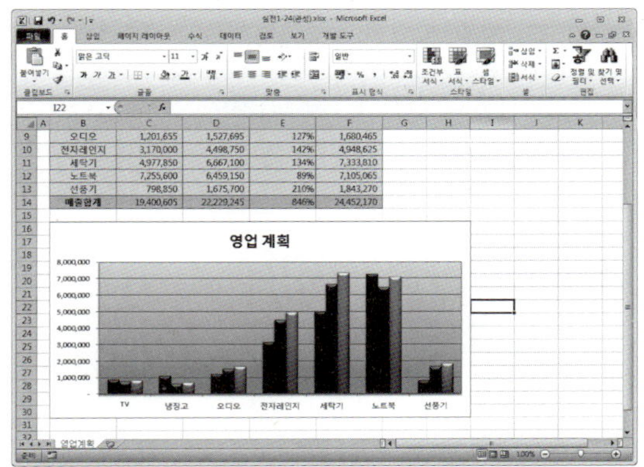

차트 데이터 범위

25 실전1-25.xlsx를 열어 다음 작업을 완료하시오.

준비파일_ 실전1-25.xlsx　완성파일_ 실전1-25(완성).xlsx

생활문화교실 표를 참조하여 C10:C14 셀 범위에 과목별 수강료의 합을 계산하시오.

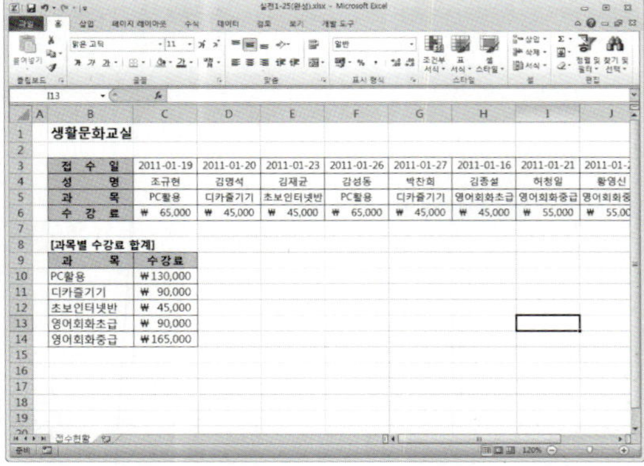

SUMIF 함수

26 실전1-26.xlsx를 열어 다음 작업을 완료하시오.

준비파일_ 실전1-26.xlsx　완성파일_ 없음

수식 오류가 감지되면 파랑으로 표시하도록 Excel 옵션을 구성하시오.

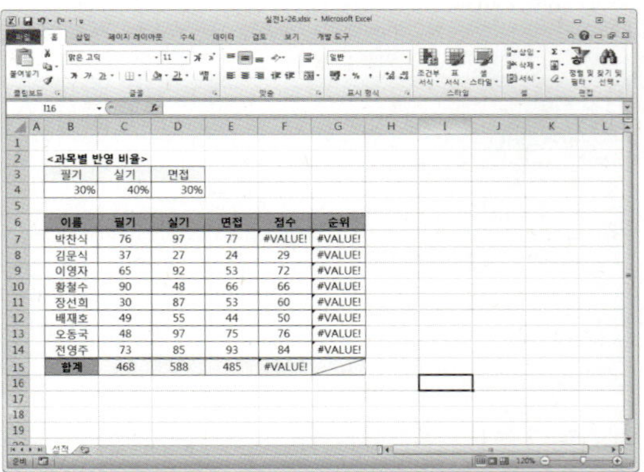

오류 표시 색

27 실전1-27.xlsx를 열어 다음 작업을 완료하시오.

준비파일_ 실전1-27.xlsx　완성파일_ 실전1-27(완성).xlsm

B4:G14 셀 범위에는 모든 테두리를 C5:G14 셀 범위에 회계 표시 형식을 설정하는 매크로를 기록하시오. 현재 통합 문서에 매크로를 기록하고 새 매크로 이름은 표서식으로 지정하시오.

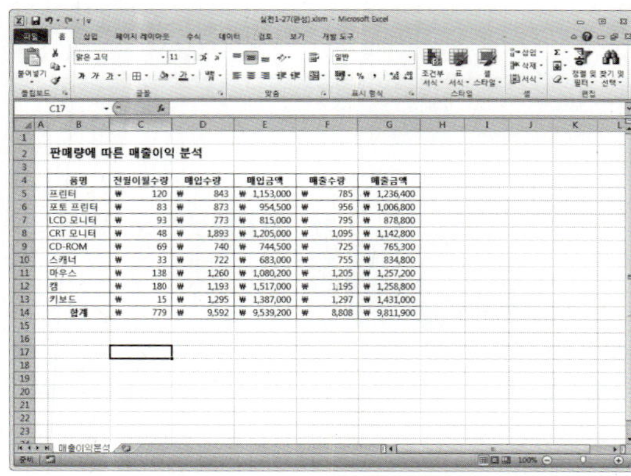

매크로 기록

28 실전1-28.xlsm을 열어 다음 작업을 완료하시오.

준비파일_ 실전1-28.xlsm　완성파일_ 실전1-28(완성).xlsm

표 서식이라는 이름의 단추(양식 컨트롤)을 G2 셀에 삽입하고 이 단추에 '표서식' 매크로를 할당하시오. 그리고 나서 매크로를 실행하시오.

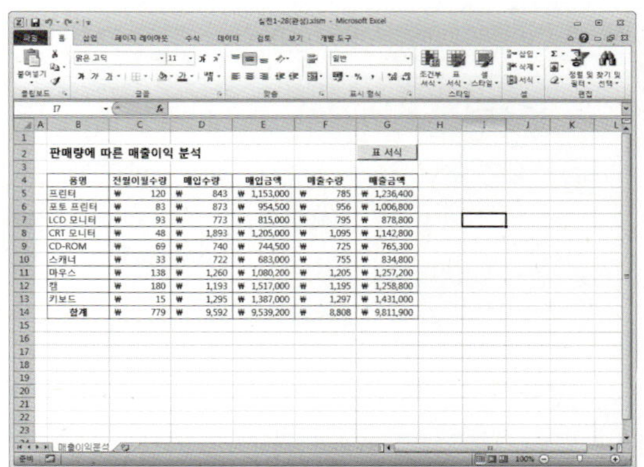

양식 컨트롤

29 실전1-29.xlsx를 열어 다음 작업을 완료하시오.

준비파일_ 실전1-29.xlsx 완성파일_ 실전1-29(완성).xlsx

F10 셀에 HLOOLKUP 함수를 사용하여 김재균의 과목을 찾으시오.

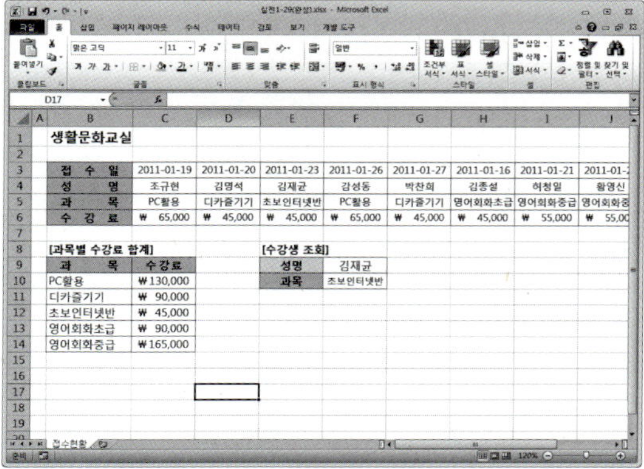

HLOOKUP 함수

실전모의고사 2회

01 실전2-01.xlsx를 열어 다음 작업을 완료하시오.

준비파일_ 실전2-01.xlsx 완성파일_ 실전2-01(완성).xlsx

D5 셀이 참조하는 모든 셀을 추적하시오.

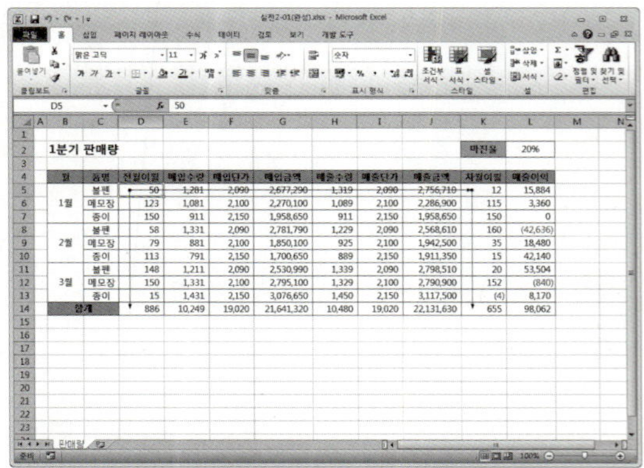

참조하는 셀 추적

02 실전2-02.xlsx를 열어 다음 작업을 완료하시오.

준비파일_ 실전2-02.xlsx 완성파일_ 실전2-02(완성).xlsx

대분류를 보고서 필터로, 날짜를 행 레이블로 분기별월별로 표시하고, 열 레이블은 사이즈로, 판매가의 최대값을 회계 표시 형식으로 표시하는 피벗 테이블을 새 워크시트에서 만드시오.

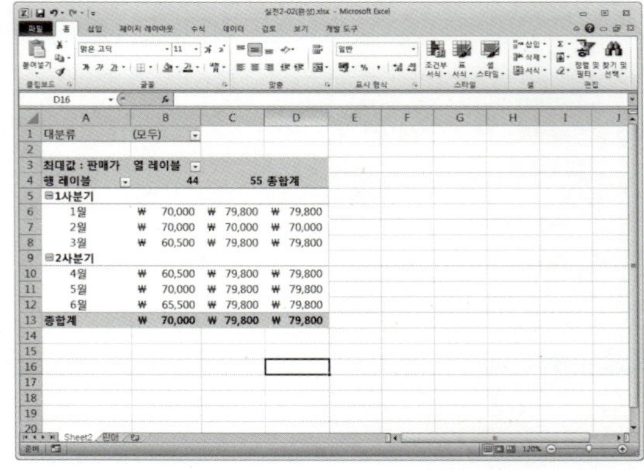

피벗 테이블, 그룹 묶기, 함수 변경

03 실전2-03.xlsx를 열어 다음 작업을 완료하시오.

준비파일_ 실전2-03.xlsx 완성파일_ 실전2-03(완성).xlsx

강수량 차트에 12월 행의 값이 꺾은선 차트에 포함되도록 데이터 원본을 변경하시오. 그리고 나서 '평균' 데이터 계열을 묶은 세로 막대형 차트 종류로 변경하시오.

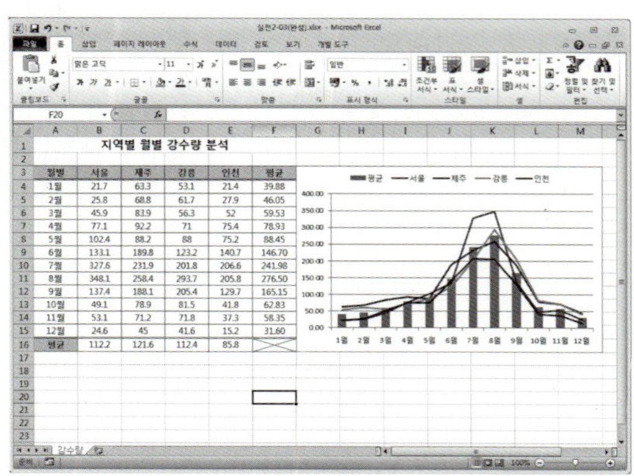

차트 데이터 범위, 계열 차트 종류 변경

04 실전2-04.xlsx를 열어 다음 작업을 완료하시오.

준비파일_ 실전2-04.xlsx

완성파일_ 실전2-04(완성).xlsx, 강수량차트(완성).crtx

강수량 차트를 '스타일 25'로 변경하고 '황갈색, 배경 2, 10% 더 어둡게' 도형 채우기 색 및 '황갈색, 배경 2, 50% 더 어둡게' 도형 윤곽선을 설정하시오. 그리고 나서 이 차트를 강수량차트라는 이름의 차트 서식 파일로 저장하시오.

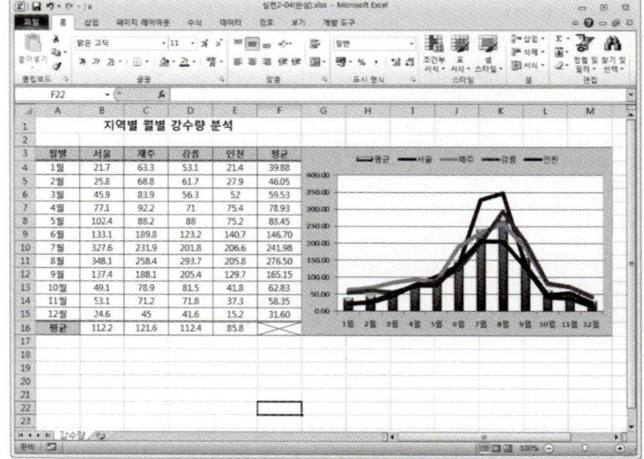

빠른 차트 스타일, 도형 채우기, 도형 윤곽선, 차트 서식 파일 저장

05 실전2-05.xlsx를 열어 다음 작업을 완료하시오.

준비파일_ 실전2-05.xlsx 완성파일_ 실전2-05(완성).xlsx

분류코드 B2 셀에 품번에서 4번째부터 5번째까지 문자를 추출하는 수식을 작성하시오. 수식을 B16 셀까지 복사하시오.

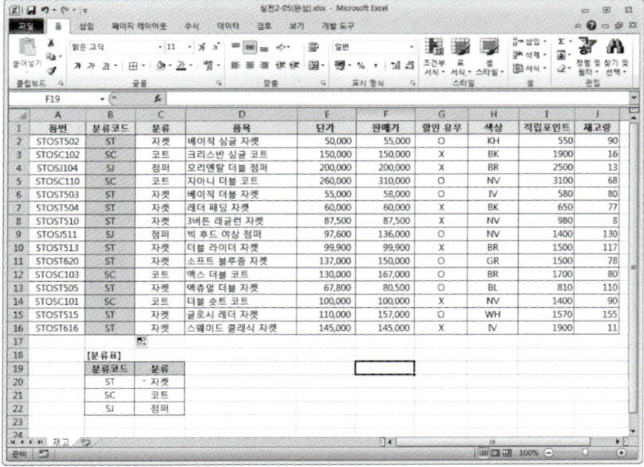

MID 함수

06 실전2-06.xlsx를 열어 다음 작업을 완료하시오.

준비파일_ 실전2-06.xlsx 완성파일_ 실전2-06(완성).xlsm

글꼴 크기는 12포인트, 굵게, 가운데 맞춤으로 적용하고 행 높이는 정확히 21로 설정하는 매크로를 만드시오. 매크로의 이름은 레이블로 설정하여 현재 통합 문서에 저장하시오.

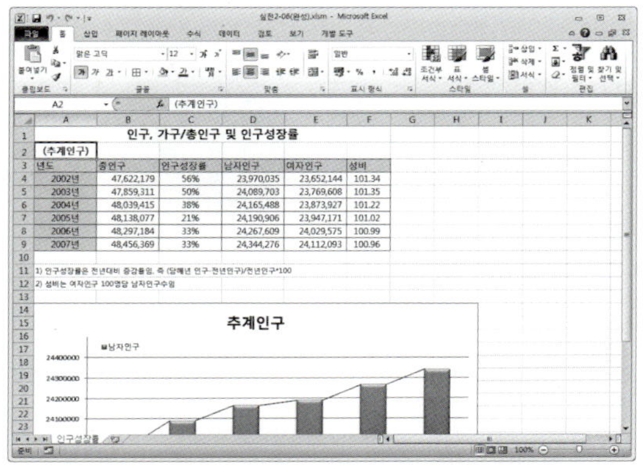

매크로 기록

07 실전2-07.xlsm을 열어 다음 작업을 완료하시오.

준비파일_ 실전2-07.xlsm 완성파일_ 실전2-07(완성).xlsm

G2:H3 셀 범위에 레이블 서식이라는 이름의 단추(양식 컨트롤)을 만들어 '레이블' 매크로를 할당하고. 그러고 나서 3행의 레이블 셀에 '레이블' 매크로를 실행하시오.

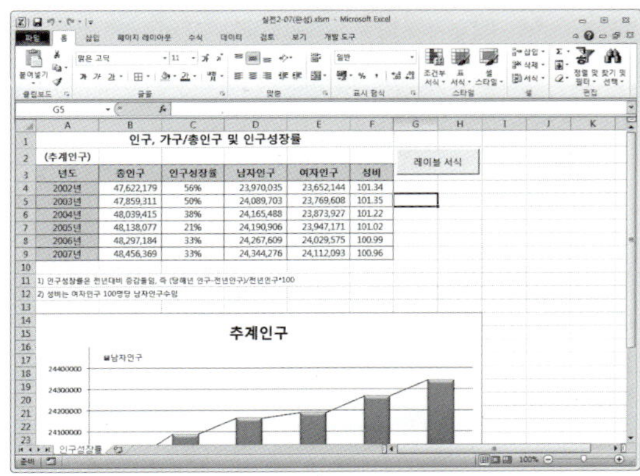

수식 계산 옵션

08 실전2-08.xlsx를 열어 다음 작업을 완료하시오.

준비파일_ 실전2-08.xlsx 완성파일_ 실전2-08(완성).xlsx

상반기 및 하반기 범위의 매출 값을 평균 내어 [매출통합] 워크시트의 B2 셀에서 시작하여 통합하시오. 첫 행 및 왼쪽 열의 레이블을 표시하시오.

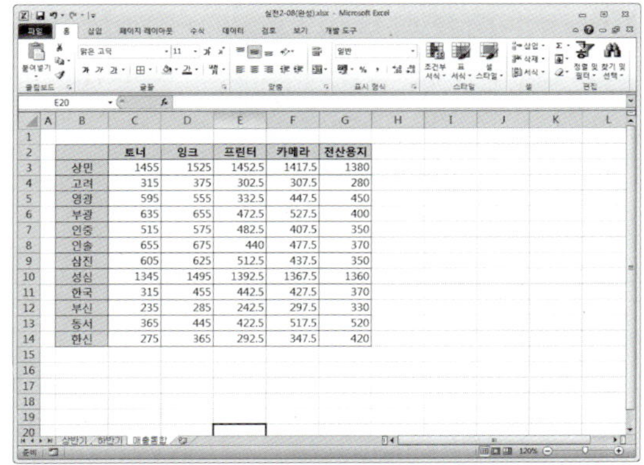

데이터 통합

실전모의고사 2회

09 실전2-09.xlsx를 열어 다음 작업을 완료하시오.

준비파일_ 실전2-09.xlsx 완성파일_ 실전2-09(완성).xlsx

2013년 영업 계획 평균이 5,000을 달성하려면 조정율이 얼마여야 하는지를 구하시오.

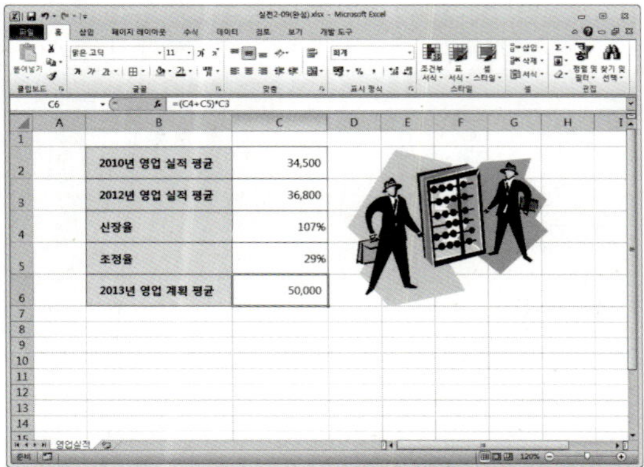

목표 값 찾기

10 실전2-10.xlsx를 열어 다음 작업을 완료하시오.

준비파일_ 실전2-10.xlsx 완성파일_ 실전2-10(완성).xlsx

H3 셀에 AVERAGEIFS 함수를 사용하여 식비를 카드로 결재한 평균 금액의 수를 0값을 제외하여 찾으시오.

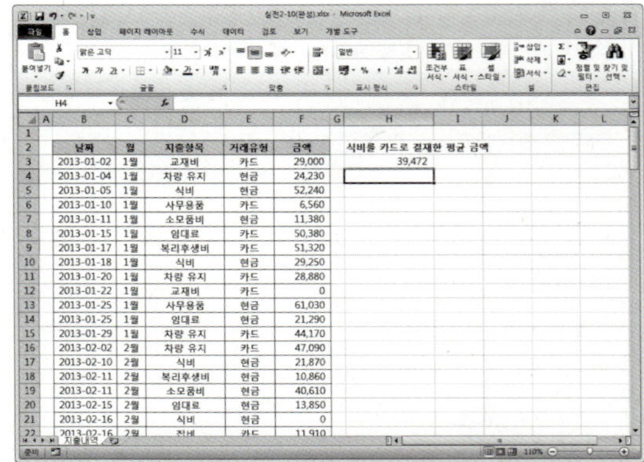

AVERAGEIFS 함수

11 실전2-11.xlsx를 열어 다음 작업을 완료하시오.

준비파일_ 실전2-11.xlsx 완성파일_ 실전2-11(완성).xlsx

작성일이라는 이름의 값이 2012-12-01인 날짜 형식을 사용하는 사용자 지정 속성을 만드시오.

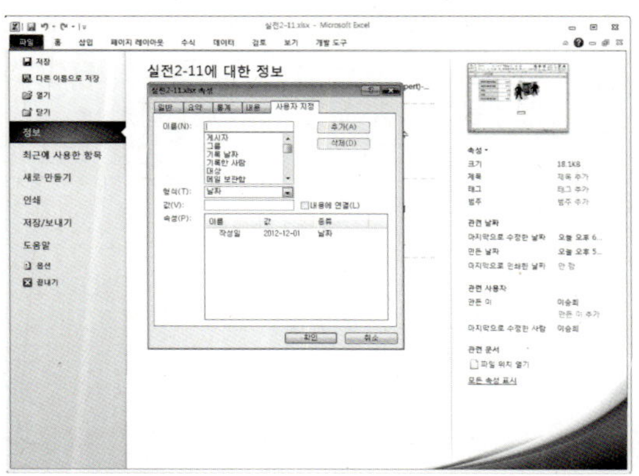

통합 문서 속성

12 실전2-12.xlsx을 열어 다음 작업을 완료하시오.

준비파일_ 실전2-12.xlsx 완성파일_ 실전2-12(완성).xlsx

수식 계산 도구를 사용하여 D6 셀의 수식 오류를 정정하시오.

수식 계산

13 실전2-13.xlsx를 열어 다음 작업을 완료하시오.

준비파일_ 실전2-13.xlsx, 인사정보.xml

완성파일_ 실전2-13.(완성).xlsx, 주소록(완성).xml

기존 XML 스키마 맵을 사용하여 XML 요소를 현재 통합
문서에 매핑하고 인사정보.xml 데이터 파일을 가져오시
오. 그러고 나서 현재 워크시트를 주소록이라는 XML 데
이터 파일로 문서 폴더에 내보내시오.

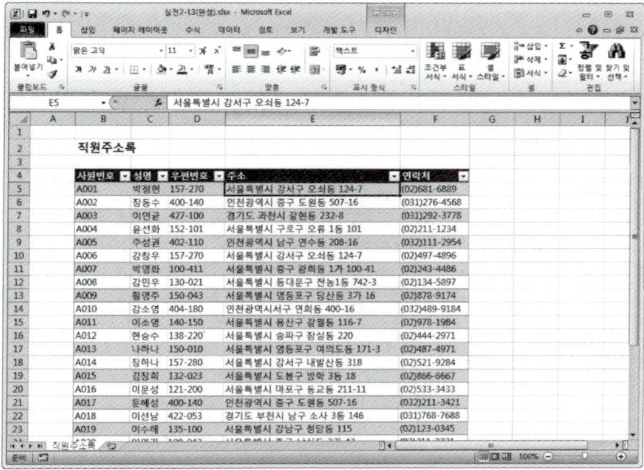

XML 요소 매핑, XML 가져오기, XML 내보내기

14 실전2-14.xlsx를 열어 다음 작업을 완료하시오.

준비파일_ 실전2-14.xlsx 완성파일_ 실전2-14(완성).xlsx

변경 셀인 컴퓨터 E4 셀 및 영어 F4 셀은 35%, 상식 G4
셀은 30%인 '가중치'라는 시나리오를 만드시오. 강민우
조정점수에 대한 시나리오 요약 보고서를 만들고 새 시
트의 이름을 성적시나리오로 설정하시오.

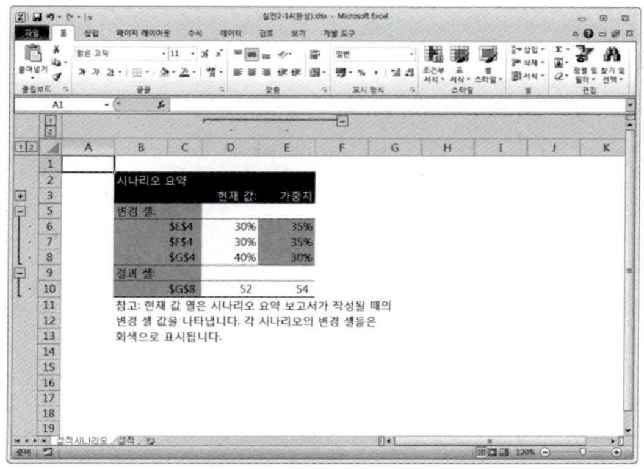

시나리오 추가, 시나리오 요약

15 실전2-15.xlsx를 열어 다음 작업을 완료하시오.

준비파일_ 실전2-15.xlsx 완성파일_ 없음

반복 계산되고 최대 반복 횟수가 50이 되도록 설정하
시오.

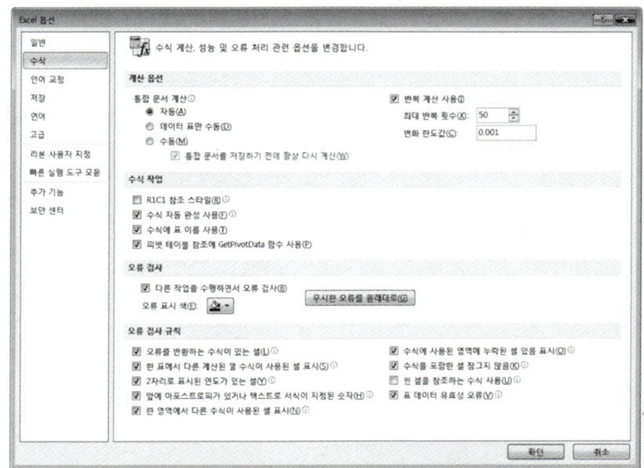

수식 계산 옵션

16 실전2-16.xlsx를 열어 다음 작업을 완료하시오.

준비파일_ 실전2-16.xlsx 완성파일_ 실전2-16(완성).xlsx

H3 셀에 카드에 해당하는 거래 유형의 수를 계산하는
함수를 작성하시오.

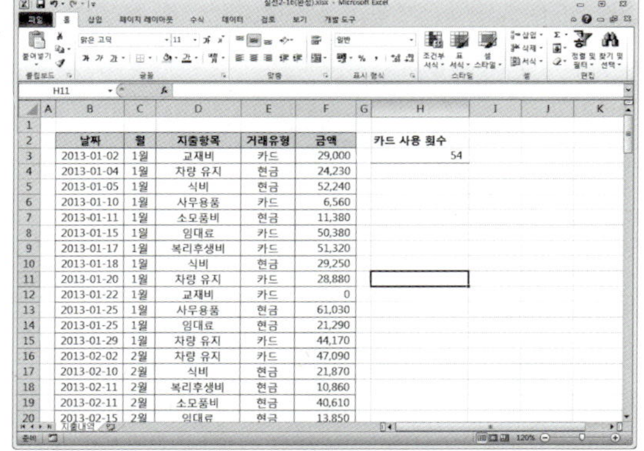

COUNTIF 함수

실전모의고사 2회

17 실전2–17.xlsx를 열어 다음 작업을 완료하시오.

준비파일_ 실전2–17.xlsx 완성파일_ 실전2–17(완성).xlsx

변경 내용이 60일 동안 저장되도록 현재 통합 문서를 공유하시오.

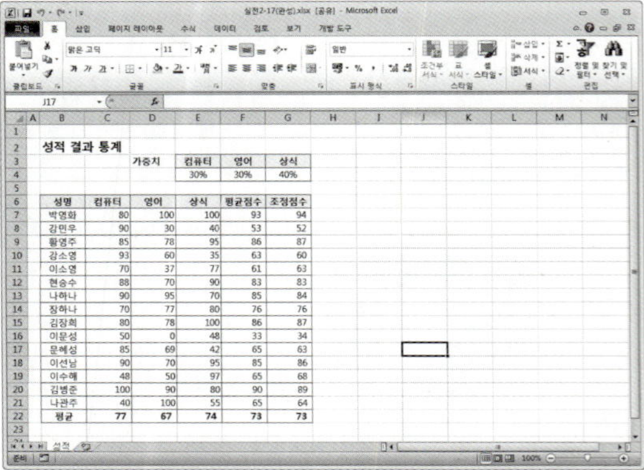

통합 문서 공유

18 실전2–18.xlsx를 열어 다음 작업을 완료하시오.

준비파일_ 실전2–18.xlsx 완성파일_ 실전2–18(완성).xlsx

[판매분석] 워크시트에서 피벗 테이블에 날짜 및 대분류를 표시하도록 슬라이서를 삽입하시오. 그러고 나서 1월~3월의 가디건, 니트, 스커트, 티셔츠 값을 표시하시오.

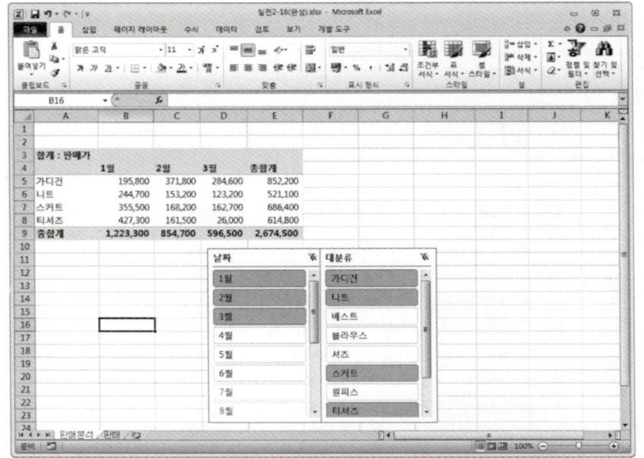

슬라이서

19 실전2–19.xlsx를 열어 다음 작업을 완료하시오.

준비파일_ 실전2–19.xlsx 완성파일_ 실전2–19(완성).xlsx

평균 이용자 수 차트에 앞으로 1구간을 예측하는 선형 추세선을 추가하시오.

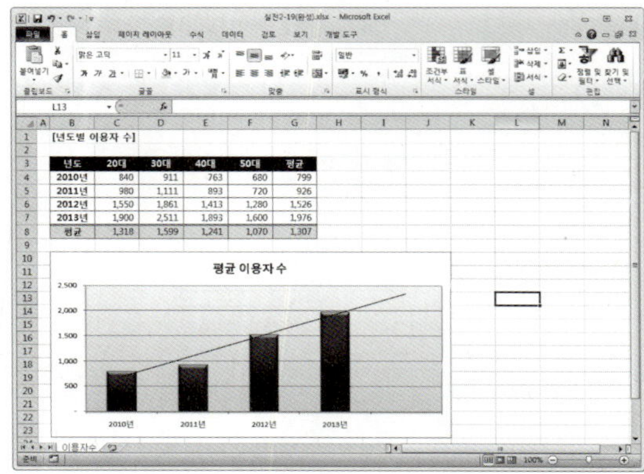

추세선

20 실전2–20.xlsx를 열어 다음 작업을 완료하시오.

준비파일_ 실전2–20.xlsx 완성파일_ 실전2–20(완성).xlsx

수식 오류가 감지되면 빨강으로 표시되도록 Excel 옵션을 구성하시오.

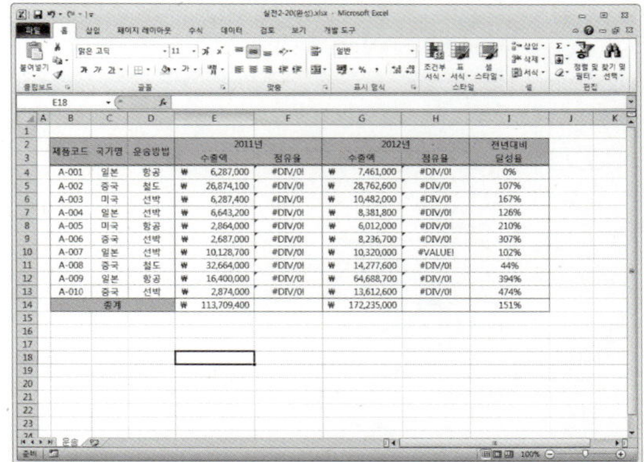

오류 표시 색

21 실전2-21.xlsx를 열어 다음 작업을 완료하시오.

준비파일_ 실전2-21.xlsx 완성파일_ 실전2-21(완성).xlsx

F3:G22 셀 범위만 선택 및 데이터를 입력할 수 있고 다른 모든 셀은 선택할 수 없도록 시트를 보호하시오. 암호는 12345로 설정하시오.

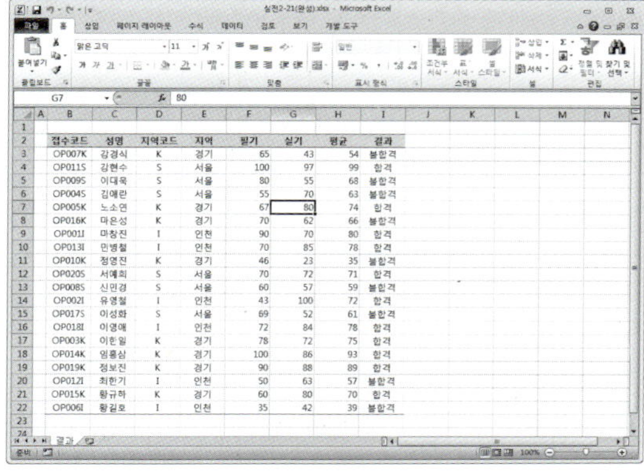

셀 잠금 해제, 시트 보호

22 실전2-22.xlsx를 열어 다음 작업을 완료하시오.

준비파일_ 실전2-22.xlsx 완성파일_ 실전2-22(완성).xlsx

C2:C16 셀 범위에 VLOOKUP 함수를 사용하여 분류코드의 분류를 찾으시오.

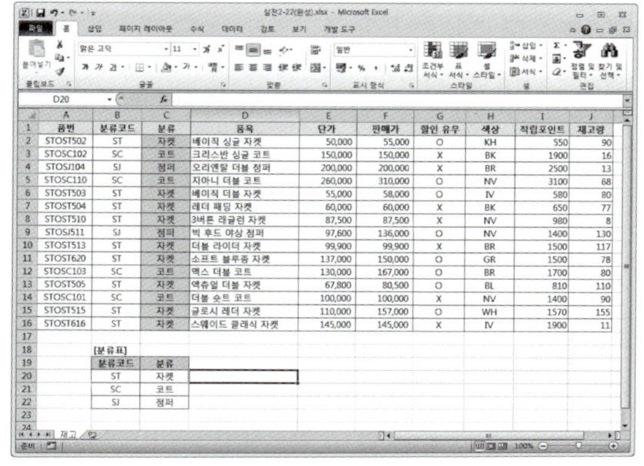

VLOOKUP 함수

23 실전2-23.xlsx를 다음 작업을 완료하시오.

준비파일_ 실전2-23.xlsx 완성파일_ 실전2-23(완성).xlsx

새 워크시트에 대분류의 판매가를 표시하는 3차원 원형 피벗 차트를 만드시오. 피벗 차트에 차트 레이아웃은 '레이아웃 3'을, 차트 스타일은 '스타일 28'을 적용하고, 월을 보고서 필터에 배치하여 1월이 표시되도록 차트를 필터링하시오.

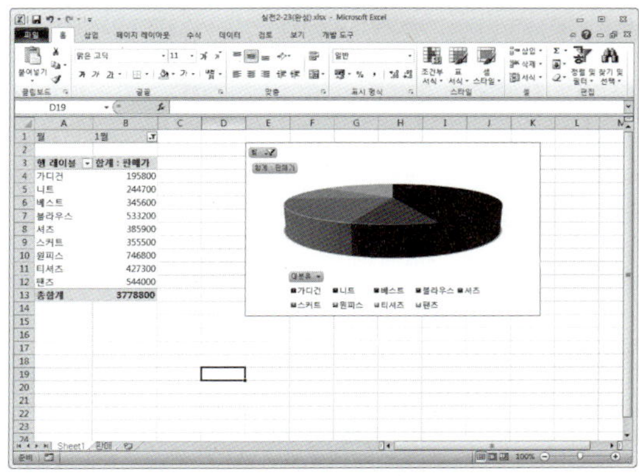

피벗 차트, 차트 종류 변경, 차트 레이아웃, 차트 스타일, 필터

24 실전2-24.xlsx를 열어 다음 작업을 완료하시오.

준비파일_ 실전2-24.xlsx 완성파일_ 실전2-24(완성).xlsx

B3 셀에 '완료' 텍스트를 표시하는 확인란 컨트롤을 추가하시오. 그리고 기한의 D3 셀의 콤보 상자를 변경하여 입력 범위는 기한 범위(H3:H12)로 설정하고 E3 셀에 연결하고 목록 표시 줄 수를 10으로 변경하시오.

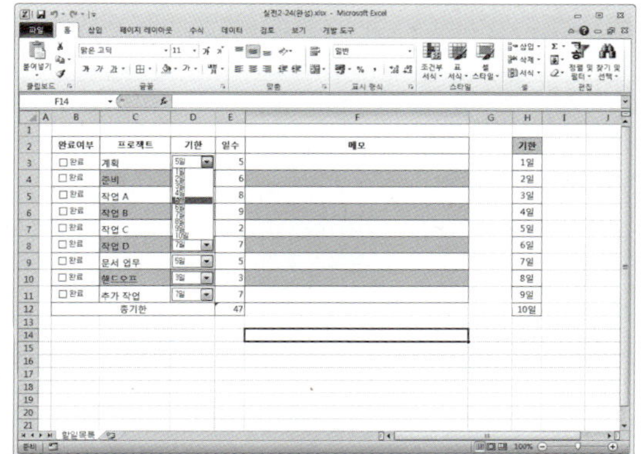

양식 컨트롤, 컨트롤 서식

25 실전2-25.xlsx를 열어 다음 작업을 완료하시오.

준비파일_ 실전2-25.xlsx 완성파일_ 실전2-25(완성).xlsx

현재 공유 문서에서 모든 사용자가 수행한 변경 내용을 새 워크시트에 모두 표시하시오. (참고: 다른 기본 설정은 모두 그대로 적용하시오.)

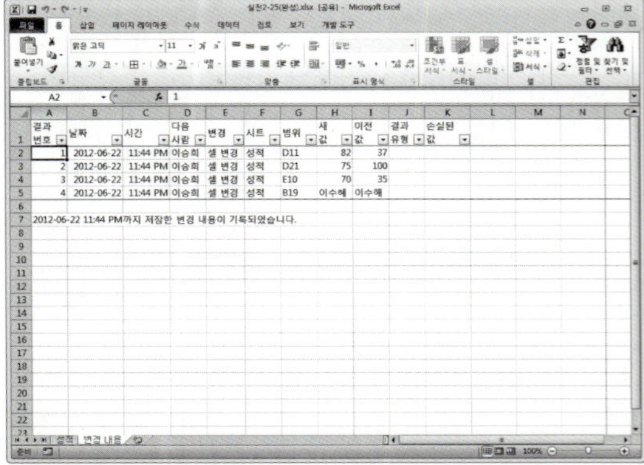

변경 내용 표시

26 실전2-26.xlsx를 열어 다음 작업을 완료하시오.

준비파일_ 실전2-26.xlsx 완성파일_ 실전2-26(완성).xlsx

I4 셀에 누적이용횟수가 20 이상이면 A를 반환하고, 10 이상이면 B를 반환하고, 아니면 C 회원등급이 표시되도록 수식을 계산하시오. I4 셀의 수식을 I33 셀까지 복사하시오.

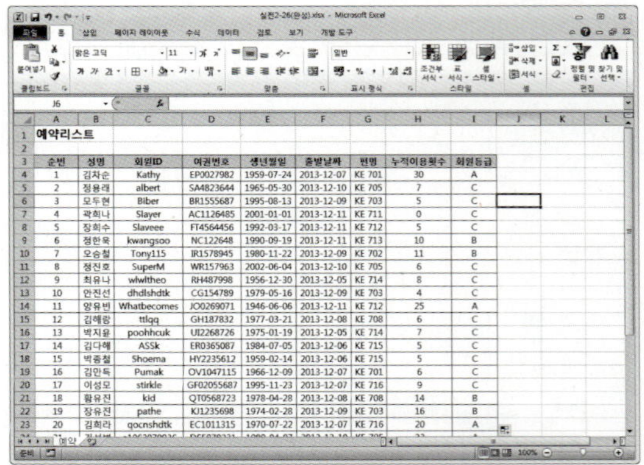

중첩 IF 함수

27 실전2-27.xlsx를 열어 다음 작업을 완료하시오.

준비파일_ 실전2-27.xlsx 완성파일_ 실전2-27(완성).xlsm

R1234라는 암호로 통합 문서를 암호화하고 최종본으로 표시하시오.

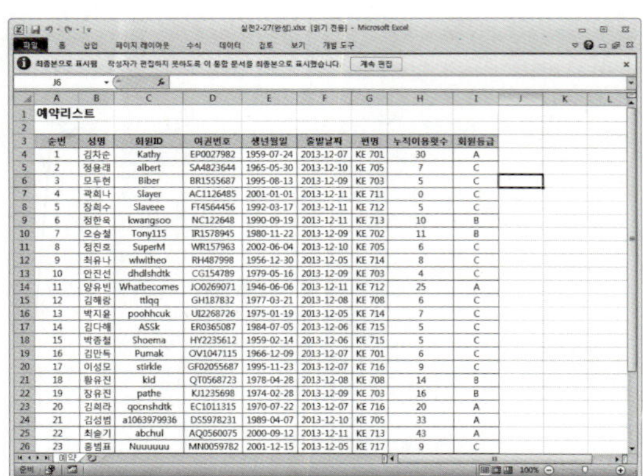

통합 문서 보호, 최종본 표시

28 실전2-28.xlsx를 열어 다음 작업을 완료하시오.

준비파일_ 실전2-28.xlsx 완성파일_ 실전2-28(완성).xlsx

F7:F14 셀 범위에 2011년, 2012년 및 2013년 계획 실적을 열 스파크라인으로 만드시오. 그리고 나서 스파크라인에 '스파크라인 스타일 강조 4, (어둡게 또는 밝게 없음)' 스파크라인 스타일을 적용하고, 높은 점을 표시하고 높은 점의 색상을 빨강으로 표시하시오.

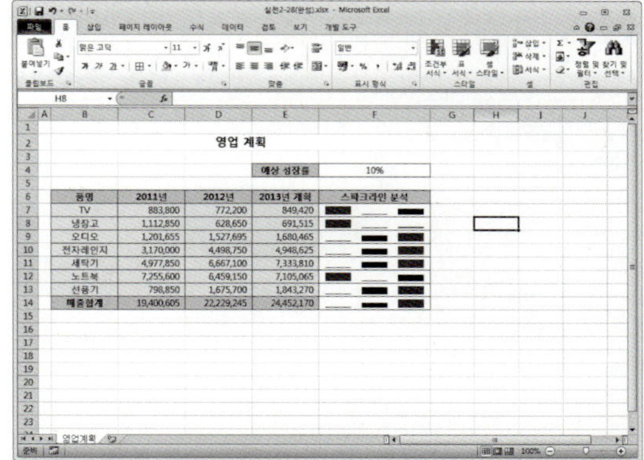

스파크라인

29 실전2-29.xlsx를 열어 다음 작업을 완료하시오.

준비파일_ 실전2-29.xlsx 완성파일_ 실전2-29(완성).xlsx

B9:E16 셀 범위에 두 개의 변수에 따른 데이터 표를 만드시오. 행 입력 셀은 차량가격(D3), 열 입력 셀은 월상환횟수(D5)로 설정하시오.

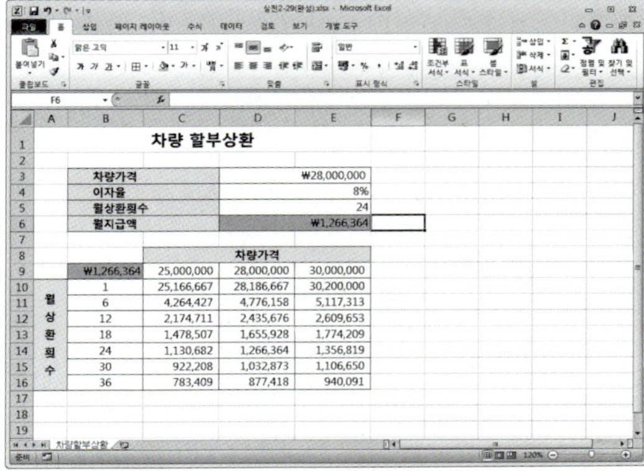

데이터 표

실전모의고사 3회

01 실전3-01.xlsx를 열어 다음 작업을 완료하시오.

준비파일_ 실전3-01.xlsx 완성파일_ 실전3-01(완성).xlsx

[매출] 워크시트의 데이터를 사용하여 제품별 사원별로 수량의 값을 표시하는 피벗 차트를 만드시오. 이 피벗 차트를 새 워크시트에 배치하고 새 워크시트의 이름을 매출분석으로 변경하시오.

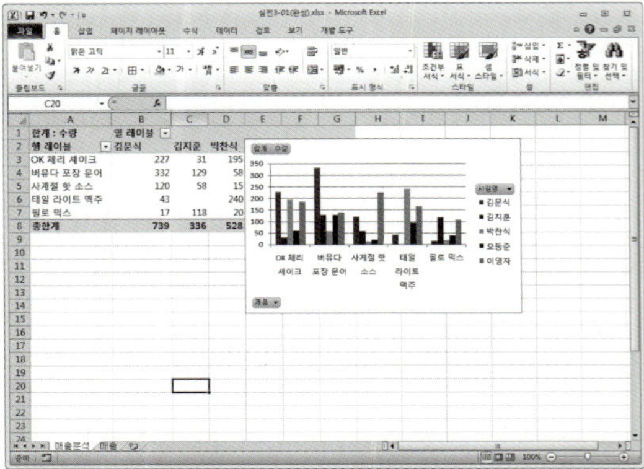

피벗 차트

02 실전3-02.xlsx를 열어 다음 작업을 완료하시오.

준비파일_ 실전3-02.xlsx 완성파일_ 실전3-02(완성).xlsx

I2 셀에 SUMIFS 함수를 사용하여 S로 시작하는 제품 중에서 싱싱곡물 공급업체의 수량 수를 계산하시오.

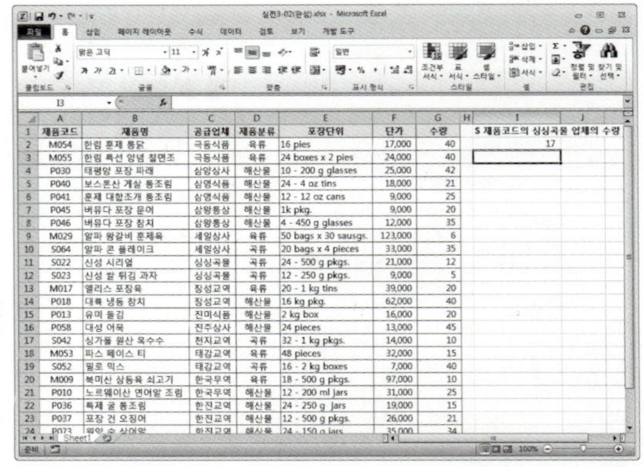

SUMIFS 함수

03 실전3-03.xlsx를 열어 다음 작업을 완료하시오.

준비파일_ 실전3-03.xlsx, 재고관리.xml

완성파일_ 실전3-03(완성).xlsx, 입출고(완성).xml

기존 XML 스키마 맵을 사용하여 XML 요소를 현재 통합 문서에 매핑하고 재고관리.xml 데이터를 가져오시오. 그리고 현재 워크시트를 입출고라는 XML 데이터 파일로 문서 폴더에 내보내시오.

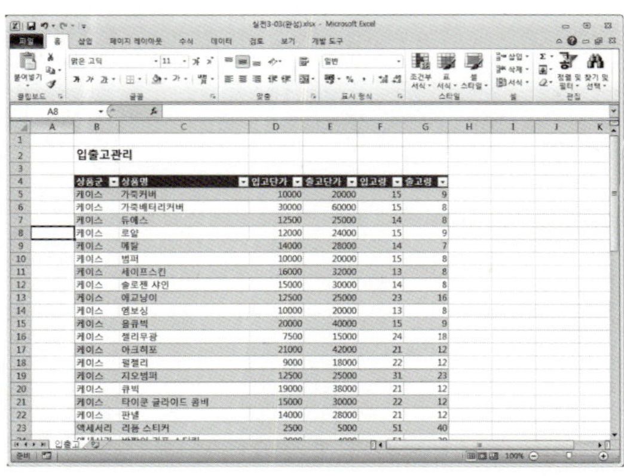

XML 요소 매핑, XML 가져오기, XML 내보내기

04 실전3-04.xlsx를 열어 다음 작업을 완료하시오.

준비파일_ 실전3-04.xlsx 완성파일_ 실전3-04(완성).xlsx

현재 통합 문서를 98765라는 암호로 암호화하고 최종본으로 표시하시오.

통합 문서 보호, 최종본 표시

">

05 실전3-05.xlsx를 열어 다음 작업을 완료하시오.

준비파일_ 실전3-05.xlsx 완성파일_ 실전3-05(완성).xlsx

[A지점], [B지점] 및 [C지점]의 판매수량과 재고량 데이터에 대한 최대 함수를 적용하여 새 워크시트의 B2 셀부터 시작하여 통합하시오. 새 워크시트의 이름을 판매통합으로 변경하시오.

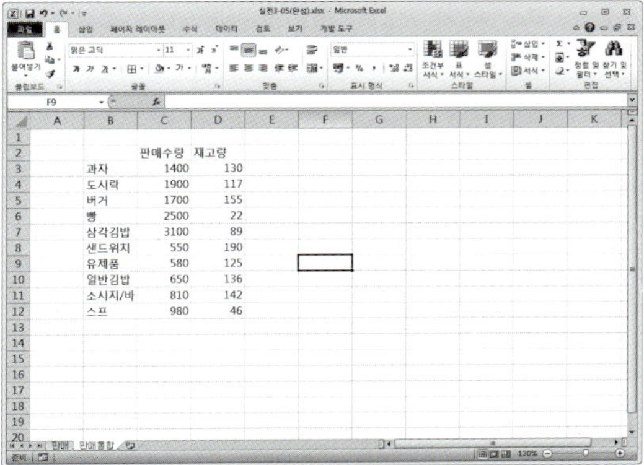

데이터 통합

06 실전3-06.xlsx를 열어 다음 작업을 완료하시오.

준비파일_ 실전3-06.xlsx 완성파일_ 실전3-06(완성).xlsx

E5 셀과 F5 셀에 HLOOKUP 함수를 사용하여 작업자코드에 대한 기술등급과 월급여를 반환하는 수식을 만드시오. E5 셀과 F5 셀의 수식을 19행까지 복사하시오.

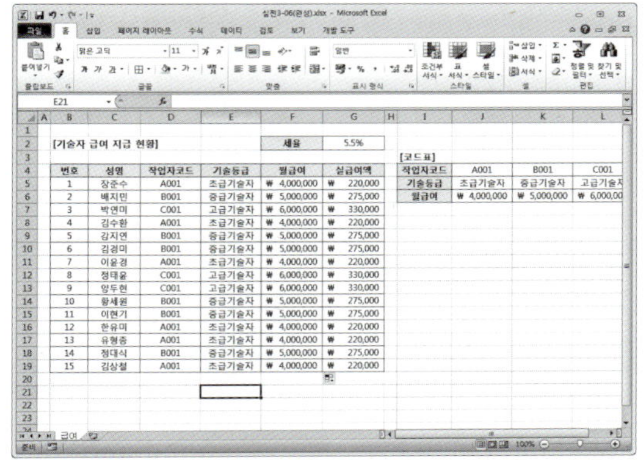

HLOOKUP 함수

07 실전3-07.xlsx를 열어 다음 작업을 완료하시오.

준비파일_ 실전3-07.xlsx 완성파일_ 없음

통합 문서의 수식 계산이 수동으로 되고 최대 반복 횟수가 30으로 반복 계산되도록 설정하시오.

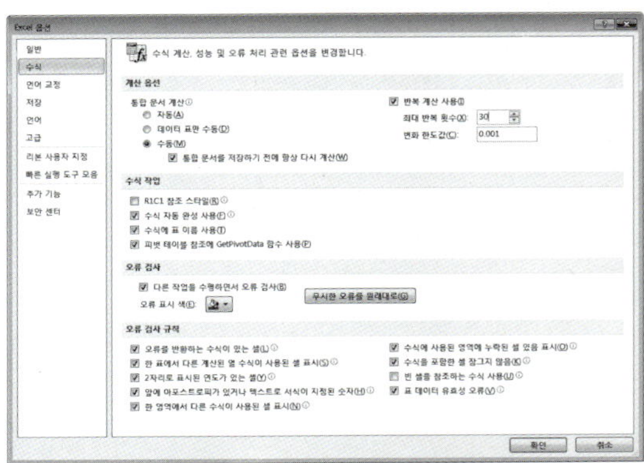

수식 계산 옵션

08 실전3-08.xlsx를 열어 다음 작업을 완료하시오.

준비파일_ 실전3-08.xlsx 완성파일_ 실전3-08(완성).xlsm

선택된 셀에 열 너비를 15로 지정하고 3방향 화살표(컬러) 아이콘 집합 규칙을 적용하는 새 매크로를 기록하시오. 이 매크로의 이름은 강조로, 누적이용횟수 강조라는 설명과 Ctrl+t 바로 가기 키를 지정하시오. 그리고 누적이용횟수 열의 값에 이 매크로를 적용하시오.

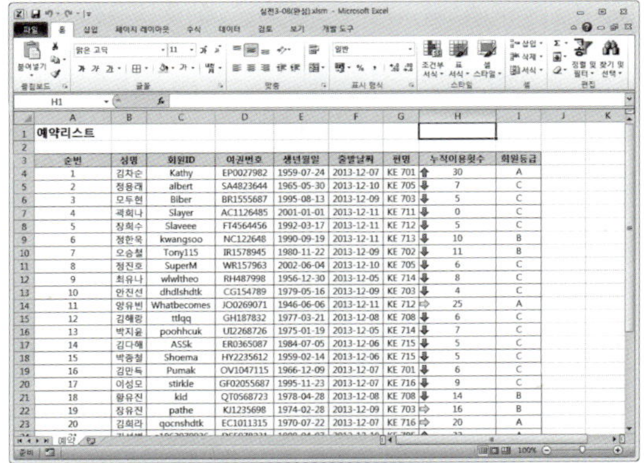

매크로 기록, 매크로 실행

실전모의고사 3회

09 실전3-09.xlsx를 열어 다음 작업을 완료하시오.

준비파일_ 실전3-09.xlsx 완성파일_ 없음

C10 셀이 참조되는 모든 셀을 추적하시오.

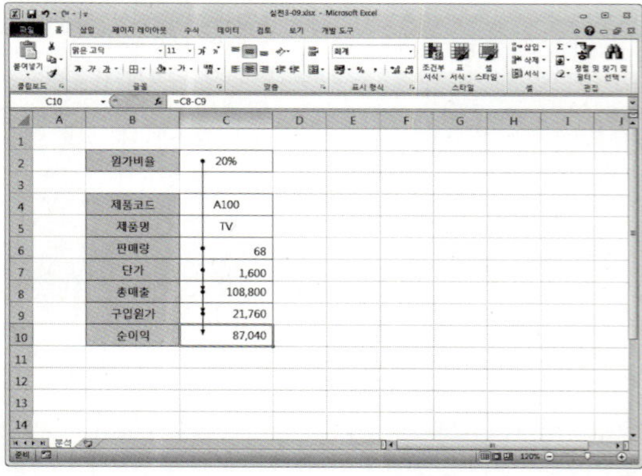

참조되는 셀 추적

10 실전3-10.xlsx를 열어 다음 작업을 완료하시오.

준비파일_ 실전3-10.xlsx 완성파일_ 실전3-10(완성).xlsx

순이익이 100000을 달성하기 위해 조정해야할 원가비율을 표시하시오.

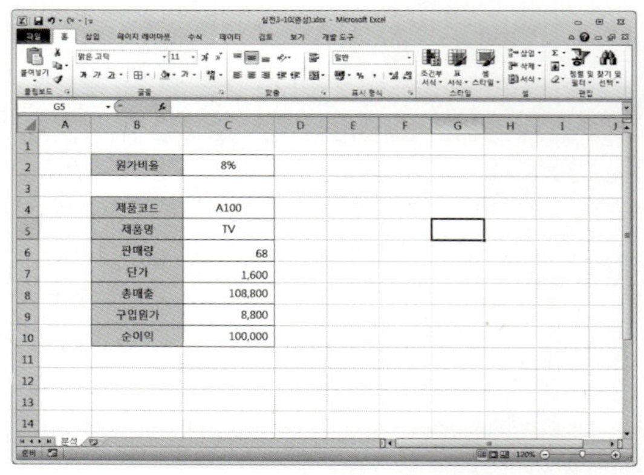

목표값 찾기

11 실전3-11.xlsx를 열어 다음 작업을 완료하시오.

준비파일_ 실전3-11.xlsx 완성파일_ 실전3-11(완성).xlsx

[계약서] 워크시트에서 문서 종류 선택 그룹 상자 안의 견적서 옵션 단추 오른쪽 빈 영역에 계약서 텍스트 내용의 옵션 단추(양식 컨트롤)를 삽입하시오. 그러고 나서 옵션 단추를 G2 셀에 연결하시오. (참고: 다른 기본 설정은 모두 그대로 적용하시오.)

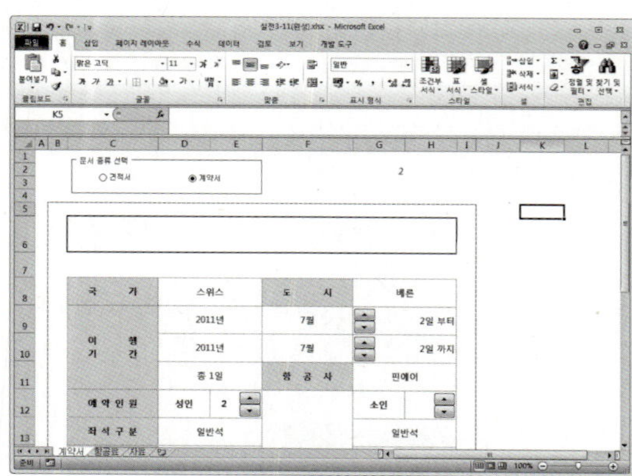

양식 컨트롤

12 실전3-12.xlsx를 열어 다음 작업을 완료하시오.

준비파일_ 실전3-12..xlsx 완성파일_ 실전3-12(완성).xlsx

[계약서] 워크시트에서 C6 셀에 IF 함수를 사용하여 G2 셀의 값이 1이면 견적서를 아니면 계약서를 반환하는 함수를 계산하시오.

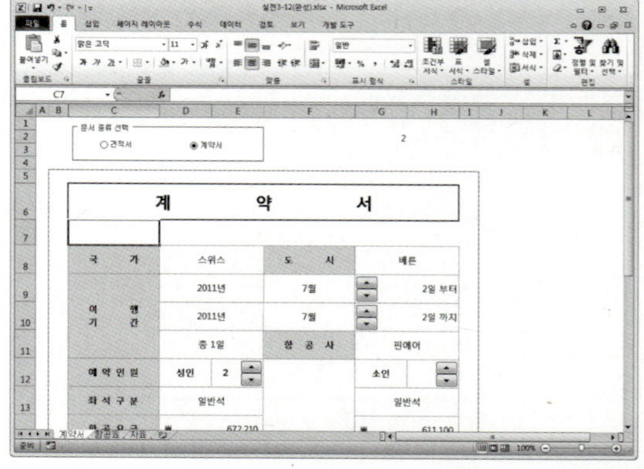

IF 함수

13 실전3-13.xlsx를 열어 다음 작업을 완료하시오.

준비파일_ 실전3-13.xlsx 완성파일_ 실전3-13(완성).xlsx

[계약서] 워크시트에서 H12 셀의 스핀 단추가 H12 셀의 값이 1~50 사이의 수로 1씩 증가하도록 변경하시오. (참고: 다른 기본 설정은 모두 그대로 적용하시오.)

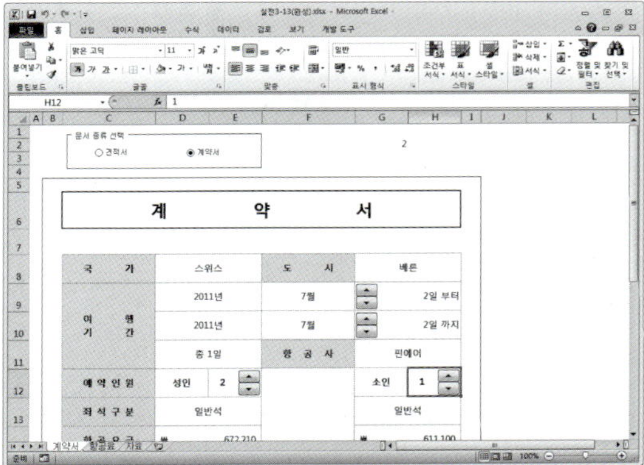

양식 컨트롤

14 실전3-14.xlsx를 열어 다음 작업을 완료하시오.

준비파일_ 실전3-14.xlsx, 급여현황.xlsx
완성파일_ 실전3-14(완성).xlsx

변경 내용이 40일 동안 저장되도록 현재 통합 문서를 공유하시오.

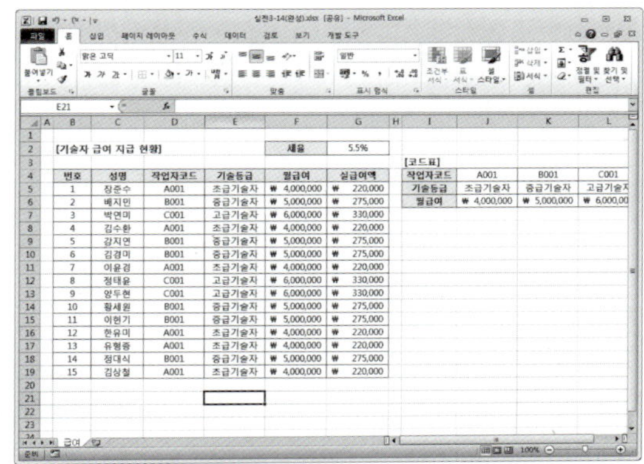

통합 문서 공유

15 실전3-15.xlsx를 열어 다음 작업을 완료하시오.

준비파일_ 실전3-15.xlsx 완성파일_ 실전3-15(완성).xlsx

[항공료] 워크시트의 데이터를 사용하여 새 워크시트에 출발도시별 구분별 일반석성인의 인원수를 값으로 표시하는 피벗 테이블을 만드시오. 그러고 나서 새 워크시트의 이름을 인원수분석으로 변경하시오.

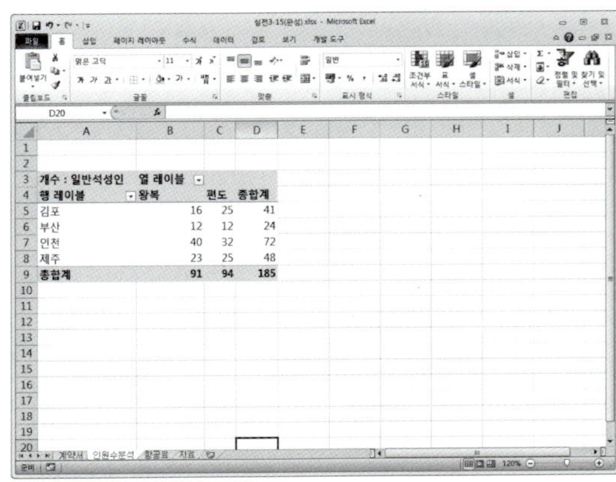

피벗 테이블

16 실전3-16.xlsx를 열어 다음 작업을 완료하시오.

준비파일_ 실전3-16.xlsx 완성파일_ 실전3-16(완성).xlsx

차트에 하반기 열의 값이 세로 막대 차트에 포함되도록 계열을 추가하시오.

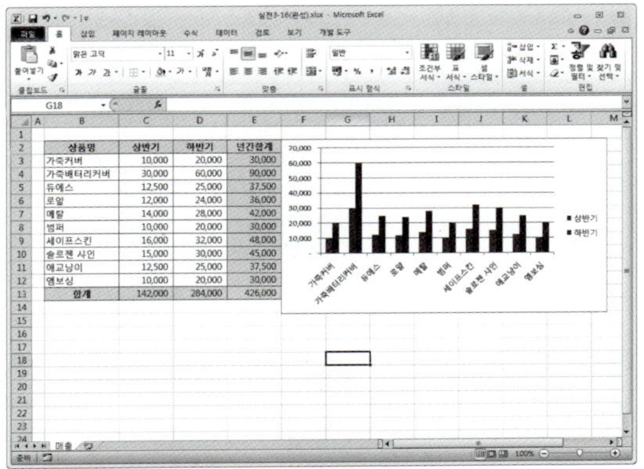

데이터 계열 추가

17 실전3-17.xlsx를 열어 다음 작업을 완료하시오.

준비파일_ 실전3-17.xlsx   완성파일_ 실전3-17(완성).xlsx

값이 아니오인 예 또는 아니오 서식의 공개라는 이름의
사용자 지정 문서 속성을 설정하시오.

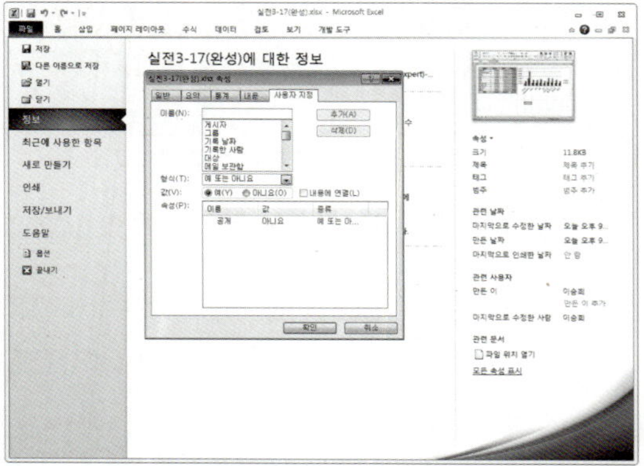

통합 문서 속성

18 실전3-18.xlsx를 열어 다음 작업을 완료하시오.

준비파일_ 실전3-18.xlsx   완성파일_ 실전3-18(완성).xlsx

수식 계산 도구를 사용하여 F4 셀의 수식 오류를 정정
하시오.

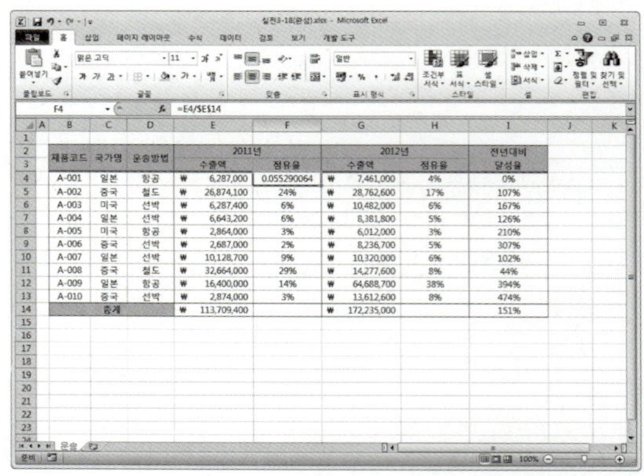

수식 계산

19 실전3-19.xlsx를 열어 다음 작업을 완료하시오.

준비파일_ 실전3-19.xlsx   완성파일_ 실전3-19(완성).xlsx

D4 셀에 VLOOKUP 함수를 만들어 곽희나 사원의 실적
에 해당하는 보너스를 찾으시오.

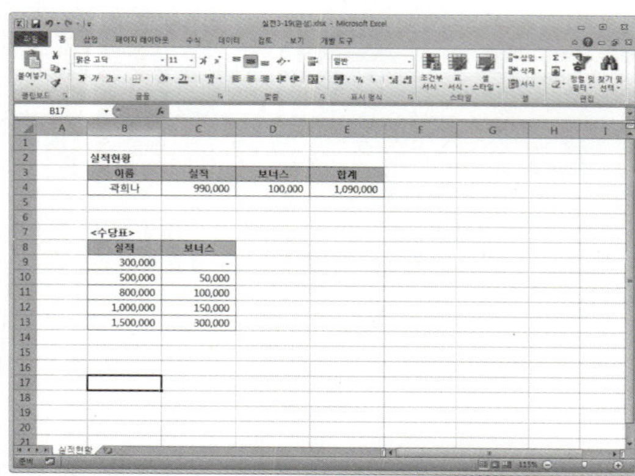

VLOOKUP 함수

20 실전3-20.xlsx를 열어 다음 작업을 완료하시오.

준비파일_ 실전3-20.xlsx   완성파일_ 실전3-20(완성).xlsx

특별상여율을 10%로 변경할 수 있는 인상라는 이름의
시나리오를 만들고 표시하시오.

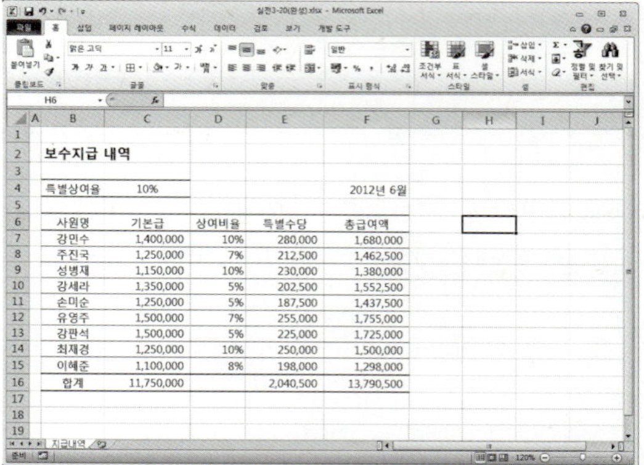

시나리오 추가, 시나리오 표시

21 실전3-21.xlsx를 열어 다음 작업을 완료하시오.

I5 셀에 COUNTIFS 함수를 사용하여 체중이 40kg을 초과하는 남학생의 몇 명인지 계산하시오.

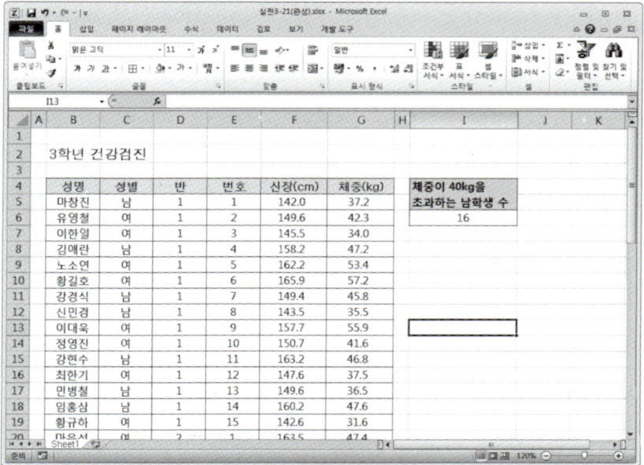

COUNTIFS 함수

22 실전3-22.xlsx를 열어 다음 작업을 완료하시오.

[매출분석] 워크시트에서 피벗 테이블에 제품 및 사원명을 표시하도록 슬라이서를 삽입하시오. 그러고 나서 박찬식 사원의 사계절 핫 소스 및 필로 믹스의 값을 표시하시오.

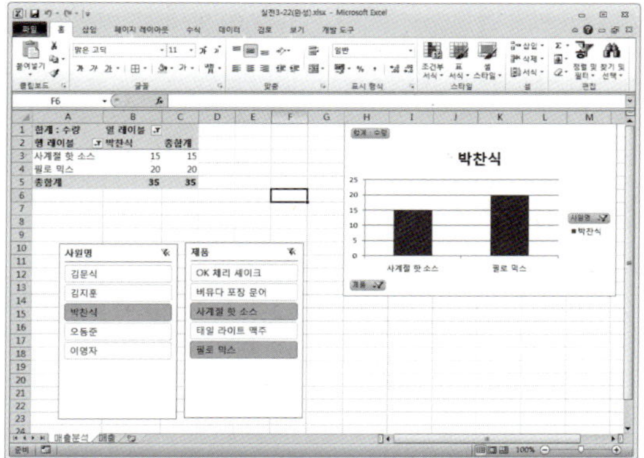

슬라이서

23 실전3-23.xlsx를 열어 다음 작업을 완료하시오.

매출 차트의 하반기 계열에 구간 3을 사용하는 이동 평균 추세선을 추가하시오.

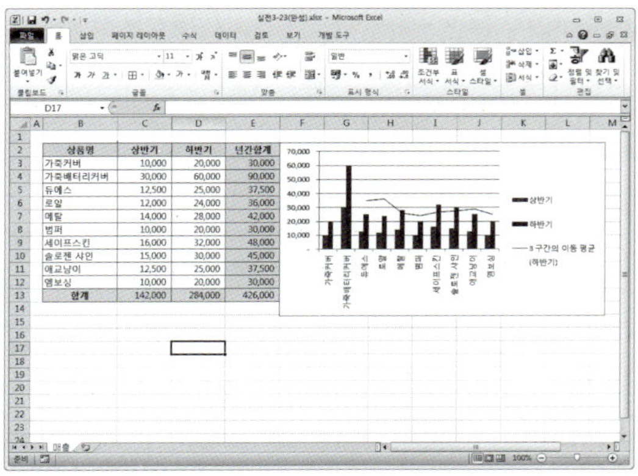

추세선

24 실전3-24.xlsx를 열어 다음 작업을 완료하시오.

D15 셀의 변경 내용을 적용 취소하고 다른 모든 변경 내용은 적용하시오.

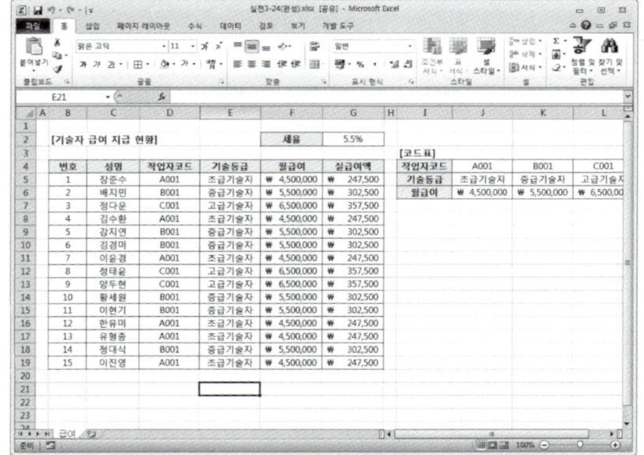

변경 내용 적용/취소

25 실전3-25.xlsx를 열어 다음 작업을 완료하시오.

준비파일_ 실전3-25.xlsx 완성파일_ 견적서 및 계약서(완성).xlsm

[계약서] 워크시트를 인쇄하는 문서인쇄 이름의 새 매크로를 현재 통합 문서에 기록하시오. 그러고 나서 견적서 및 계약서라는 파일 이름으로 문서에 매크로 사용 통합 문서로 저장하시오.

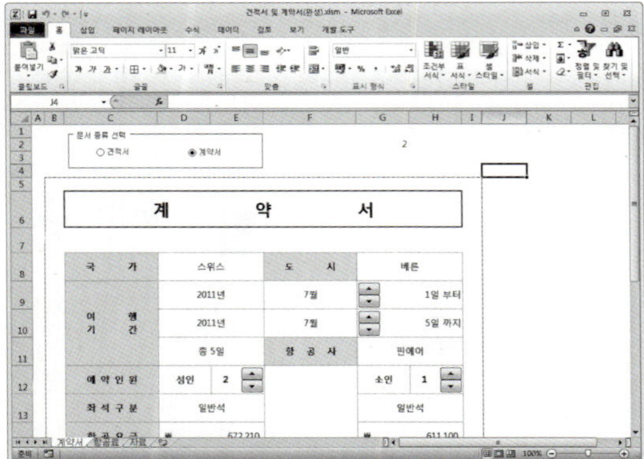

매크로 기록, 매크로 사용 통합 문서 저장

26 실전3-26.xlsm을 열어 다음 작업을 완료하시오.

준비파일_ 실전3-26.xlsm 완성파일_ 실전3-26(완성).xlsm

[계약서] 워크시트에서 G2:H3 셀 범위에 견적서 및 계약서 인쇄라는 이름의 단추(양식 컨트롤)을 만들고 이 단추에 '문서인쇄' 매크로를 할당하시오.

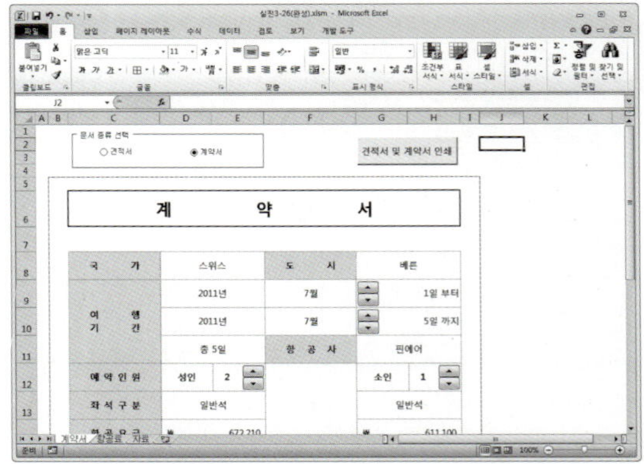

매크로 실행 단추, 양식 컨트롤

27 실전3-27.xlsx를 열어 다음 작업을 완료하시오.

준비파일_ 실전3-27.xlsx 완성파일_ 실전3-27(완성).xlsx

상여비율 G5:G13 셀 범위만 선택할 수 있고 다른 모든 셀은 선택할 수 없도록 암호를 설정하지 않고 시트를 보호하시오.

셀 잠금 해제, 시트 보호

28 실전3-28.xlsx를 열어 다음 작업을 완료하시오.

준비파일_ 실전3-28.xlsx

완성파일_ 실전3-28(완성).xlsx, 분석차트(완성).crtx

매출 차트를 '스타일 4'로 변경하고 범례를 위쪽에 배치하고 그림 영역에 '황록색, 강조색 3, 80% 더 밝게' 도형 채우기를 지정하시오. 이 차트를 분석차트라는 이름의 차트 서식 파일로 저장하시오.

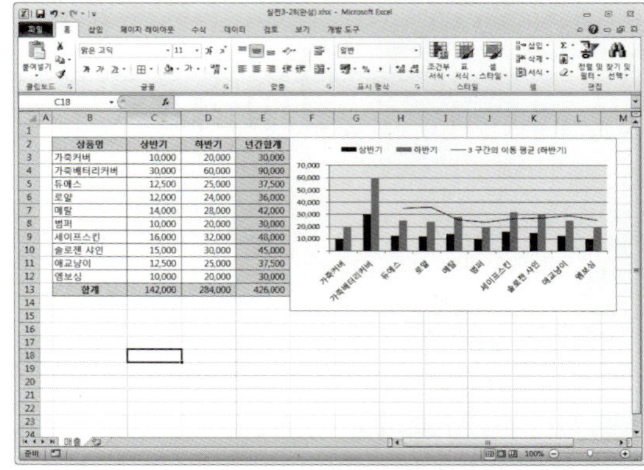

빠른 차트 스타일, 차트 레이아웃, 도형 채우기 차트 서식 파일 저장

29 실전3-29.xlsx를 열어 다음 작업을 완료하시오.

준비파일_ 실전3-29.xlsx 완성파일_ 없음

수식 오류가 감지되면 노랑으로 표시되도록 Excel 옵션을 설정하시오. 그리고 일치하지 않는 수식이 참조되는 모든 셀을 추적하시오.

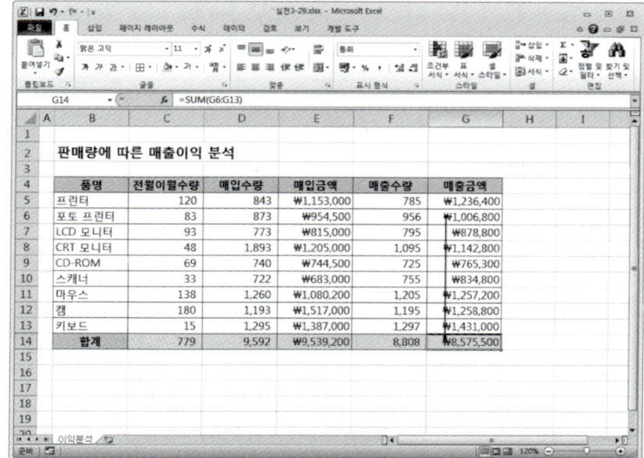

오류 표시 색, 오류 검사, 참조되는 셀 추적

STEP UP MOS 2010
EXCEL EXPERT

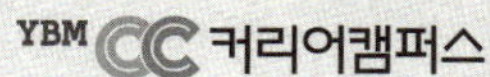

YBM커리어캠퍼스 ▼ 문의 | www.ybmcc.com 온라인 02-2008-5298 강남캠퍼스 02-501-9705